权威·前沿·原创

皮书系列为
"十二五""十三五""十四五"时期国家重点出版物出版专项规划项目

BLUE BOOK

智 库 成 果 出 版 与 传 播 平 台

体育传播蓝皮书

BLUE BOOK OF SPORTS COMMUNICATION

中国体育全媒体传播发展报告（2023）

REPORT ON THE DEVELOPMENT OF SPORTS ALL-MEDIA
COMMUNICATION IN CHINA(2023)

张　盛等／著

社会科学文献出版社
SOCIAL SCIENCES ACADEMIC PRESS (CHINA)

图书在版编目（CIP）数据

中国体育全媒体传播发展报告 . 2023 / 张盛等著
. --北京：社会科学文献出版社，2023. 11
（体育传播蓝皮书）
ISBN 978-7-5228-2578-6

Ⅰ.①中… Ⅱ.①张… Ⅲ.①体育-传播学-研究报
告-中国-2023 Ⅳ.①G219. 2

中国国家版本馆 CIP 数据核字（2023）第 186368 号

体育传播蓝皮书
中国体育全媒体传播发展报告（2023）

著 者／张 盛 等

出 版 人／冀祥德
组稿编辑／张建中
责任编辑／朱 月
责任印制／王京美

出 版／社会科学文献出版社·政法传媒分社（010）59367126
地址：北京市北三环中路甲 29 号院华龙大厦 邮编：100029
网址：www. ssap. com. cn
发 行／社会科学文献出版社（010）59367028
印 装／三河市东方印刷有限公司

规 格／开 本：787mm×1092mm 1/16
印 张：21.25 字 数：318 千字
版 次／2023 年 11 月第 1 版 2023 年 11 月第 1 次印刷
书 号／ISBN 978-7-5228-2578-6
定 价／158.00 元

读者服务电话：4008918866

《体育传播蓝皮书》编委会

主要编撰者简介

张　盛　1978 年 8 月生，上海体育大学新闻与传播学院教授、博士生导师，国家社科基金重大项目"新时代体育全媒体传播格局构建研究"首席专家，中国体育科学学会体育新闻传播分会副主任委员，上海高水平地方高校"体育文化传播与人文传承"创新团队学术带头人。

杨　珍　1980 年 3 月生，天津体育学院教授，国家体育总局体育文化发展中心体育文化研究基地暨天津体育学院体育文化研究中心负责人，主要研究方向为跨文化传播。2015～2016 年兼任天津电视台国际频道总监助理，出版专著 2 部、译著 1 部、教材 1 部。

魏　伟　1975 年 4 月生，北京外国语大学国际新闻与传播学院教授、博士生导师，国际体育传播与外交研究中心主任，国家社科基金重大项目首席专家，SSCI 期刊《广播电视与电子媒介学刊》和英文期刊《国际体育传播研究》编委会委员。

序　言

欣闻学生负责研创的《中国体育全媒体传播发展报告（2023）》即将付梓，心中感慨万千。作为一个深度体育迷，曾经在许多闲暇沉浸于激情四射的赛事观赏，但酣畅之余未曾对这一传播学的研究富矿进行学术开垦。如今，这一遗憾正由上海体育大学新闻与传播学院教授张盛填补。

上海体育大学在全国最早创办体育新闻专业。机缘巧合的是，当年我受上海教育主管部门委托，作为学界专家参与了学校体育新闻专业的设置论证，见证了这一专业的孕育和诞生。近40年过去了，伴随我国体育事业的飞速发展，体育文化的兴盛与传播正在成为体育强国和文化强国建设的重要表征。在33年里，我国成功举办2008年北京奥运会和2022年北京冬奥会，三次举办亚运会，体育传播成为我国全媒体传播格局中一道独特的媒介景观，体育新闻传播的教学科研工作者亟须把握机遇，紧跟时代潮流。

自2021年主持国家社会科学基金重大项目"新时代体育全媒体传播格局构建研究"以来，张盛教授与其研究团队对我国体育传媒业发展和体育全媒体传播格局的演变开展了持续的追踪，对体育媒体融合、国际传播、电子竞技以及乡村体育传播等广泛的议题展开研究。作为该领域第一部蓝皮书，本书邀请来自新华社体育部、人民日报体育部的资深体育新闻工作者分享体育主流媒体融合报道实践，同时汇集来自国内多所知名高校的研究者关于体育全媒体传播的学术观察，旨在打开一扇窗，深化学界与业界的交流、对话与合作。

媒介化体育是全球传媒产业的重要内容板块。在我国，体育是中华民族伟大复兴的标志性事业，也是人民对美好生活向往的重要内容，更是新媒体

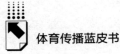

技术创新应用的重要领域。面向未来，体育新闻与传播人才培养和学术研究依然大有可为，全媒体传播格局的拓展将对体育发展产生深远的影响。衷心期待有更多同道投入这一充满魅力的研究领域。

李良荣

2023 年 10 月

摘　要

在全球体育经历了世纪疫情冲击，北京冬奥会、冬残奥会向世界展示体育强国崭新形象的背景下，我国体育全媒体传播格局经历了前所未有的变化，这一变化不仅改变了体育融入经济社会发展和个人身心发展的方式，而且将对我国体育传媒业发展和国际传播能力建设产生深远影响。在体育强国建设上升为国家战略、媒体融合进入系统性升级阶段的背景下，从内容、形态、运营和保障等层面审视体育全媒体发展的总体态势具有十分重要的现实意义。

本报告系统分析了2021年至2022年我国体育全媒体传播的发展现状。东京奥运会、北京冬奥会以及卡塔尔世界杯等大型国际体育赛事的举办极大地促进了体育全媒体传播的实践创新。大数据、人工智能等技术加速了体育全媒体传播的生态演变，推动了新型主流媒体建设与媒体融合发展齐头并进，促进了电子竞技等新兴产业快速发展。虚拟现实、机器人播报、元宇宙互动传播等智能媒介产品正式进入体育全媒体传播实践，技术迭代助力体育全媒体传播业态更新，UGC、AIGC等新兴内容生产模式和MCN、"体育+"等商业运营模式应运而生。

我国体育全媒体传播呈现新的发展趋势，从适配性"融合"到目的性"聚合"的体育内容生产机制创新将成为发展着力点，从"信息内容供给"到"体育品牌塑造"的价值观传播将成为发展关键点，媒介化体育将成为我国国际传播能力建设和效力检验的重要赛道。

关键词： 体育传播　体育全媒体　国际传播

目 录 ⟩⟩

Ⅰ 总报告

Ⅱ 传媒洞察篇

Ⅲ 理论透视篇

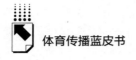

皮书数据库阅读**使用指南**

总 报 告
General Report

B.1

新时代体育全媒体传播的
现状与发展格局

张 盛 黄敬意*

摘 要： 2021 年和 2022 年对全球体育和中国体育而言是具有重要意义的两年。在全球新冠疫情、俄乌冲突带来高度不确定性的乌卡（VUCA）时代下，东京奥运会、北京冬奥会、卡塔尔世界杯等大型国际体育赛事的举办推动了体育传播的创新与发展，中国体育全媒体传播呈现崭新的面貌与发展态势。本报告秉持全球视野，充分审视技术、经济社会与文化变迁，梳理分析中国体育全媒体传播在生态、业态与格局三方面具有标志性意义的转变以及未来发展的趋势。

---

* 张盛，上海体育大学教授、博士生导师，国家社科基金重大项目"新时代体育全媒体传播格局构建研究"首席专家，中国体育科学学会体育新闻传播分会副主任委员，上海高水平地方高校"体育文化传播与人文传承"创新团队学术带头人；黄敬意，上海体育大学博士研究生。

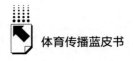
关键词： 体育全媒体　媒体融合　传播格局

全球信息技术加速演进，深刻影响媒体生态格局。2019 年 1 月，习近平总书记在中央政治局第十二次集体学习时强调："全媒体不断发展，出现了全程媒体、全息媒体、全员媒体、全效媒体，信息无处不在、无所不及、无人不用，导致舆论生态、媒体格局、传播方式发生深刻变化。"① 在体育强国建设上升为国家战略、媒体融合进入系统性升级阶段的背景下，体育全媒体传播不仅改变了体育嵌入个体生活和身心发展的方式，也对我国体育传媒业发展和体育国际传播能力建设产生了深远影响，从内容、形态、运营和保障等层面审视体育全媒体传播显得尤为迫切。尤其是随着由数字化转型驱动的生产方式、生活方式和治理方式的不断变革，体育传媒业的数字赋能、场景革命、"破圈"融合等成为国民经济发展和社会文化创新的增长点，体育传播新技术和新模式惠及 14 亿中国人民，体育文化的传播与兴盛逐渐成为新时代体育强国和文化强国建设的重要表征。

一　总体概况与发展趋势

2021 年和 2022 年对全球体育而言是极不平凡的一段时光，对中国体育而言是有着非凡意义的两年。在 2020 东京奥运会上，中国代表团以 88 枚奖牌的优异成绩追平 2012 年中国代表团在伦敦奥运会取得的境外参赛最佳成绩，并且在参赛期间实现兴奋剂问题"零出现"、参赛选手新冠"零感染"②，向当时尚处在新冠疫情中的世界传递了"一起向未来"的时代强音。中国代表团优异的竞技表现，尊重规则、尊重对手的精神气度诠释了新时代

---

① 《习近平：加快推动媒体融合发展　构建全媒体传播格局》，求是网，2019 年 3 月 15 日，http://www.qstheory.cn/dukan/qs/2019-03/15/c_1124239254.htm。
② 《中国体育代表团圆满完成参赛任务　取得参赛成绩和精神文明双丰收》，国家体育总局网站，2021 年 8 月 9 日，https://www.sport.gov.cn/n4/n23367510/n23367638/c23571731/content.html。

中国可信、可爱、可敬的形象。东京奥运会期间，欧美等国的收视率呈现下滑的趋势，然而，根据中央广播电视总台（以下简称"总台"）统计，总台全媒体平台收看东京奥运会人次达 479 亿，刷新近十年来体育赛事触达人次新纪录①。2022 年北京冬奥会期间，中国人民对奥运赛事的热情更甚。从北京冬奥会申办成功至 2021 年 10 月，中国参与冰雪运动的人数为 3.46 亿，冰雪运动参与率超过 24%，实现了习近平总书记提出的"3 亿人上冰雪"的目标②。北京冬奥会期间，中国代表团取得了 9 金 4 银 2 铜的成绩，位列金牌榜第三位，创造了中国代表团参加冬奥会以来的历史最佳战绩③。在此期间，总台全媒体平台触达受众达 628.14 亿人次，超过 2020 东京奥运会公布的全球总量④。北京冬奥会及其赛事的成功传播，不仅向全球展示了中国冰雪运动的繁荣与全民健身的积极氛围，而且体现了中国在百年变局叠加世纪疫情的背景下积极推动奥林匹克运动发展的大国实力与担当。

2022 年也是全球体育赛事复苏的重要时间节点。在全球新冠疫情、俄乌冲突带来高度不确定性的乌卡（VUCA）时代下，北京冬奥会、卡塔尔世界杯等大型国际体育赛事的举办极大地推动了各国体育全媒体传播的创新与发展。以 5G 技术的发展为基础，虚拟现实、机器人播报、元宇宙互动传播等媒介产品被应用到体育全媒体传播的实践中。从"空场"到"在场"，从东京夏奥会到北京冬奥会，智能传播技术在广泛提升用户体验，促进体育赛事全媒体传播的同时，逐步形塑着公众体育消费的新理念和新习惯。在百年未有之大变局下，技术的迭代并非赋能体育全媒体传播的唯一因素。新冠疫情引发的全球政治经济格局的转变改变着大型国际体育赛事的图景，以中国为代表的

---

① 《8.83 亿观众规模　中央广播电视总台 2020 东京奥运会传播战报来啦!》，搜狐网，2021 年 8 月 16 日，https://www.sohu.com/a/483813963_488163。
② 张一琪：《北京冬奥会，带动 3 亿人上冰雪》，人民网，2022 年 2 月 18 日，http://ent.people.com.cn/n1/2022/0218/c1012-32354705.html。
③ 慈鑫：《中国冰雪军团期待米兰再续辉煌》，中国青年网，2023 年 5 月 16 日，http://news.youth.cn/zc/202305/t20230516_14519911.htm。
④ IOC, "IOC Marketing Report Beijing 2022," IOC website, 2022-10-21, https://stillmed.olympics.com/media/Documents/Olympic-Movement/Partners/IOC-Marketing-Report-Beijing-2022.pdf：29.

"全球南方"在全球体育发展格局中的地位日益凸显，体育全媒体传播的版图正在经历重塑。与此同时，全球广泛关注的性别、种族等议题不断冲击国际体坛，并与各国独具特色的本土体育文化共同建构体育传播的话语实践。在多元思潮的交互作用下，不变的是体育在全球内容生态中的价值与魅力。总体而言，技术、经济社会与文化的变迁共同构成了体育全媒体发展的背景与环境，在此基础上，本报告立足全球视野，重点关注中国体育全媒体传播在生态、业态和格局三方面具有标志性意义的转变，并从学理层面洞察未来发展的趋势。

媒体深度融合加速体育全媒体传播生态演变。传播生态是人、信息技术和社会环境协调发展的系统，是一定范围内信息资源及其相互关系的总和[1]。在大数据、人工智能等技术得到广泛应用的背景下，传播生态已由线下的物理空间延展至线上的虚拟空间，并在线上线下的互动融合中形成日臻复杂和成熟的形态。体育全媒体传播的积极行动者之所以必须以更加快速和主动的策略应对生态的变化，是因为当某种新技术或者新的实践形式被引入时，传播生态也会被重新构建[2]。全球大型体育赛事是体育媒体深度融合的"练兵场"，以2022年北京冬奥会与卡塔尔世界杯赛事为平台，中央广播电视总台、新华社等主流媒体积极推动媒体深度融合，深化央媒改革，创新体育融媒体新闻产品的制作与推广，对体育主流媒体建设与地方媒体的转型发挥着重要的引领和推动作用。咪咕视频、快手以及抖音等平台型媒体，加快与总台的深度合作，充分发掘数字化和智能化媒介技术的应用潜力，拓展平台型媒体在体育全媒体传播领域的布局空间。不同形态的媒介与不同业态的媒体相互赋能和加速嵌入，共同推动体育全媒体传播格局的构建。与此同时，电竞、乡村体育赛事以及体育传媒信息服务产业的"逆势"增长也充分反映了公众体育消费需求与习惯的变化，昭示着未来体育传播创新的巨大潜能，尤其是"电竞+"产业模式的构建将作为我国体育文化中的一股强劲

① 杜元清：《信息环境与信息传递样式》，《情报理论与实践》2009年第8期，第16~20页。
② 喻国明、陈雪娇：《新传播生态格局下中国居民的媒介使用、健康认知与行为意愿——基于新冠疫苗接种的健康传播模型的构建》，《新闻与写作》2021年第11期，第67~76页。

力量影响体育全媒体传播生态的演进。

技术迭代升级推动体育全媒体传播业态更新。数字媒介技术的更新与社交媒体平台的快速发展为体育全媒体带来了精彩纷呈的传播业态。一是从"空场"到"在场"的体育传播，推动体育传媒业发生了重大革新。受疫情影响而不断增加的"空场"赛事，使全球体育产业遭遇历史性的至暗时刻，但是高度发展的媒介化体育在日益成熟的智能传播技术加持下呈现强大的韧性，在多元主体的创新实践下，体育赛事与相关产业逐步摆脱新冠疫情带来的限制，逐步恢复常态运转，具备不同资源优势的机构与平台型媒体积极探索有效的协同生产模式，推动赛事转播权向不同的媒体机构和平台分销。体育全媒体传播的主体日趋多元，推动着 MCN 商业模式在体育内容生产中发挥越来越关键的作用。二是从 2020 东京奥运会到 2022 年北京冬奥会，围绕大型国际体育赛事传播开发的智能媒介技术产品在体育全媒体传播实践中率先得到应用，在赛事转播以外的场景中，更多创新性的技术得以采用。虚拟现实、增强现实等智能媒介技术为用户提供"空场"赛事的沉浸式"在场"体验，成为疫情倒逼体育媒体技术升级、体育传播赋能媒体创新的惊艳一笔。新媒介技术产品不仅增强了体育全媒体传播的互动性和用户对赛事观赏与消费的参与性，而且推动赛事传播模式的更迭。三是从"大众"到"小众"，体育全媒体生产与传播正在经历分化与融合的双向进程。融合主要体现在数字媒介时代体育传播内容生产者、传播者与受众之间的界限进一步被打破，大众传播时代被动的受众开始进行积极的体育内容（再）生产与传播。分化则体现为，在传播资源丰富的条件下，用户对体育传播内容的选择性持续提高，基于不同内容和产品形成的用户部落化甚至碎片化趋势显著，围绕不同用户群体进行"内容服务定制"已成为体育传媒业的共识之一。与此同时，随着体育传媒业的规模扩大，不断分化的产业链条在我国体育传播的多元场景中找到适配的发展空间，"体育+"模式成为城市更新和乡村振兴进程中实现高质量发展的重要选项。

制度优势助力体育全媒体传播格局重塑。北京冬奥会、冬残奥会是在我国全面建成小康社会、向着第二个百年奋斗目标迈进的关键时期举办的重大标志性活动，也是新冠疫情以来首个如期举办的全球综合性体育赛事。在特殊环境下成功举办的北京冬奥会在传播实践方面得到国际社会高度评价，体现了全媒体时代我国媒体融合谋篇布局、扩大国际影响力的先进理念与制度优势。北京冬奥会期间，主流媒体通过多终端、多平台的协同发力，形成了传播矩阵效应。由于 OBS Cloud、AI、8K/4K、AR/VR 等新兴技术的广泛应用，北京冬奥会被认为是转播基础设施最好的一届冬奥会，众多自主研发、领先世界的数字技术，如云服务和人工智能等在奥运会数字化传播中得到创新应用，这得益于我国自 2015 年以来在移动通信技术领域的前瞻性布局和创新性发展。北京冬奥会的数字化传播使奥运文化的表达、呈现和推广展现全新的面貌。云计算在重塑传播机制、法则、模式和场景的同时，在深层次上重构了奥运会作为媒介仪式的内在逻辑，展现了奥运叙事在国际政治局势演变下的话语变迁。在疫情凸显人类命运休戚与共的语境下，北京冬奥会以深厚的人文底蕴和宏大的全球视野推动文明交流互鉴，在技术层面通过"云传播"打造沉浸式和立体化的传播格局，在话语层面则将"讲故事"作为一种国际传播的媒介化实践，通过讲述中华文化故事以及中国与世界携手发展的故事，促进全球受众心灵互通，以中华文化独有的智慧与思想增强"天涯若比邻"的人类命运共同体意识。

2021 年 5 月 31 日，习近平总书记在主持中共中央政治局第三十次集体学习时指出，要"加强顶层设计和研究布局，构建具有鲜明中国特色的战略传播体系"，① 将原本由宣传、外事等部门专门负责的国际传播工作提升到国家战略的高度②。在积极筹办北京冬奥会的重要时期，这一重要讲话为中国体育传播立足本土、放眼世界，努力实现从"国际传播"到"战略传播"的理念再造和行动升维提供了重要的遵循。以北京冬奥会为契机构建国家战略传播体系与开启新时代体育全媒体传播格局息息相关，标志着体

① 《不断加强国际传播能力建设（有的放矢）》，人民网，2022 年 12 月 22 日，http：//opinion. people. com. cn/n1/2022/1222/c1003-32591368. html。
② 史安斌、童桐：《从国际传播到战略传播：新时代的语境适配与路径转型》，《新闻与写作》2021 年第 10 期，第 14~22 页。

育传播不仅应当立足本土深化媒体融合改革，还应面向全球在国际传播格局变迁的浪潮中掌握主动。实践表明，以北京冬奥会等赛事传播为代表的体育全媒体传播实践成为构建具有鲜明中国特色的战略传播体系的生动尝试，立足中国、面向全球的新时代体育全媒体传播格局已具雏形。回顾中国体育全媒体传播快速发展的这段历程，体育传播生态与业态的共同繁荣充分体现了我国强大的制度优势，彰显了体育全媒体传播可持续发展的巨大潜力与势能。

二　体育全媒体传播的新生态

（一）新型主流媒体建设与平台型媒体布局

2014 年，中央全面深化改革领导小组第四次会议审议通过了《关于推动传统媒体和新兴媒体融合发展的指导意见》（以下简称《意见》）。《意见》指出"推动传统媒体和新兴媒体融合发展，要遵循新闻传播规律和新兴媒体发展规律，强化互联网思维，坚持传统媒体和新兴媒体优势互补、一体发展，坚持先进技术为支撑、内容建设为根本，推动传统媒体和新兴媒体在内容、渠道、平台、经营、管理等方面的深度融合"①。媒体融合作为我国传媒事业发展和传播生态建设的重要任务之一，自 2014 年被列入国家政策议程以来已进入了加速发展的纵深阶段。

2020 年 9 月，中共中央办公厅、国务院办公厅印发了《关于加快推进媒体深度融合发展的意见》（以下简称《意见》）。《意见》要求"尽快建成一批具有强大影响力和竞争力的新型主流媒体，逐步构建网上网下一体、内宣外宣联动的主流舆论格局，建立以内容建设为根本、先进技术为支撑、

---

① 《习近平：推动媒体融合发展要遵循新闻传播规律》，人民网，2014 年 8 月 19 日，http：//media．people．com．cn/n/2014/0819/c192372-25496087．html。

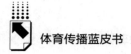

创新管理为保障的全媒体传播体系"①。2021年3月，国家广播电视总局印发了《关于组织制定广播电视媒体深度融合发展三年行动计划的通知》（以下简称《通知》）。《通知》指出"媒体融合发展到纵深阶段，迫切需要打造自己的平台，聚合内容、整合资源、多渠道发布，把优质内容、发布权和用户资源都紧紧把控在自己手里。优质的内容可以借助平台传得更深远，而优质的平台也可以更好地聚合用户"②。在此背景下，中国体育媒体进入一个新的发展时期，尤其是新型主流媒体具有相对丰厚的资源优势，元宇宙、人工智能、虚拟现实与增强现实等媒介技术在体育传播实践中得到广泛应用，在疫情环境下我国体育传媒信息服务行业实现"逆势增长"。根据国家体育总局发布的数据，2020年体育传媒与信息服务类别的同比增速接近20%，在受疫情影响而整体发展阻滞的体育产业中"独树一帜"。2022年北京冬奥会的成功举办提升了社会层面全民体育参与的积极性，国内公众对体育赛事以及健身参与的意愿日益高涨。

主流媒体向融合型媒体平台发展的趋势日益显著。以2022年北京冬奥会与卡塔尔世界杯为例，"央视频"作为总台及旗下新媒体业务的平台，利用5G等智能媒介技术，为用户提供多维度、个性化、沉浸式的观赛体验。2019年11月20日上线的"央视频"，是总台着力打造的"有品质的视频社交媒体"。相较于传统的电视媒体平台，"央视频"功能强大且操作便捷，是央视实现新型主流媒体建设与平台型媒体布局的主要产品之一。2022年北京冬奥会期间，依托央视的赛事版权优势，"央视频"利用多通道优势同步分发线性播出的电视平台内容，同时为用户提供赛事内容储存、搜索、点播功能。根据央视统计，东京奥运会期间"央视频"提供了3500+个小时7000+场赛事直播，开赛一周内累计下载量突破3亿；北京冬奥会期间"央视频"客户端累计下载量突破4亿，累计激活用户数量超1.4亿，总播放量超过8亿；

---

① 《关于加快推进媒体深度融合发展的意见》，中华人民共和国中央人民政府官网，2020年9月26日，https://www.gov.cn/zhengce/2020-09/26/content_5547310.html。

② 《关于组织制定广播电视媒体深度融合发展三年行动计划的通知》，国家广播电视总局官网，2021年3月16日，http://www.nrta.gov.cn/art/2021/3/16/art_114_55414.html。

卡塔尔世界杯期间，"央视频"赛事直播点播观看人次达到 13.85 亿，竖屏直播观看人次达到 8916.3 万，"央视频"客户端注册用户增长了 118%，新用户单日留存率高达 96.8%。此外，北京冬奥会期间，"央视频"联合腾讯人工智能技术团队共同打造了具备 3D 虚拟形象的数智人手语翻译官"聆语"，"聆语"为北京冬奥赛事提供手语翻译服务，让处于无声世界中的听障人士也能感受到赛事的盛况，彰显了新型主流媒体建设过程中"以人民为中心"的价值导向。

在政策和技术等有利因素的支持下，近年来以视频类媒体为代表的平台型媒体在发展形态和运营模式上呈现崭新的面貌，咪咕视频、抖音体育等表现亮眼。卡塔尔世界杯期间，咪咕视频与抖音体育均获得了世界杯赛事的转播权。其中，咪咕视频依托母公司中国移动在 5G、超高清、大数据和虚拟现实等技术领域的核心优势，运用先进技术为用户带来了沉浸式观赛体验。互联网公司字节跳动旗下的抖音体育近年来通过投资短视频版权、吸引专业运动员入驻，成功构建了完整的内容矩阵。卡塔尔世界杯期间，抖音发挥平台在社交属性方面的固有优势，在为观众提供超高清、低延迟赛事直播体验的同时，推出"边看边聊"的互动观赛模式，观众不仅可以体验到无广告的免费超高清直播，而且能邀请好友加入专属聊天频道，实现"云侃球"。

整体而言，2020 东京奥运会、2022 年北京冬奥会及卡塔尔世界杯等大型体育赛事的举办为我国不同类型媒体在体育传播领域的发展提供了良好的创新契机。媒体深度融合、新型主流媒体建设与平台型媒体布局加速推进，成为引领和推动体育全媒体传播创新的重要动力，并将深刻影响体育全媒体传播生态的塑造与演进。

（二）中央媒体改革深化与地方媒体转型探索

从报网互动、报网融合到全媒体体系建设，以《人民日报》、新华体育和中央广播电视总台为代表的中央媒体在体育媒体改革创新方面始终走在前列。东京奥运会期间，《人民日报》连续 18 天推出奥运特刊，集中报道运动健儿在东京奥运会上的竞技表现，人民网 9 个外文语种通过网站和海外社交媒体账号以及运营的"一带一路"新闻合作联盟网站，发布相关报道

1500 条次，总访问量超 1200 万①。中央广播电视总台积极构建包括电视、移动端、PC 端、音频端等在内的全媒体终端矩阵。在使用"5G+4K 超高清直播"技术的基础上，总台、新华社应用前沿数字技术打造了"东京风景慢直播""VR360 度全景直播""东京，沉浸在奥运会里的城市主题慢直播"等系列衍生内容以提升受众的沉浸体验②。

2022 年北京冬奥会期间，《人民日报》总计刊发相关报道超过 350 篇，刊发相关新闻图片超过 400 张，总计推出 28 期 111 块《一起向未来·北京冬奥会特刊》；《人民日报》全媒体平台刊发北京冬奥会相关消息、通讯、评论、图文、视频等原创新闻产品超过 2.1 万条，海内外累计阅读量超过 51.2 亿；《人民日报》微博话题"北京冬奥会"阅读量超过 188 亿，其中，"中国队第二块奖牌""谷爱凌第一跳 69.90"等多个微博话题阅读量过亿；"人民日报体育"的微博和抖音号冬奥会期间阅读量超过 11 亿，粉丝数大幅增长；此外，《人民日报》在 2022 年北京冬奥会稿池库上传各类重要新闻产品 4128 条，位列央媒榜首。《人民日报》在冬奥会融合报道实践中积极贯彻"导向为魂、移动优先、内容为王、技术支撑"的思路，通过北京冬奥会的"锻炼"，实现了中央媒体体育报道融合发展的深化。

在广电媒体方面，中央广播电视总台以"2022 体育大年"为契机，加快与新兴媒体深度融合，构建全媒体传播体系。卡塔尔世界杯期间，央视全媒体世界杯传播矩阵涵盖总台旗下的多个传统电视频道以及央视频、央视网、央视体育、央视新闻等多个新媒体平台和广播频率。CCTV-5 央视体育频道对世界杯总计 56 场赛事进行了直播，CCTV-16 奥林匹克频道则以 4K 超高清模式首次参与世界杯赛事转播。其中，"央视频"作为总台布局平台型媒体、深化融媒体改革的重要构成，在世界杯期间推出了《央视频之夜》等多档融媒体节目，广受观赛用户好评。

---

① 韩韶君、彭琪月：《技术与内容的守正创新：疫情背景下的东京奥运多主体传播探析》，人民网，2021 年 8 月 16 日，http://yjy.people.com.cn/n1/2021/0816/c244560-32194606.html。
② 美兰德媒体咨询：《超级 IP 聚焦｜融媒体视域下 2020 东京奥运会传播新样态探析》，网易，2021 年 8 月 20 日，https://m.163.com/dy/article/GHQ7JPLR0518C97I.html。

在中央媒体深化融媒体改革的同时，地方体育媒体也在转型发展方面开启了新的探索。东京奥运会期间，上海广播电视台、上海文化广播影视集团有限公司旗下的 SMT 天鹰转播团队加入中国电视转播代表队，32 名技术人员、4 套 S 级（Super 级）转播系统参与完成了东京奥运会举重、滑板、BMX 小轮车、3×3 篮球、攀岩等共计 160 余场比赛的转播任务①。北京冬奥会期间，总台授权北京广播电视台冬奥纪实频道、上海广播电视台五星体育频道、广东电视台体育频道进行冬奥会赛事传播，扩大了北京冬奥会赛事内容的传播规模。2022 年北京冬奥会期间，SMT 天鹰转播团队第四次出征奥运，派出了 53 人的技术团队、4 套超大型 4K HDR 超高清转播系统、1 套虚拟转播系统、1 套自主研发的拥有多项专利的 Multicam Replay360 度自由视角系统以及 1 套 VAR 短道速滑视频助理裁判系统，负责短道速滑、花样滑冰、冰球、冰壶、自由式滑雪大跳台、单板滑雪大跳台 6 大热门项目的转播技术保障工作②。卡塔尔世界杯期间，上海五星体育频道打造了以电视端赛事直播为核心的全媒体世界杯传播矩阵，组建"海派"赛事解说团队，为观赛用户提供了专业且具有地域特色的视听体验。根据"五星体育"公众号数据，在世界杯首周，五星体育频道在上海地区的收视率增长 260%，世界杯期间的单周全天平均收视率超过东京奥运会。五星体育制作团队在电视端精心制作并推出多档世界杯特色栏目，倾力打造 2022《我们的世界杯》电竞世界杯赛事，邀请观众以电竞的方式与五星体育共享足球盛会。在此基础上，五星体育充分利用新媒体资源，通过图片、文字、音频、视频等多种形式，在多平台多渠道开展世界杯全媒体传播。

（三）赛事传播创新与电子竞技产业发展

由新兴智能媒介技术驱动的赛事传播创新与电子竞技产业的迅猛发展

---

① 《SMT 助力东京奥运赛事转播顺利完成》，搜狐网，2021 年 8 月 25 日，https：//www.sohu.com/a/485653716_121124721。

② 李佳佳：《多项下一代转播技术助力北京冬奥会　展示中国形象》，"中国新闻网"百家号，2022 年 2 月 14 日，https：//baijiahao.baidu.com/s？id = 1724744520022233934&wfr = spider&for = pc。

是近年来体育全媒体传播生态演进历程中最引人注目的内容。北京冬奥会以及卡塔尔世界杯期间智能媒介技术的应用主要集中在"云端办赛"、创新观赛体验以及智能新闻生产三个方面。在"云端办赛"方面，2022年北京冬奥会是奥运史上第一届全面"上云"的奥运会。北京冬奥会的赛事成绩数据、组织管理、比赛转播等核心系统均基于"阿里云"提供的"云计算"技术展开，新兴数据技术的赋能显著提高了办赛效率。其中，"阿里云"与奥林匹克广播公司（OBS）合作推出的"奥林匹克转播云"（OBS Cloud）在北京冬奥会期间实现了高清电视直播和网络渠道直播的同时"上云"。在创新观赛体验方面，卡塔尔世界杯期间，中国移动咪咕通过采用具有国家自主知识产权的 AVS3、Audio Vivid 编解码标准技术为用户提供"睛彩和菁彩"的视觉+听觉实况盛宴，实现"HDR + Audio"双Vivid，让足球赛场上的每帧画面都清晰可见，为亿万观众带来"声画双超高清"的视听体验。抖音体育上线了"上 PICO 看世界杯球近了"VR 观赛活动。用户通过超清巨幕观看世界杯直播的同时，能够邀请好友进入互动虚拟场景进行实时语音互动，为用户提供了更具沉浸感的观赛体验。在智能新闻生产方面，AI 辅助新闻生产、虚拟演播厅以及 AI 虚拟数智人是2022 年北京冬奥会、卡塔尔世界杯赛事新闻生产中最为主要的三项创新技术。其中，中国气象局华风气象传媒集团与小冰公司共同制作的冬奥会 AI气象主播"冯小殊"、运动员谷爱凌的数字孪生姐妹 Meet GU 以及担任世界杯赛事手语主播的 AI 主播"弋瑭"等虚拟数智人在赛事新闻生产与传播实践中的应用充分展现了新一代人工智能技术在"拟人"方面的强大功能，激发了社会各界对 AIGC 技术在新闻生产领域应用前景的讨论。体育是数据化、媒介化程度较高的内容生产领域，AIGC 技术未来在赛事传播创新方面的应用具有巨大的潜力。

电子竞技产业的快速发展为体育传播生态带来的改变同样值得关注。目前我国在全球电竞市场中仍然处于领先地位，中国音数协电竞工委发布的《2022 年中国电子竞技产业报告》显示，2022 年中国电子竞技产业收入为 1445.03 亿元，其中电竞游戏收入为 1178.02 亿元，电竞用户约为

4.88 亿人①，是体育内容消费的一个重要群体。

自 2000 年以来，我国各级政府发布的涉及游戏行业与电竞行业的重要政策文件超过 150 份。2016 年开始，从中央部委到地方政府，包含"电竞"关键词、集中针对游戏文化产业提供专项扶持的政策文件数量呈显著增长的态势。利好政策的大量出台从侧面反映了电子游戏竞技化、职业化、产业化发展进程之迅速，一定程度上标志着电子竞技在随着此起彼伏的社会争议不断向前发展的过程中，已成长为促进经济社会发展的一股强大推力，成为影响一代人的新兴文化符号。2020 年 12 月 16 日，亚洲奥林匹克理事会宣布电子竞技项目成为亚洲运动会正式比赛项目，为体育赛事全媒体传播的发展与创新注入新的活力。政策的出台为中国电竞产业指明了发展方向，完善了整体规划布局，对资本大量注入后产生一时"乱象"的电竞行业进行了及时的规范与引导。在此基础上，电竞产业的发展不再局限于游戏与电竞赛事本身，而是将电竞与旅游、地产、餐饮等领域有机结合，构建"电竞+"模式，建设"电竞之都"，打造城市文化品牌成为近年来电竞产业推动自身发展、促进区域经济水平提升的重要举措。以上海为例，2019 年 6 月，为推动上海电子竞技产业有序健康发展，加快"全球电竞之都"的建设，上海出台《关于促进上海电子竞技产业健康发展的若干意见》，明确从"提升电竞内容创作和科研研发能力""搭建电竞赛事体系""加强电竞媒体建设"等九个方面全力支持电竞产业发展。在"打造全球电竞之都"的目标驱动下，2022 年上半年上海网络游戏总销售收入 627.9 亿元，约占国内游戏市场总收入的 42%。随着电竞赛事及相关产业的影响力不断提升，"电竞+"商业模式将更加成熟和完善，依托互联网与数字媒介技术快速发展的泛电竞产业将日益吸引以年轻人为主的庞大消费者群体，不断显示其跨出"竞圈"、扩大受众规模、助力区域数字经济发展的潜力。

值得注意的是，电竞产业不仅是数字经济领域势头正劲的新增长点，

① 《中国音数协：2022 年中国电竞产业收入 1445.03 亿元》，中国新闻网，2023 年 1 月 16 日，http://www.chinanews.com.cn/cj/2023/01-16/9936629.shtml。

而且随着中国从"游戏进口国"转型为"游戏生产国"与"游戏输出国",中国电竞赛事体系的建构逐步成熟,中国游戏与电竞开始成为国际跨文化传播的核心品牌之一。中国游戏与电竞的国际影响力不断提升,与本土文化有机融合的电竞文化为"讲好中国故事"提供了重要驱动力。例如,近年来由上海米哈游网络科技股份有限公司制作发行的开放世界冒险游戏《原神》在国内原创电竞游戏中表现亮眼。自2020年9月28日全球发售以来,《原神》的全球累计销售额超过40亿美元,2022年《原神》成为跻身全球收入第三高的手游。《原神》融合戏曲文化推出的唱段《神女劈观》在全球170余个国家和地区发行,在YouTube上播放量超800万①,引发国外网友的赞叹与模仿,成为"游戏出海"传播中国文化的典型案例。

综上,在技术、政策与资本等多方力量的推动下,体育赛事传播创新与电子竞技产业的迭代为中国体育全媒体传播的日益兴盛注入了充沛的活力。传播生态的演变意味着由智能传播技术主导的数字化和网络化空间将包容更多新的媒介形态、运行机制与发展模式,推动体育全媒体传播内容深度嵌入普通公众的日常生活,为体育传媒产业的未来发展拓展想象空间。

三 体育全媒体传播的新业态

(一)从"空场"到"在场":世纪疫情下的体育传媒业革新

"空场"办赛是全球新冠疫情期间体育赛事举办的特殊形式,随着新冠疫情的常态化,2022年成为全球体育赛事全面恢复常态、恢复"在场"办赛的关键一年。有学者认为,"空场"办赛背后是体育消费与人类日常生活的相互依赖,是政治和经济权力在体育产业运行中的交缠博弈,也是媒介技术对体育传播内容生产话语模式的重构。从"空场"到"在场",体育传媒

---

① 王旭:《爆款游戏带火了"非遗文化"》,上观,2023年1月30日,https://sghexport.shobserver.com/html/baijiahao/2023/01/30/951553.html。

业共同面临"世界百年未有之大变局",也借此推动了业态革新。

一是体育赛事传播的高调复苏,使体育传媒产业迎来重要发展节点。根据国际奥委会援引中央广播电视总台公布的数据,2022年北京冬奥会期间,仅央视一家媒体的全媒体触达用户规模就超过了2020东京夏奥会的全球触达用户总量。一方面,尽管北京冬奥会的办赛仍处在新冠疫情防控"闭环"管理内,但凭借新兴媒介技术驱动下的赛事传播创新,北京冬奥会的赛事传播实践仍然为全球公众提供了精彩、生动且沉浸式的观赛体验。其中,北京冬奥会赛事传播中涌现的融媒体报道成果、智能媒介技术产品以及全媒体新闻生产的运作模式均为体育传媒产业未来的创新发展起到了良好的示范作用。另一方面,自2014年体育赛事版权政策"松动"以来,体育赛事传播历经近10年的变迁,初步形成了较为稳定的产业格局与版权分销模式。北京冬奥会期间,总台将其享有的版权分销给中国移动咪咕、快手、抖音等平台,实现了奥运版权的循环与增值。其中,快手、抖音两大主打短视频与竖屏直播的互联网平台型媒体的入局,成为2022年体育赛事传播业态创新的显著标志。

二是体育全媒体传播UGC、AIGC等商业模式兴起。随着媒介技术的迭代与社交媒介平台的普及,体育传播的主体与内容愈加多元。用户生产内容(User Generated Content)与人工智能生产内容(Artificial Intellegence Generated Content)正在进一步打破传统专业媒体生产内容(Professional Generated Content)对体育传播的"垄断"。在因新冠疫情而"空场"办赛的情境下,包括AIGC在内的人工智能体育赛事传播应用实践得到最佳的试验与检验。2022年底卡塔尔世界杯期间,观赛用户已经习惯于接收PGC、UGC和AIGC等多种来源的赛事内容,并根据个性化的传播情境进行选择。在内容生产与传播主体多元化的趋势下,明星运动员与网红体育自媒体彰显了强大的传播力。与之相应的,以MCN(Multi - Channel Network)为代表的新型传媒商业模式开始大规模进驻体育传媒业,以北京冬奥会为例,苏翊鸣等明星运动员不仅是吸引全球关注的北京冬奥会传播"客体",而且借助发达的社交媒介平台与成熟的MCN自媒体商业运营机

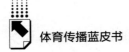
制，成为重量级的冬奥会内容生产与传播主体。由运动员及其 MCN 团队完成的内容生产在迎合年轻一代的体育消费习惯、实现跨文化传播等方面发挥了关键作用。在此基础上，明星运动员及其团队将在很大程度上摆脱对机构媒体的依赖，掌控专属的内容生产与传播渠道，从而对体育传媒业的未来格局产生深远的影响。

随着 2022 年全球体育赛事高调复苏以及 MCN 等新型商业模式向体育传媒业正式"进驻"，从"空场"到"在场"预示着体育全媒体传播将迎来更大的转型，北京冬奥会、卡塔尔世界杯两大国际体育赛事的举办进一步推动了世纪疫情下体育传媒业向新的形态和业态转变。与此同时，社会化媒体的强势传播凸显了体育的民间"在场"，城市群众体育赛事的回归展现了精英体育向大众体育的转型，"村 BA"的火热场景让人感受到鲜活的中国乡土和乡情，不仅让海外网友看到了我国脱贫攻坚、乡村振兴的实际成效，也让绿水青山的乡村风貌、质朴纯真的少数民族风情与村民热爱体育、追求健康生活的精神需求展现在全球传播的媒介场域中。

（二）从东京奥运会到北京冬奥会：国际大型体育赛事的全媒体创新

2022 年北京冬奥会是新冠疫情发生以来首个如期举办的全球综合性体育盛会，其成功举办向世界展示了由我国媒体深度融合驱动的国际传播能力①。从东京夏奥会到北京冬奥会，我国体育传媒业围绕国际大型体育赛事的全媒体传播进行创新性探索。

一是传播范式与理念创新。随着北京成为全球首座"双奥之城"，体育传播更多呈现从"竞技体育"到"全民参与"的范式转型趋势。具体而言，奥运赛事的传播渠道从传统媒体转向互联网平台型媒体；传播形态从单一图文

---

① 张盛：《新时代中国体育国际传播创新的内在逻辑与实践路径》，《成都体育学院学报》2022 年第 4 期，第 21~25 页。

报道转向基于媒体深度融合的全方位立体报道；传播技术由传统新闻生产、赛事转播转向智能媒介技术赋能下的内容与服务定制；传播重心从体育赛事报道转向全民健身参与；传播主体从专业生产（PGC）转向大众参与生产（UGC）；传播意涵从单向的大众媒体议程设置转向公众对多元议题的主动参与。整体来看，在传播范式与理念创新方面，北京冬奥会体育全媒体传播的转变与技术发展、政策导向以及公众的体育新观念和消费新需求密切相关。

二是资源整合与工作机制创新。在北京冬奥会赛事传播的实践中，信息、技术以及资本等传播资源的整合与工作机制创新是冬奥会全媒体传播取得丰硕成果的重要原因。以《人民日报》冬奥会报道融合传播为例，北京冬奥会期间，《人民日报》坚持"内容为王"等新闻生产理念，积极进行工作机制与资源整合创新。《人民日报》体育部记者在开展北京冬奥会各项目赛事报道的同时，负责"人民日报体育"微信公众号、微博和抖音等社交媒体账号的日常运营。在报社内部，体育部重视资源整合，通过与其他部门、单位的交流合作，形成报道合力，努力推动冬奥会报道从"相加"向"相融"转变。2022 年 5 月，在圆满完成冬奥会和冬残奥会报道任务后，《人民日报》体育部全面接手《人民日报》客户端体育频道，这反映了《人民日报》冬奥会全媒体报道在资源整合与工作机制创新方面的成效。

三是话语实践与叙事模式创新。传播的话语实践与内容生产密切相关但又不完全等同，从东京夏奥会到北京冬奥会，体育全媒体传播的话语实践既受到国际国内社会文化语境的建构与制约，又主动参与全球体育话语的重塑。以新华社北京冬奥会的对外传播话语为例，学者万晓红通过对北京冬奥会期间新华社在推特平台上的推文进行话语分析发现，新华社北京冬奥会的对外话语实践主要围绕"人类命运共同体"、"全球中国"以及"平台思维"三大理念共识展开，体现了北京冬奥会倡导全球团结共赢、"一起向未来"的崇高理念，反映了以中国为代表的"全球南方"立足本土、积极参与全球治理并提供"中国智慧"的责任担当，与过往欧美所倡导的基于民族国家竞争对抗的体育话语实践形成了鲜明对比。此外，在话语叙事模式创新方面，北京冬奥会传播叙事从体育赛事宏大叙事转向"参与者"的日常叙事。主流媒体对"网红"吉祥物"冰墩墩"的积极跟进报道与内容策划延续了聚焦力强的传统优势，新媒体在打破传统媒体叙事模式方面呈现鲜明特质，如快手平台推出的冬奥系列短片《二十》讲述平凡人物的冬奥故事，成为话语新实践的"轻骑兵"，不同类型的媒体都实现了北京冬奥会体育全媒体传播在叙事模式上的持续创新。

综上，从东京夏奥会到北京冬奥会，我国体育全媒体传播与时俱进，积极推进体育赛事传播范式与理念、资源配置与工作机制、话语实践与叙事等多方面的探索，后冬奥时代的体育文化传播呈现蓬勃的创新活力与转型发展的强大势能。

（三）从"大众"到"小众"：体育全媒体内容生产与传播的融合与分化

2021年以来，体育全媒体内容生产与传播的融合体现在数字媒介时代体育传播内容生产者、传播者以及受众之间界限的不断拓展。以卡塔尔世界杯赛事传播为例，新型主流媒体与流媒体平台的赛事转播与内容制作在智能技术的加持下表现亮眼，普通公众对世界杯赛事的内容生产与参与式传播在一定意义上展现了深度媒介化情境下体育全媒体内容生产与传播的未来图景。

近年来，移动互联网技术与短视频社交媒体平台的发展进一步降低了体育融媒体报道的"门槛"，卡塔尔世界杯期间，以抖音博主、B站UP主为代表的体育自媒体围绕世界杯赛事进行了大量的内容生产并且获得了大规模用户的关注。这些世界杯用户生产内容主要采用两种方式，一是亲临现场的观众对世界杯现场赛况直接呈现，抖音、快手以及B站等平台用户可以从第一视角、第一时间、不同侧面向全球传播世界杯赛事的即时场景并与线上网友进行实时互动。以B站UP主"巢巢巢Even"为例，"巢巢巢Even"以Vlog形式，以现场观众的第一视角记录了阿根廷从小组赛到1/8决赛，到1/4决赛、半决赛，最后进入决赛的过程。借助"巢巢巢Even"的镜头，线上观赛的用户仿佛能亲临世界杯现场，亲历阿根廷的夺冠历程。二是具备专业知识或流量优势的"明星"博主对世界杯的观赛体验与解读推动世界杯赛事的跨界传播，例如鹿晗、苏醒等爱好足球的娱乐明星自发在社交媒体平台发布世界杯相关内容，武汉体育学院"湖北名师工作室"在 B 站打造《德胜说球》系列节目等。

在传者与受者、PGC 与 UGC 之间发生深度融合的同时，体育全媒体的内容生产与传播也在快速进行着多层次的分化，用户基于不同媒体平台甚至内容板块部落化和碎片化分布的趋势日益显著，体育跨界融合的媒介属性不断被强化，显示出体育新消费与"体育+"产业模式的新特征。

体育全媒体内容生产与传播的分化体现在传播资源丰裕条件下，用户对体育传播内容主动选择权的不断增长，使体育新消费和体育全媒体内容的生产呈现日益增强的细分化和定制化特征。体育新消费是将体育消费中的实体消费与虚拟消费、物质消费与精神消费进行有机融合的消费形态。体育新消费现象的发展主要依赖于用户体育消费需求的扩大与多元化、数字媒介技术的发展普及以及传播资源（尤其指渠道与信息资源）的丰裕。譬如北京冬奥会期间，消费者可以通过多种渠道、多个内容来源进行冬奥会观赛，可以选择将注意力集中在单一媒体，也可以选择"第二屏"甚至"第三屏"，在复媒体环境下进行观赛。资源丰裕的用户除了需要了解传统意义上体育赛事内容信息外，开始由"内容消费"转向"体验消费""品质消费"，其中包括对运动参与、健身健体、体育社交等多方面多层次的细分消费需求。

随着近 10 年来国内体育传媒产业格局的变迁，体育全媒体产业规模不断扩大，逐渐分化出上中下游传媒产业链条。一是处在核心层的上游体育赛事。长期以来优质体育赛事版权作为体育传媒业的"稀缺资源"，对体育传媒业的整体发展起着决定性的作用。目前在我国体育传媒业的赛事资源中，国际赛事仍然占据主导地位。二是处在外围层的中游体育媒体。其中，赛事转播媒体的收入来源主要包括版权分销收入、广告收入、内容付费收入等。近年来体育媒体积极开发体育赛事 IP，追求在赛事转播和广告收入以外获得黏性用户带来的后续收益，提升自身的商业变现与获利能力。三是处在相关产业层的体育衍生产业。包括体育用品、体育彩票和健身培训等，主要提供体育增值服务。随着新冠疫情以后社会体育新消费的增长与习惯养成，体育用品/场馆、健身培训以及体育旅游市场正处在积极开拓的进程当中。体育传媒产业链条的分化与城市/乡村"体育+"模式的拓展紧密相关，随着国内外体育赛事 IP 影响力的不断扩大，"赛事名城""电竞小镇""电竞之都"等建设理念开始频繁出现在国内各省市的发展战略中。其中，在中国茁壮成长的群众体育赛事进一步引发了社会各界对"体育+"模式助力城市发展和乡村振兴的关注与重视。

四 体育全媒体传播的新特征与新趋势

（一）从"融合"到"聚合"：体育内容生产的机制创新成为发展着力点

当前，舆论生态、媒体格局、传播方式正在发生深刻变化，重构着内容生产与信息传播的链条，"万物皆媒"的全媒体时代已经成为人们置身其中的现实。党和国家深入实施全媒体传播工程，做强新型主流媒体，标志着媒体深度融合战略已经从顶层设计进入全面推进的阶段。网台互动、大小屏融合、立体式传播矩阵的构建以及新兴媒介技术应用的广泛探索在体育全媒体的内容生产与传播过程中已经得到了较为集中的展现。媒介化体育内容作为全球内容产业的独特品类是媒体创新和深度融合的首选，全球顶级赛事传播更是聚集前沿技术、制度创新、资源优势和团队攻坚的传媒竞技场，聚焦体育内容的独特属性，实现从适配性"融合"到目的性"聚合"的跨越将成为未来体育全媒体传播发展的重要特征与趋势。

中央广播电视总台以重大体育赛事为契机，在体育内容生产机制创新方面显示了强大的聚合效应。"央视频"作为总台向"深度融合"纵深发展而重点建设的平台型媒体成功地实现了媒体形态的融合与传播内容的聚合。以世界杯赛事传播为例，"央视频"拥有世界杯全部赛事的新媒体转播权。卡塔尔世界杯期间，"央视频"以"长直播+短视频"的模式打造垂类赛事融合传播矩阵，创新推出"竖屏观赛"直播功能。此外，获得赛事转播权分销的咪咕视频、快手、抖音等则充分发挥了自身平台的差异化特性，或基于技术资源开发"元宇宙"赛事内容服务，或在网红体育自媒体的带动下为用户提供互动性的观赛体验。综合不同平台型媒体在体育内容生产方面的特征可以发现，目前体育全媒体传播的内容生产机制已经从最初的"加合"形态进入适配内容或服务的"融合"形态，正在向满足用户多元需求的"聚合"形态发展。

国家广播电视总局《关于组织制定广播电视媒体深度融合发展三年行动计划的通知》强调，媒体融合就是要解决平台、内容、用户三者的关系，优质内容聚合的最终目的是更好地聚合用户。随着我国经济社会发展水平的不断提高，公众对体育媒介内容与服务的需求规模越来越大，需求层次越来越高。未来体育全媒体传播将逐步合理利用大数据等新技术洞察用户意愿与行为，充分满足不同用户群体的内容需求，从基于单一"传受"关系，将适配性强的媒体形式、内容加以"融合"，转向追求内容生产的目的性"聚合"，从而更好满足用户的个性化体育内容需求，以建立平台、内容与用户之间即时互动的良性关系，最终实现体育全媒体传播内容生产机制的创新发展。在后奥运时代，平台、内容与受众的聚合不仅限于商业体育内容，欣欣向荣的群众体育也将成为体育全媒体传播的重要增长极。扎根于现代化进程中的"中国场景"，新媒体时代的群众体育传播需要形成与之相适应的"中国叙事"，更好发挥多元传播主体的作用，构建与全媒体传播形式相匹配的全民传播模式，通过讲好普通人的体育故事和生活故事，营造群众体育文化氛围，弘扬北京冬奥精神，更好地发挥体育在促进人的全面发展中的作用。在建设好对外传播"国家队"的同时，遵循去精英化、自发性、慢商业化规律，要在持续推进媒体融合战略进程中，加强对县域融媒体的建设力度，发掘有潜力的自媒体账号，依托多种传播渠道和形态，第一时间、第一视角聚焦有故事、有场景、有态度、有意思的群众体育事件，用红红火火的群众体育和全民健身活动讲好中国体育故事。

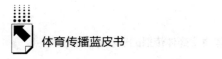

（二）从内容到品牌：价值观传播成为发展关键点

尽管赛事版权仍然是体育传播领域的"稀缺资源"，但是随着技术赋能和传播主体的不断多元化，未来体育全媒体传播仍然面临内容同质化带来的挑战。在此基础上，实现从"信息传播"到"价值观传播"，从"内容生产"到"品牌塑造"的传播范式与模式更新，将是未来体育全媒体传播与产业高质量发展的关键。

大型体育赛事因其跨文化与仪式传播的特性，在价值观传播方面具备天然的优势，值得引起相关研究者与从业者的进一步重视。在传递运动魅力和体育价值观方面，东京奥运会上"00后"运动员成为中国运动队展现中国力量和中国风采的"生力军"，他们不仅赢得了奖牌，而且为网上网下的舆论注入了强大的正能量，他们因独有的个性气质而深受国内外网友喜爱，成为新一代国家形象代言人，展现了阳光、可爱、有担当、敢拼搏的正面形象，对青年群体具有重要的引领作用。"00后"运动员成长于中国日益融入全球发展的进程之中，他们的世界观更加包容和开放，行为举止更具亲和力和感染力，有助于世界各国认识和了解新时代的中国青年。2022年北京冬奥会期间，《人民日报》在内容生产上坚持价值导向优先，发挥"定盘星"作用，及时报道赛事进展并用权威观点和鲜明态度引导受众树立正确的体育观念，助力冬奥会赛事传播弘扬中华体育精神。新华社的国际体育报道立足"全球中国"，传播"人类命运共同体"理念，展现中国积极参与全球治理、追求和平与团结的大国担当。北京冬奥会"以大道至简彰显悠久文明理念"对新时代推进我国体育国际传播的重要启示是，体育国际传播的本质力量源于思想，其内核是面向未来的价值观。

随着体育强国建设的深入推进，弘扬中华体育精神、培育强国体育观念对文化传播提出了更高的要求。以《人民日报》、新华社以及中央广播电视总台为代表的新型主流媒体在体育全媒体传播内容生产过程中将进一步树立鲜明价值导向，在塑造现代体育观念、打造体育文化品牌和推广传统体育项目等方面更好地发挥引领作用。根据清华体育产业研究中心①发布的《2021年中国乡村体育发展报告》，当下丰富多彩的特色乡村体育活动，如安徽的五禽戏、福建的毽球和龙舟、广东的太极拳、贵州的赛马、内蒙古的摔跤、青海的民族舞等都充分利用了当地文化资源。服务体育强国建设的体育全媒体传播要坚持以创造性转化、创新性发展的理念把握体育传播作为一种文化传播的重要属性，融合全球与本土文化特质，积极传播融汇新概念和新范畴的文化符号，让人们在扎根于中国大地的体育传播实践中看到"山、水、情、节"的妙趣组合，看到"民族、生态、文化"与体育的有效融合，用"邻里乡亲一起玩"的体育故事打造融通中外的新表述，彰显文化自信，更好地借助沉浸式的场景和新媒体技术提升体育助力中国人追求美好生活的传播力，塑造新时代中国体育文化的新形象，展现中国式现代化的新气象，唤起文化自信意义上体育强则中国强的情感与价值共鸣。

（三）从能力到效力：媒介化体育成为国际传播能力建设的重要赛道

体育的媒介化进程是技术、社会与体育三者之间互动变迁的结果，进入21世纪以来，媒介技术嵌入体育赛事传播、体育参与实践的速度不断加快，程度不断加深。北京冬奥会后，随着体育全媒体传播数字化、平台化转型加速推进，我国体育已进入深度媒介化时代，媒介化体育将成为我国国际传播能力建设和效力检验的主要赛道之一。

中国的"双奥之旅"表明，媒介化体育的创新实践与国家的国际传播能力建设在历史进程中相互交织、相得益彰。基于人类身体活动展开的竞技体育具备天然的跨文化传播属性，奥运会等大型国际体育赛事的筹办和举办在推动媒体融合发展、开放合作和提升国际传播能力方面具有独特的价值。2022年北京冬奥会期间，我国主流媒体与国际奥委会在赛事传播和文化推广等方面协同创新，共同迎接疫情防控"闭环"管理下奥运赛事传播所面

---

① 该单位名为清华大学体育产业发展中心，所引用文章的发布者名为"清华体育产业研究中心"（公众号）。

临的新挑战、新机遇①。通过应用数字化高清赛事直播技术、创新融媒体报道工作机制、引入智能媒介技术打造虚拟演播厅、启用 AI 数智人主播、进行互动赛事直播等举措，北京冬奥会的全媒体传播在奥运史上留下了浓墨重彩的一笔。除了主流媒体融合创新外，抖音（TikTok）、快手、微博以及推特等社交媒体平台围绕北京冬奥会展开了内容丰富的 PUGC 混合生产，充分挖掘了冬奥会赛事与运动员的 IP 价值，拓展了草根化的、参与式的体育公共外交在国际传播与国家形象塑造中的实践空间。以媒介化奥运为"试验场"，北京冬奥会的国际传播实践为我国国际传播能力建设积累了宝贵的经验。

　　进入以智能传播为代表的深度媒介化阶段后，体育国际传播也将成为检验国家"软实力"与"巧实力"的重要场域②。从 2008 年北京夏奥会到 2022 年北京冬奥会，中国体育国际传播在"双奥之旅"中不仅实现了媒介技术逻辑层面的跨越，也在数字媒介、智能媒介技术的加持下完成了从跨文化传播到转文化传播的蜕变。转文化传播是在我国"一带一路"倡议所引领的新全球化历史背景下一种强调从"跨时空的文化交换"到"跨主体的文化转型"的传播观。媒介化体育本身作为文化观念与文化行动的直接载体，直接体现了转文化传播的概念意涵③。2022 年北京冬奥会期间，基于云计算与人工智能技术而展开的赛事智能传播实践为全球观赛用户提供了沉浸式的感官体验。苏翊鸣等明星运动员风采成为全球各大社交媒体平台上冬奥会传播的重要内容，在中西方价值与审美取向的融汇点上推动了独特的转文化传播，促进了跨文化、跨民族的认同建构。在此基础上，基于媒介化体育而开展的体育公共外交蕴含融合"硬实力"与"软实力"而形成"巧实力"的巨大潜力，是提升国家形象的重要手段。广泛的公共参

① 张盛：《媒介化奥运在中国："双奥之旅"中的传播格局变迁》，《武汉体育学院学报》2022 年第 6 期，第 5~10+20 页。
② 张盛：《新时代中国体育国际传播创新的内在逻辑与实践路径》，《成都体育学院学报》2022 年第 4 期，第 21~25 页。
③ 史安斌、童桐：《从国际传播到战略传播：新时代的语境适配与路径转型》，《新闻与写作》2021 年第 10 期，第 14~22 页。

与、不同行动主体与他国公众间的关系建构是公共外交的核心观念①。其中，电竞作为一种创造线上互动空间、建立情感支持与认同网络的媒介化体育运动，将成为建构传播"巧实力"的重要看点。随着媒介技术的进一步发展，电竞及其平台传播所带来的"一起玩""一起看"的沉浸互动体验将会更加逼真、更加动人，电竞由此将成为体育公共外交新的增长点②。

综上，借助以 2022 年北京冬奥会等赛事传播为代表的体育全媒体传播实践，媒介化体育再次展现了自身在国际传播体系中的重要价值。随着国际政治格局与舆论环境的转变，国际传播与战略传播的范式理念和传播实践也在不断推进的创新探索中升级优化，未来媒介化体育将继续作为国际传播的主要赛道，在服务国际传播能力建设与国家形象塑造的过程中演绎出更加生动的图景。

五　结语

党的十八大以来，以习近平同志为核心的党中央高度重视体育强国建设。在媒体深度融合的国家战略支撑下，我国体育媒体的融合发展和国际传播的创新实践深化了对具有全程、全息、全员、全效特点的全媒体传播规律的认识，为构建与体育强国建设相适应的传媒发展格局积累了经验。2022年 4 月 8 日，习近平总书记在北京冬奥会、冬残奥会总结表彰大会上指出，要大力弘扬胸怀大局、自信开放、迎难而上、追求卓越、共创未来的北京冬奥精神③。当前，在由十亿多网民构建起的全球最庞大的数字社会中，"万物互联、多元共生"的全媒体格局不仅局限于以媒介为中心的狭义维度，而且以媒介与万物融合的方式深度融入政治、经济、社会、文化乃至生态等

---

① Nicolasl, *Public Diplomacy Foundations for Global Engagement in the Digital Age*（Cambridge，2021）.
② 史安斌、刘长宇：《智能传播时代的体育公共外交：历史脉络与未来走向》，《青年记者》2022 年第 1 期，第 87~90 页。
③ 《冬奥盛会激扬中华民族精气神（人民观点）》，人民网，2022 年 4 月 13 日，http：//tj.people.com.cn/n2/2022/0413/c375366-35220452.html。

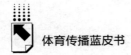

各个领域，为向世界展示一个真实、立体、全面的中国提供了技术条件，搭建了展示平台。在加快推进体育强国和文化强国建设的进程中，推动我国体育传播能力建设要进一步适应全媒体发展要求，努力在技术、资源、内容生产、运营模式、业态布局等方面保持可持续的创新态势。面对全球充满活力的体育受众，要积极把握"共情"因素，加强"文化转码"，进一步用好平台型媒体，加强对 Z 世代明星运动员的全球推广，展现体育跨国界的独有魅力，构建基于情感认同的话语共同体。体育传播的本质力量源于具有价值观的文化。改革开放尤其是中国重返奥林匹克大家庭以来的实践表明，中国体育的发展需要融入世界，世界体育的发展也需要中国的融入。我国体育全媒体传播在向世界展现国家战略定力、制度韧性和文化自信的同时，将通过不断增强的思想引领力为大变局时代的全球体育注入新的人文内涵与精神动力。

传媒洞察篇

Insight into Sports Media

B.2

打造精品力作　凸显专业优势

——新华社体育部 2022 年报道概述和思考

许基仁*

摘　要： 加快推进体育全媒体建设是当前体育传媒实践领域亟待探讨的重要课题。新华社作为国际奥委会认可的国际通讯社，在努力建成国际一流新型全媒体机构方面做出了敢为人先的积极探索，尤其在 2022 年北京冬奥会、冬残奥会和卡塔尔世界杯期间，新华社体育部不断激发自身创造力，通过创新性的传播实践推动体育主流媒体高质量发展。本文总结 2022 年国际体育赛事期间新华社体育部在融合报道和对外报道方面的创新实践经验，从人才培养、国际交往和合作共赢等方面提出新时代体育全媒体传播格局构建的战略要点。

---

* 许基仁，高级记者，曾任新华社体育部主任，现为中国体育新闻工作者协会副主席，现场报道过从 1992 年开始的八届夏季奥运会、从 1990 年开始的八届亚运会以及五届冬奥会，是现场报道全球顶级赛事最多的中国体育记者之一。

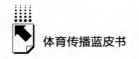

关键词： 体育全媒体 媒介融合 新华社 对外传播

2022 年，是新华社体育部异常忙碌也是出新出彩的一年。北京冬奥会、冬残奥会和卡塔尔世界杯几个大赛一头一尾，新华社体育部的出彩表现体现了新华社体育报道团队的过硬本领，凸显了新华社作为国际奥委会认可的国际通讯社的地位和实力，也为新华社努力建成国际一流新型全媒体机构做出了应有的贡献。

体育部负责指挥、协调、采写、编签全社文字（中英文）报道和新媒体产品，2022 年共播发各类报道 52676 条，其中中文通稿 6675 条，日均约 18 条；对外中文专线（给境外中文媒体供稿）5667 条，日均约 16 条；英文通稿 8300 条，日均约 23 条；新华社客户端 8058 条，日均约 22 条；新媒体专线（给境内外网络媒体供稿）6165 条，日均约 17 条；县级融媒体专线 5351 条，日均约 15 条；短视频专线 476 条，日均约 1.3 条；中文互联网专线 3207 条，日均约 9 条；英文互联网专线（给境外网络媒体供稿）1886 条，日均约 5 条；海外社交媒体 3569 条，日均约 10 条，其中"新华体育"推特、脸书分账号粉丝总数 3196 万；"新华体育"微博推文 3322 条，日均约 9 条，粉丝数约 516 万。中文、英文纪录片《追光——东京之路》获得第 32 届中国新闻奖三等奖，《北京男孩马布里》英文微视频获得国际体育记协评选的年度媒体奖视频人物传记类第三名。融合报道产品（文字和视频）《无雪之地》获得第 16 届（2020~2021 年度）"残疾人事业好新闻奖"一等奖。

2022 年，体育报道取得了一些突出成绩。

融合报道成绩斐然。以融合报道品牌栏目《追光》为抓手，每天策划一条包含文字、图片、视频、表情包等元素的重点融合报道产品，广受好评。《追光》栏目产品在新华社客户端上浏览量超过百万的比例约为 90%。围绕北京冬奥会和卡塔尔世界杯，精心策划、拍摄、制作两部重磅纪录片《盛会华章》和《绿茵哨声：一种召唤》。"世界杯数字藏品"系列产品全网总访问量 2.1 亿次。北京冬奥会视频栏目《北京晚自习》《杨扬探冬奥》《约大牌》获得广泛好评。

加大对外报道力度，全年英文发稿量继续高于中文数量。在北京冬奥会、卡塔尔世界杯和日常报道中对内、对外一体策划，分头并进，固定英文报道队伍，培养一批英文骨干记者，始终保持英文报道的人力不少于中文报道，基本做到了"内外并重"。

"新华体育"海媒分账号继续处于全球第一方阵，粉丝数稳中有升，达到 3196 万。

全年有 31 条英文通稿和英文互联网专线稿件被美联社、路透社、法新社、《华尔街日报》、《纽约时报》、《卫报》、英国《每日邮报》、CNN、NBC 等国际主流媒体采用。

继续巩固新华社作为国际奥委会认可的国际通讯社地位。在北京冬奥会上，专访了巴赫主席等一大批奥林匹克大家庭高级官员。在 G20 峰会期间，应国际足联邀请，体育部在四个小时内组织雅加达分社高质量完成了对国际足联主席因凡蒂诺的文字、图片、视频专访。国际足联新闻官说："新华社在这么短的时间内完成这么高质量的视频采访，让人佩服。"

卡塔尔世界杯期间，新华社第一次全面享受国际顶级媒体待遇。在媒体席名额最为紧俏的决赛报道中，报道团 17 名文字记者全部获得媒体席名额，并且在所有中外媒体中位置最佳。

一　北京冬奥会、冬残奥会报道出新出彩

（一）精心打造精品力作

抽调骨干采编人员策划、采写《冬奥之光照亮人类前行之路——以习近平同志为核心的党中央关心体育事业和北京冬奥会、冬残奥会筹办工作纪实》《非凡的冰雪盛会　精彩的中国答卷》《一起向未来——习近平总书记关于奥林匹克重要论述的中国实践》等一批力作，制作动态长图

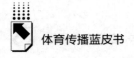

《习近平的冬奥足迹》，最高媒体采用量超过 4200 家。

深度挖掘中华传统文化的魅力和感召力，采写《来到这里，爱上这里，难忘这里——中国因冬奥展现更强大吸引力》《点亮文明之光 映照大同梦想——读懂"一墩难求"背后的深意》等精品佳作。

《从苏翊鸣到谷爱凌，这就是中国青年!》等报道，讲述了各国各地区运动员交流友谊的感人故事。

《怒放之下有深耕——从中国冬残奥会看中国残疾人体育事业发展》《留声精彩乐章 唱响美好未来——写在北京 2022 年冬残奥会闭幕之际》等稿件着力颂扬冬残奥之美。

（二）融合报道丰富多彩

综合运用视频、文字、图片等融合报道形式，推出大量精美产品。组织精干小组，综合运用国际奥委会视频素材和记者采访资源，每日推出《北京晚自习》视频产品。邀请中国冬奥会首枚金牌获得者杨扬，定期播发《杨扬探冬奥》融合产品。和新媒体中心合作在客户端推出《冬奥问记者》栏目，打造"新闻+社交"新范式，增加读者黏性。开设《你不知道的冬奥事》栏目，答疑解惑；《约大牌》产品特色鲜明，系统采访北京冬奥组委相关部门主要负责人和国际奥委会主席巴赫、国际残奥委会主席帕森斯、摩纳哥元首阿尔贝二世亲王、国际奥委会奥运会部执行主任杜比、韩国文体部长官黄熙、世界反兴奋剂机构主席班卡等，彰显新华社作为国际通讯社的权威性和影响力；北京冬奥会前夕推出的"VR 带你看场馆"，可在手机上 360°全景观看冬奥场馆，让手机用户产生身临其境的感觉。

紧扣"双奥之城"主题，围绕北京举办亚运会、奥运会、冬奥会三大赛主线，深入采访，精心剪辑，制作的《盛会华章》重磅纪录片反映了中国体育 30 多年来的进步与发展，播发后反响热烈。

为了突出新媒体报道的互动性、吸引受众关注北京冬奥会，同时扩大新华社影响力，冬奥会开幕前，体育部联合腾讯制作的滑冰小游戏《竞速精英》和冰壶小游戏，推出后成为爆款产品。

（三）对外报道精准有力

策划采写的《习主席引领中国书写奥林匹克新篇章》《北京冬奥会团结人类一起向未来》《北京冬奥，友谊的盛会》等英文重点稿，被多家海外媒体采用。*Sports for the People：Xi Jinping's National Fitness Dream*（《习近平与全民健身的故事》）英文微视频细节生动、制作精良。

发挥现场采访优势，报道外国运动员对北京冬奥会、冬残奥会的积极评价以及组织者和志愿者为成功举办北京冬奥会、冬残奥会所付出的努力。《快看那个印度人，他孤独又快乐》《志愿者的微笑，温暖了闭环的冬天》等报道受到广泛欢迎。

主动设置议题，开设《关于北京冬奥会，他们这么说》英文海报栏目，借嘴说话，集纳国外运动员和教练员对我方的正面言论"金句"，在海媒平台发布后反响强烈，传播效果好，达到了"一图胜千言"的效果；发挥全球布点优势，通过《北京冬奥日记》栏目播发欧洲 12 国冬奥会参赛人员的切身体验和对北京冬奥会的积极评价。

（四）赛事报道专业权威

发挥项目全覆盖优势，深入赛场内外进行全方位报道，动态及时准确，解读专业权威。与兄弟部门密切合作，围绕开闭幕式进行同步解读，独家专访开闭幕式总导演张艺谋；围绕所有赛事半决赛、决赛策划重点报道，重点反映中国体育健儿顽强拼搏、为国争光的精神风貌；赛场内外采访深入，《合理判罚·阵容调整·头号功臣——揭秘中国短道队斩获首金的背后》《特写：贾宗洋的决赛下半场》《高山滑雪生命守护者：不动如山，迅疾似火》等报道受到业界称赞。

二　世界杯报道亮点频现

体育部前后方采编人员克服疫情带来的不利影响，以高度的责任感和敬

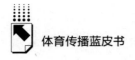

业心投入报道，全景展现世界杯盛况，推出了一大批权威专业、形态多样的报道产品，在全球展现了新华社这个国家通讯社实力，进一步夯实了国际通讯社地位。

精心策划采写《强青训　重执行　不折腾——卡塔尔世界杯启示录》《足球可以让世界团结在一起——专访国际足联主席因凡蒂诺》《足球团结世界　天涯共此良宵》等力作，推出《绿茵哨声：一种召唤》专题纪录片和"世界杯数字藏品"等融合报道产品。

新华社世界杯报道创下多个纪录：首次以国际通讯社成员的身份全面享受顶级报道权益；首次在世界杯报道中跟踪拍摄纪录片；首次受权使用国际足联部分视频素材，提升了新华社新媒体报道范围、档次和影响力；国际足联主席首次在开幕式前夕接受新华社独家多媒体专访……

为保证报道时效，报道团前后方密切配合，体育部克服人手紧缺尤其是赛事结束阶段编辑部因病减员的不利状况，赛事日安排 24 小时全天候发稿，确保报道时效，全部 64 场比赛在比赛一结束就都播发中英文和客户端快讯。

三　加强对外报道力量　讲好体育故事

在北京冬奥会、冬残奥会和卡塔尔世界杯等大赛报道中，精心策划对外选题，组织精干对外记者，专业化覆盖所有赛场、所有项目，英文报道数量和报道质量都不逊色于其他国际通讯社。

强化对外报道力量，充实"新华体育"海媒工作室，使海媒报道系统化、机制化。"新华体育"海媒平均每周在脸书平台浏览量超过 10 万的稿件有 15 条。

日常英文报道抓住重要赛事和重要事件提前策划，保证时效和质量。重点做好中国体育的对外报道，讲好中国故事。围绕中国体育人物组织多篇人物精品稿，取得了很好的境外传播效果。

四　对体育报道取得突破的三点感悟

近年来新华体育持续成长，在东京奥运会、北京冬奥会和卡塔尔世界杯等大赛和日常重点报道中亮点频出，广受社会好评。其原因有很多，比如国际通讯社、国家通讯社的独特地位和资源优势，策采编发环节的专业积累和精细掌控，等等。新华社体育报道取得突破最重要的原因不是谋划、实施报道本身，而是报道之外的一些东西，可概括为"人才培养、国际交往、合作共赢"三个关键词，真可谓"工夫在诗外"。

（一）人才培养是通讯社可持续发展的密钥

人才培养是通讯社可持续发展的密钥。这个道理人人都懂，具体实施起来却需要战略谋划和战略布局。

在 2019 年 1 月国际奥委会主席巴赫到访新华社并宣布新华社成为国际奥委会认可的国际通讯社之后，荣耀和压力一并而来。这也意味着从此之后新华社就要以国际通讯社的档次和标准来要求自己。与美联社、路透社、法新社三家老牌国际通讯社和盖蒂这家国际图片社相比，新华社补齐短板，变得前所未有的紧迫。

在以往的冬奥会报道中，国际通讯社都有会滑雪的记者和技术人员。如果记者不会滑雪，就意味着无法到达雪上项目的很多采访和拍摄点位。以往中国冰雪项目不强，中国体育记者包括新华社体育记者中能滑雪采访的寥若晨星，冬奥会报道也从来不跟欧美主要通讯社竞争。但新华社成为国际通讯社，以及 2022 年冬奥会在本土举行的双重压力，使得这块短板无论如何也要补上。体育部从 2019 年起就把组建一支新华社"滑雪战队"作为一项战略任务来实施，先后举办了三期滑雪培训班，培养了一批既能滑雪又能胜任报道和技术服务的文字、摄影、技术人才，保证了北京冬奥会报道毫不逊色于欧美同行。

组建"滑雪战队"只是体育人才队伍建设的一个亮点、一个插曲。人

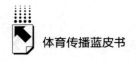

才培养是一个纷繁复杂的长期性工程，时间长、见效慢，有时还很花钱，但如果稍有懈怠，就会书到用时方恨少，只能干着急。

多年来新华体育坚持"双周培训制"，做到培训常态化、制度化。每年举办一次为期三天到五天的"体育报道培训班"，集中国内所有分社体育记者参加培训。即使在2020年末疫情反复无常的情况下，仍利用一个窗口期把分社记者召集至北京举办了培训班。

近年来新华社的报道任务和发力方向主要集中在"塑造主流舆论新格局、推动媒体融合报道向纵深发展、加强国际传播能力建设"这三个方面，相应地对中文、新媒体、外文人才提出了很高的要求。

新华体育这些年的选人标准和培养方向就是"全媒体人才"，40岁以下的采编人员都要有完成中文、英文、新媒体报道的能力。在"全"的基础上再寻求"专"，根据工作需要、个人兴趣和特长进行定向培养和使用。正是这些年的重点定向培养，新华体育储备了一批在中文、英文、新媒体方面堪当大任的人才，出色完成了报道任务。

体育报道是专业性很强的领域，没有专业性就没有竞争力和美誉度。这些年新华社在培养体育专业记者方面花费了很大工夫，取得了一些成效。对每一位新入职的记者提出的要求是"努力成为在分管领域中最优秀的专家型记者"。在卡塔尔世界杯期间，11月28日塞尔维亚与喀麦隆比赛时，喀麦隆队临时更换了一名首发门将。一般的记者不会注意到这个细节，但新华体育的专业记者敏锐地发现了这个变化，经过深入了解和采访，掌握了关键信息和事实，很快写了一篇独家新闻分析《奥纳纳去哪了？》，充分体现了新华体育报道的专业性。

从这几年的新闻实践中发现，新华体育最缺少的就是融合报道人才。做视频不是新华体育的传统强项，但国内媒体发展态势和受众获取信息习惯的改变迫使体育部要解放思想、勇于创新，努力培养自己的视频人才。

新华社体育部在2018年平昌冬奥会之后成立了新华体育全媒工作室，这也是新华体育第一个工作室，任命优秀的文字采编记者沈楠为工作室执行总监，具体负责工作室新媒体和融合报道的组织、策划和拍摄工作。2019

年，有一定视频拍摄、制作基础的牛梦彤也加入了工作室。

新华社在加强国际传播能力建设中获得了一定的资金支持，也抓住了机会，形成了较为合理的工作流程：全媒工作室人员负责纪录片和视频片的策划、导演、撰写文案、审改，聘用的专业视频团队负责拍摄和后期制作。体育部也对全媒工作室予以足够的支持，协调有关资源，调配合适的记者，做好纪录片的审定把关等。

新华体育拍纪录片、视频片，与其他机构侧重点有所不同，强调为大赛服务，强调视频的新闻性。近几年无论是围绕东京奥运会的中国选手备战奥运、围绕卡塔尔世界杯的中国裁判马宁团队，还是围绕北京冬奥会的首钢转型、崇礼变迁等，都是社会关注热点，也成为体育部拍摄纪录片、视频片的重点选题，取得了不错的效果。

在关注重大赛事和体育热点之余，全媒工作室也以"大体育"视野聚焦残疾人体育、全民健身等领域，挖掘草根体育人的感人故事和人性光辉，这些以普通体育人为主角的纪录片、视频片同样引起了很好的社会反响。

新华体育全媒工作室成立五年来，成果斐然：（1）纪录片在北京国际体育电影周获奖，纪录片《追光：东京之路》、微纪录片《上场吧，女孩》、纪录片《五环印迹》、微纪录片《加油啊！独臂铁人》在北京国际体育电影周上获优秀作品，《追光：东京之路》还获得年度"最具传媒人气奖"；（2）纪录片在米兰国际体育电影电视节获奖，《追光：东京之路》《加油啊！独臂铁人》分别在2021年和2019年米兰国际体育电影电视节获"奥林匹克精神价值"单元、"体育与社会/体育与残疾人"单元提名奖；（3）纪录片获国际体育记协媒体奖，微纪录片《奥运回响》获2019年国际体育记协媒体奖视频类第五名，微纪录片《北京男孩马布里》获2021年度国际体育记协媒体奖视频人物传记第三名，《追光：东京之路》获2021年国际体育记协媒体奖视频纪录片第九名；（4）纪录片在中国新闻奖中获奖，《追光：东京之路》获第32届中国新闻奖新闻纪录片三等奖；（5）纪录片获中国纪录片学院奖，《追光：东京之路》入围2021年中国纪录片学院奖长纪录片复评；（6）纪录片在广州国际纪录片节获奖，《追光：东京之路》入围2021

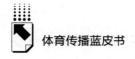

年广州国际纪录片节长纪录片复评。

为了加大北京冬奥会融合报道的力度，新华体育冬奥工作室 2020 年应运而生。具体负责工作室事务的两位执行总监李丽和姬烨也是文字记者出身，给他们配备了两名年轻记者。他们华丽转型，出色完成了北京冬奥会融合报道任务。

与全媒工作室专注策划，拍摄纪录片、视频片略有不同，冬奥工作室是围绕冬奥会筹备重要节点，文字、视频一体策划、同步推出，是真正意义上的融合报道。冬奥工作室人员规模也更大，不仅有三四名比较固定的工作室业务骨干，也根据报道需要随时召集全部门年轻记者参与。在实战中培养年轻记者新媒体、融合报道的意识和本领，是成立冬奥工作室的初衷和任务，效果非常理想。

冬奥工作室成立以来，策划、拍摄、制作了冬奥会体育图标、火炬、吉祥物、奖牌等题材的视频片《有火炬就有光》《最高荣誉》《燃》等，在发布节点同步推出文字、视频，反响很好。在 2021 年冬奥会测试赛期间，精心策划制作的微视频《刚刚，冬奥"一模"放榜》，得到了北京冬奥组委高度赞扬，后被推荐到国际奥委会全会上播放。

除了上述两个工作室策划、制作的纪录片、微视频等，体育部融合报道发展中心在大赛和日常报道中还策划、推出一些新媒体和融合报道产品和栏目。其中有两个产品和栏目备受好评。

其一是东京奥运会期间推出的《"燃"在 E 空间/穿越时空遇见你》视频片，技术赋能，运用先进的 CAVE 技术实现异地同屏。新华体育记者在东京奥运会新闻中心采访中国首枚金牌获得者杨倩，通过虚拟技术让远在北京的体育部英国雇员庄弟与杨倩同框对话。从观赏效果看，几可乱真，效果奇佳。

其二是在东京奥运会和北京冬奥会上策划、推出的媒体融合栏目《东京晚自习》《北京晚自习》，由体育部几位新媒体后起之秀担纲，采用情景剧模式，征求创意和故事梗，撰写文案，采访拍摄，制作播发。四五分钟的节目，既有新闻性强的现场采访，也有沉浸感、代入感强的情境再现，幽默有趣，不仅在传统网站、客户端好评如潮，在哔哩哔哩等新潮平台上也评赞无数。这个传统新媒体栏目将作为品牌产品在以后大赛报道中延续下去，《巴黎晚自习》《米兰晚自习》呼之欲出。

在上述媒体融合栏目和产品的推进中，一批年轻记者成功转型，成为新媒体产品策划、采制的高手，为新华体育今后在融合报道方面"更快、更高、更强"奠定了人才基础。

（二）国际交往是通讯社突破瓶颈的关键

体育是一个开放特征极强、国际化程度极高的领域。国际赛事、国际组织、国际标准、国际人才、奥林匹克价值观等构成了严密的全球体育体系。

对新华社这样一个集国家通讯社、国际通讯社职能于一身的大体量媒体而言，缺乏国际交往是不可想象的。新华体育这些年有所成就与加强国际交往密不可分。

加强国际交往的主要任务和内容是扩展人脉、树立品牌、开拓资源。

其实，新华社2019年成为国际奥委会认可的国际通讯社，成为国际奥委会百余年历史上首个非欧美国际通讯社，本身也是国际交往的产物。在这一过程中，来自中国的国际奥委会副主席于再清和资深委员李玲蔚起到了至关重要的作用。没有他们的高度重视、无私帮助和在国际奥委会的丰厚人脉资源，新华社还不能这么快就成为国际通讯社。

新华体育这些年极力倡导和鼓励记者们进军国际体育界和国际体育新闻界。目前体育部有三名记者分别担任国际奥委会新闻委员会委员、国际泳联和国际排联新闻委员会委员，他们每年都要赴境外参加委员会会议，这在扩大新华社乃至中国体育媒体的影响力、争取国际话语权等方面起到了积极作用。

"刷存在感"本身也是加强国际交流、提高中国媒体国际知名度的重要途径和重要手段。每逢奥运会、冬奥会、世界杯这样的国际大赛，新华社就尽可能争取更多的注册名额、派出更多的人采访，并在赛事新闻中心租用大面积的发稿平面。

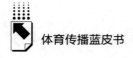

由于语言和文化传统等，中国体育记者在国际大赛的新闻发布会上更习惯于听别人问答，自己很少举手争取提问机会，这不是一个好习惯，必须改变。新华体育这些年鼓励记者在奥运会、冬奥会、世界杯这样顶级大赛的新闻发布会上积极争取提问机会，取得了理想效果。当着国际官员、顶级运动员和全球媒体的面，记者拿着话筒说一句"我是新华社记者"，也很有意义。国际媒体的品牌地位和影响力也是这么一点一滴积攒起来的。

2022 年体育部在日内瓦分社增设了专业体育记者岗位，重点采访国际奥委会、国际足联等总部设在瑞士的重要国际体育组织，从而加强与这些国际体育组织的联络，提高新华社的国际影响力。这项举措已初见成效。

（三）合作共赢是通讯社提质升级的法宝

20 年前，新华社体育报道只有中英文文字报道，完全可以单打独斗，但在建设媒体融合、"四全媒体"通道之后，要完成国家对新华社等国家级媒体提出的"主力军全面挺进主战场"的目标任务，光靠自身转型是远远不够的。

在新媒体、短视频时代，新华体育不掌握丰富的视频资源，靠自己的力量去采集、积攒足够的视频素材是不现实的，何况体育视频还处处牵涉版权问题。而且，新华体育虽然最近几年推动人才转型，也吸纳了一些新媒体人才，但这支新媒体人才队伍远远不能满足融合报道的要求。唯有广开思路、资源分享、合作共赢，才是制胜之道。

2021 年新华社领导提出体育部要开发冰雪游戏，用这种社会大众尤其是青少年喜爱的娱乐方式增强用户黏性，在潜移默化中推动老百姓对北京冬奥会和冰雪运动、冰雪知识的了解和亲近。

于是体育部与游戏开发能力很强的腾讯采取合作的方式，开发一个手机端滑冰游戏《竞速精英》。对方负责技术开发、产品制作和平台推广，体育部负责产品创意、内容审核和资源开发。体育部请来了中国首枚冬奥金牌得主、短道速滑名将杨扬担任推广大使，获得了将杨扬的形象用于此款游戏的授权，有效提高了游戏的权威性、专业性和吸引力。游戏在北京冬奥会开幕前两天推出后，即成爆款，全网置顶，有效营造了北京冬奥会的热烈气氛，达到了极好的传播效果和社会效果。

全媒工作室、冬奥工作室拍摄、制作纪录片也采取了与社会专业机构合作的模式。代表作《追光：东京之路》在疫情反复的困难条件下，耗时一年半，跟踪拍摄六名中国运动员、教练员艰难的东京奥运会备战过程。纪录片在东京奥运会闭幕后推出，好评如潮，被评为2021年度中国新闻奖三等奖。这部纪录片的策划、创意、文案、采访、拍摄、审核均由新华社记者承担，但后期剪辑、制作由中国传媒大学的专业团队承担，强强联合，才有了这样一部上佳的纪录片。

值得一提的是，这部纪录片选取了被拍摄对象在东京奥运会上的部分比赛画面，给纪录片增色不少。以前受版权限制，新华社在视频产品中无法使用比赛画面，但新华社成为国际通讯社之后，国际奥委会授权新华社以较低费用购买部分比赛视频版权。尽管为了保护版权方（中国大陆地区的奥运会版权方是中央广播电视总台）的权益，国际奥委会对新华社在视频产品中使用比赛画面进行了严格甚至苛刻的限制，但毕竟有胜于无，这些比赛画面对提升视频档次和质量起到了画龙点睛的作用。在卡塔尔世界杯期间，国际足联也向新华社授权使用部分视频素材。这些也都是国际合作的范例。

此外，全媒工作室出品的《北京男孩马布里》和在卡塔尔世界杯期间拍摄、制作的纪录片《绿茵哨声：一种召唤》，冬奥工作室在北京冬奥会期间策划、制作的纪录片《盛会华章》都堪称精品，也都是采取了工作室与社会专业机构合作的模式，达到了合作共赢的理想效果。

B.3
从北京冬奥会看《人民日报》体育报道融合发展实践

薛原　王亮*

摘　要： 在新媒体时代推进全媒体转型已成为传媒行业发展的新图景，以《人民日报》为代表的传统媒体正在不断加快媒体融合的步伐。《人民日报》以 2022 年北京冬奥会报道为契机展示了融合发展的阶段性成果，并进一步推动了体育传播融合发展向纵深迈进。本文以技术创新和大型赛事为线索，回顾了《人民日报》体育报道融合发展历程。此外，以《人民日报》北京冬奥会报道为典型案例，深入剖析了近年来所取得的积极成效，为传统媒体体育报道融合发展提供借鉴和启示。

关键词： 体育全媒体　媒介融合　北京冬奥会　《人民日报》

随着从报纸电视到智能终端，从精心编排到"碎片"传播，从专业记者到全媒体人才等的不断演进，体育报道从理念、内容到平台、手段都发生了深刻变化。尤其是近年来，新技术、新平台加速涌现，受众不断迁徙，体育报道面临前所未有的机遇和挑战。准确把握受众阅读习惯、熟练掌握融合传播技巧、大力创新报道形式及内容，成为所有媒体体育报道都面临的重要课题。

---

* 薛原，人民日报社新闻战线杂志社总编辑，曾任人民日报社体育部主任、高级记者。采访过多届奥运会、冬奥会、全运会等国内外大赛。获"全国体育事业突出贡献奖先进个人""全国群众体育先进个人"称号。王亮，人民日报社体育部记者。

在主流媒体融合发展的进程中，《人民日报》一直坚定地走在行业前列。《人民日报》体育报道因时因势积极调整，坚持导向为魂、移动为先、内容为王、创新为要，以"主力军挺进主战场"的姿态，在融合传播上取得积极成效。目前，《人民日报》在专业的体育报道领域建立了融合传播矩阵，拥有报纸、客户端、社交媒体等平台；在内容上，形成了包括文字、图片、视频、H5 在内的全媒体传播格局，并且凭借专业、全面、及时和生动的报道受到关注和喜爱。

回顾《人民日报》体育报道融合发展历程，技术创新和大型赛事是两个最为核心的关键词。一方面，融合发展的进程与媒体技术创新的步伐高度吻合；另一方面，不少关键转型和创新围绕大型赛事展开。其中，《人民日报》对北京冬奥会的成功报道，既检验了自身过去多年融合发展的成果，又进一步推动了其体育报道向融合发展纵深迈进。深入剖析《人民日报》冬奥会报道对于推进传统媒体体育报道融合发展有一定的借鉴和启示意义。

一　从报网互动、报网融合走向全媒体深度融合
——《人民日报》体育报道融合发展概述

媒体融合发展是一次以技术创新为引领的媒体变革。体育报道由于具有时效性强、话题度高、受众面广、互动性强等特点，对新兴传播技术反馈最为灵敏。随着移动互联网、大数据、人工智能等技术的广泛应用，媒体生态与传播格局发生深刻改变，体育报道的面貌发生翻天覆地的变化。传统媒体应积极思考体育报道的规律和方法，用新媒体的理念和手段主动融合、积极创新。

《人民日报》体育报道融合发展大体可以分为三个阶段。每一个阶段的节点，都伴随着关键传播技术的出现或迭代。其中，第一个阶段自 1998 年法国世界杯开始，至 2008 年北京奥运会；第二个阶段自 2012 年伦敦奥运会开始，至 2020 东京奥运会前；第三个阶段自东京奥运会开始至今。如果说，新兴传播技术是媒体深度融合发展的发动机和加速器，那么像奥运会、世界

杯这样的大型体育赛事，就是体育报道变革的重要舞台和试验场。

1997 年 1 月 1 日，《人民日报》网络版（人民网前身）正式接入国际互联网，从面向读者到服务网友，开启了主流媒体进军互联网的征程。人民网和《人民日报》的体育报道可以说是最早运行报网互动的，逢大赛必是集团作战。最早的报网互动可以追溯到 1998 年法国世界杯，当时人民网的世界杯专题就设立了"大昭专栏"，前方记者汪大昭在采写后的第一时间将稿件发回国内，由后方团队编辑发布。

2008 年北京奥运会期间，《人民日报》体育报道报网互动取得了显著成效。《人民日报》北京奥运会报道团队中有报系注册记者 26 名、非注册记者 25 名、分赛区记者 16 名；每名记者都建有报道集，并在强国博客推出《人民日报》奥运记者博客群；记者团记者的稿件都为人民网、《人民日报》、《人民日报》（海外版）和报系子报刊用，形成了稿件一体化和集成化；将"《人民日报》奥运报道公共稿库"作为采编稿件的统一渠道。

随着微博等新型社交媒体平台出现，体育报道的传播手段发生了显著变化，热点报道对时效性的要求更为突出。2011 年 7 月，姚明退役并选择召开现场记者发布会。《人民日报》体育部记者前往发布会现场。人民网体育频道通过微博与现场记者默契配合，记者从前方通过微博即时发回现场情况，由体育频道在后方对发布会做即时的专题报道。这可以说是人民网体育频道与《人民日报》体育记者之间首次以微博作为手段进行的互动尝试。

伦敦奥运会是《人民日报》体育部于 2009 年成立后报道的首届奥运会。借助此次大赛，《人民日报》体育融合报道实现从报网互动向报网融合推进。与此前历届奥运报道不同的是，微博开始成为即时报道的主阵地。体育部前方记者采写消息后，第一时间向《人民日报》新媒体部门供稿，助力刚开通不久的《人民日报》法人微博，从而提高影响力、知名度。从北京时间 7 月 27 日全面进入伦敦奥运时段，到 8 月 13 日闭幕式结束，《人民日报》法人微博前后 17 天坚持 24 小时不间断报道，累计发布奥运会相关微博 276 条，占同期微博发布总数的 55.6%，平均每天发布 16 条奥运会相关微博，共收获网友评论 60487 条，平均每条微博被评论 219 条；总转发量

137449 次，平均每条微博被转发 498 次。《人民日报》的法人微博粉丝数从赛前的 103480 人，增长到赛后的 482199 人，增长将近 38 万人。同时，粉丝活跃度、忠诚度进一步增强。这次成功经验也为之后里约奥运会、索契冬奥会、俄罗斯世界杯等大赛中《人民日报》的体育新媒体报道奠定了坚实基础。

到了东京奥运会举办之时，媒体环境又发生深刻变化。其中最重要的表现便是短视频开始成为信息传播的主流形式。因此，体育部在原有"人民日报体育"微博、微信公众号的基础上，于大赛前开通了"人民日报体育"抖音号、视频号，由自主媒体矩阵建设向全媒体平台深度融合迈进。在做好向传统纸媒供稿工作的同时，体育部记者充分发挥主观能动性，全媒体传播成果斐然。赛事期间，《人民日报》客户端累计刊发前方记者稿件 254 条，其中文字稿件 162 条，视频稿件 92 条，向人民网提供大量原创文图和视频产品。体育部制作的《奥运故事面对面》《一线记者奥运点评》等独家视频产品由前方记者对话中国选手、畅谈观赛感悟，拉近受众和赛场、运动员、记者间的距离；为《人民日报》客户端撰写的快评《为梦想拼搏　就是真英雄》，结合中国选手在赛场的拼搏意志和奋斗姿态，彰显昂扬志气、豁达情怀，在自有平台阅读量超过 600 万；为《人民日报》客户端提供的乒乓球队独家视频，后方快速制作后在《人民日报》自有平台阅读量超过 6000 万。"人民日报体育"微博和抖音等平台上发布的内容奥运会期间阅读量超过 20 亿。

在东京奥运会报道中，《人民日报》体育部全员表现出全媒体意识，每名记者都积累了一定的全媒体传播技能。这次成功经验，也为北京冬奥会的全媒体报道打开了思路。

二　北京冬奥会融合报道思路、举措和成果

北京冬奥会、冬残奥会是在全党全国各族人民向第二个百年奋斗目标迈进的关键时期举办的重大标志性活动。《人民日报》高度重视北京冬奥会宣

传报道工作，认真贯彻落实习近平总书记对北京冬奥会、冬残奥会筹办工作的系列重要指示精神，牢牢坚持正确导向，积极创新融合传播形式，全媒体、多角度、立体化地向世界传递"绿色、共享、开放、廉洁"的办奥理念和"简约、安全、精彩"的办赛要求，深入阐释举办北京冬奥会的重大意义、奥林匹克精神和人类命运共同体理念，全面展现习近平总书记引领冬奥之路，讲好各国奥运健儿激情拼搏的故事，讲好中国筹办冬奥会的故事，讲好中国人民热情好客的故事，得到了中国体育代表团、北京冬奥组委等多方高度肯定。

习近平总书记作出的一系列重要指示批示，为做好冬奥会筹办和举办工作提供了根本遵循。《人民日报》下属的各网站及新媒体平台，第一时间推送消息，推出系列海报、微视频产品，生动展现了"总书记引领冬奥之路"的深刻内涵，让受众深刻感悟到习近平总书记心中的奥林匹克精神。《人民日报》推出的微视频《这条推送，我们等了7年!》，盘点从北京申冬奥会成功到正式开幕的点滴瞬间，画面精美，视频收尾部分嵌入习近平总书记宣布开幕原声，全网阅读量超过8600万。围绕习近平总书记发出的冬奥会邀约和关于奥林匹克精神重要论述，《人民日报》推出冬奥会宣传片《一起向未来》，以总书记原声串联精美冰雪画面，欢迎全世界的朋友参加北京冬奥会，生动展现了总书记的冬奥会情缘、冰雪情缘，阅读量超过6000万;推出系列海报《习近平心中的奥林匹克精神》，摘选习近平总书记在不同场合就奥林匹克精神的精彩论述，引导网友学习感悟;制作推送视频《中国准备好了:总书记五次考察冬奥会建设》，精选习近平总书记5次考察冬奥会筹办工作时的生动鲜活画面，展现总书记对运动员、教练员的关心，以及对参与冬奥会筹办工作人员的关怀和对体育运动的重视;《人民日报》抖音账号根据现场画面第一时间剪辑推出视频《现场视频! 习近平出席北京冬奥会开幕式!》，播放量超过2.7亿。人民网推出"时习之"系列图解《一起向未来丨习近平冬奥会外交谱写合作新篇章》和《一起向未来丨当"冰雪白"遇上"中国红"》，精选习近平总书记关于冬奥会金句，带领网友重温领袖铿锵话语，感受强大精神力量。

对于体育报道融合发展，重大赛事起到强力助推作用。对北京冬奥会的宣传报道，更是将《人民日报》体育报道向全媒体融合纵深推进。据统计，北京冬奥会举办期间，《人民日报》共刊发 350 余篇报道，400 余张图片，推出 28 期 111 块《一起向未来·北京冬奥会特刊》（含预热特刊 10 期 19 块）。《人民日报》全媒体平台共刊发北京冬奥会相关消息、通讯、评论、图文、视频等原创新闻产品超过 2.1 万条，海内外累计阅读量超过 51.2 亿人次。《人民日报》微博主持话题"北京冬奥会"阅读量超过 188 亿人次。在 2022 年北京冬奥会稿池库上传各类重要新闻产品 4128 条，位列央媒榜首。"人民日报体育"的微博和抖音号冬奥会期间阅读量超过 11 亿，粉丝数大幅增长。"中国队第二块奖牌""谷爱凌第一跳 69.90"等多个微博话题阅读量过亿。

冬奥会融合报道取得丰硕成果，赛前精心筹划至关重要。其中最关键的是明确报道整体思路，牢牢把握基调节奏，唯有如此才能在赛时做到有序有力、全面生动呈现盛况。在整体报道思路上，《人民日报》始终紧扣四条主线，即"导向为魂、移动优先、内容为王、技术支撑"。这四个部分可做进一步阐释。

（一）在价值引领中凝聚奋进力量

引领发声，当好舆论"定盘星"。2016 年 2 月 19 日，习近平总书记在考察《人民日报》时深刻指出，"全党全国人民都从人民日报里寻找精神力量和'定盘星'"。[①] 精彩冬奥会赛事吸引无数关注目光，《人民日报》发挥"定盘星"作用，及时报道赛事进展并用权威观点和鲜明态度引导受众树立正确体育理念。借助新媒体平台传播，多篇评论被全网置顶推送，有效放大传播效果。

冬奥会项目普遍"门槛"较高，规则复杂，读者平时了解不多。报道中不仅要做到零差错、零失误，还要及时普及项目知识，准确引导舆论。

---

① 《习近平：全党全国人民都从人民日报里寻找精神力量和"定盘星"》，人民网，2016 年 2 月 19 日，http://politics.people.com.cn/n1/2016/0219/c1024-28136075.html。

2022 年 2 月 6 日，中国女子冰球队小组赛战胜日本队后，其他媒体抢发消息，由于对赛事规则理解有误，几乎所有报道都认为中国队已锁定八强席位。面对失实新闻，前方记者及时在新媒体平台发布稿件《为什么说中国女冰还没有晋级八强》为网友解疑释惑，得到广泛认可。中国女冰最终无缘八强后，前方记者又在第一时间推出短评，为中国女子冰球加油打气，积极引导读者树立正确胜负观。关于短道速滑比赛时出现对规则解读的不同说法，前方记者及时联系资深国际级裁判，回应读者关切，积极与网友互动，助推以往相对小众的冰雪运动更好地走向大众。

激发豪情，做出报道"精气神"。为做好北京冬奥会报道，《人民日报》拓展创意空间，推出一大批立意高、构思巧、时效快、传播广的融媒体产品，多角度、全方位展示北京冬奥会的魅力和风采，有力激发观众观赛热情和爱国豪情，显著提高融媒体报道的"精气神"。

习近平总书记考察北京冬奥会、冬残奥会筹办工作后不久，体育部哨声体育工作室推出《冲刺 2022 | 时间与梦想》新媒体产品，以"时间与梦想"为主题，宣传我国冰雪健儿争分夺秒备战冬奥会的精神与风采。视频虽然只有 2 分 24 秒，但内涵丰富，各种冰雪运动项目纷纷亮相，各路体育英豪轮番上场，展现了中国运动员的精气神。画面充满动感、美感，配文短小而有诗意。最后以习近平总书记鼓励运动员的讲话原声作结，鼓舞士气，激发豪情。哨声体育工作室联合人民网推出 3 集微纪录片《少年不老·冰雪之旅》，以专业式、沉浸式特色带领广大观众共赴冰雪之约，共享北京冬奥会的激情与荣耀，相关产品总曝光量过亿。冬奥会期间，前方报道组向报社新媒体平台发送了大量图片、快讯、评论、解读等新媒体产品，并与高亭宇、徐梦桃、苏翊鸣、武大靖、金博洋、任子威等选手独家连线直播，在新媒体各个端口播出，充分展现了运动员的风采，取得了良好的传播效果。

（二）在移动传播中发出响亮声音

进一步推动媒体深度融合，是冬奥会报道的"必修课"。在冬奥会报道中，前后方在总结东京奥运会时所积累的经验基础上，坚定推行移动优先，持续发力融合报道，做出了新的成绩。

前方报道组和报社各新媒体平台积极沟通，密切合作，实现资源共享、优势互补，在努力出新出彩的同时确保不出差错。冬奥会报道中，奖牌快讯、热点新闻的推送以秒计算，前方报道组和后方新媒体编辑保持实时联系，无缝对接，第一时间发送结果，确保了信息发布的准确及时。"人民日报体育"微博第一时间推出的【"创造历史"苏翊鸣摘得单板滑雪坡面障碍技巧银牌】，被微博全网弹窗推送，阅读量超 3400 万，转发量超 3.4 万。《人民日报》客户端第一时间推出"夺金时刻"系列海报，为冠军点赞，为中国代表团加油，9 张夺金海报全网阅读量超过 3200 万。《人民日报》法人微博第一时间发布运动员获牌祝贺海报，其中《谷爱凌又一金》阅读量2412 万，《苏翊鸣 18 岁礼物是金牌》阅读量 2244 万。

移动优先不仅体现在发稿顺序上，更体现在重点选题策划上。北京冬奥会报道，《人民日报》前方报道组与后方各部门、多平台密切合作，推出诸多重点策划，实现了版面与新媒体的"两翼齐飞"。不少提前策划的融媒体产品成为网络爆款，放大了网络正能量。《人民日报》体育部、《人民日报》全国党媒平台、人民网网上群众工作部联合推出"全民健身 拥抱冰雪"建言征集活动，征集网友建议超 1.3 万条，活动阅读总量超 2.25 亿，转评赞近 1200 万。

《人民日报》国际部联合体育部、人民网共同打造的重磅融媒体《一朵茉莉花 一起向未来》，邀请可爱的中国萌娃和曾在武汉抗疫的外国友人一起唱响《好一朵茉莉花》《一起向未来》等歌曲，该产品共制作中、英、韩、日等 10 个语种版本进行全平台海外发布，全网覆盖人群超过 2 亿人次，成为配合北京冬奥会开幕的现象级产品。

（三）在不断打磨中擦亮品牌形象

在媒体格局深刻变化的时代，必须坚持内容为王，牢牢抓住核心竞争力，进一步提高党报体育新闻报道质量和水平。北京冬奥会报道，《人民日报》体育报道切实加强统筹策划，树立媒体融合思维，做强观点评论、深

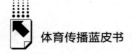
度报道等优势内容，打造更多有观点、有创意、有影响力的"爆款"融媒体产品。同时，加强分众传播，善于研究和总结，遵循互联网传播规律，顺应移动化、社交化、可视化趋势，开展分众化传播，把优质内容更好地呈现在受众面前，推动《人民日报》体育品牌影响力不断提升。

为了更好为冬奥会开幕造势，哨声体育工作室精心策划了以"荣耀三部曲"为主题的视频。在开幕式倒计时 10 天之际，推出首集视频《荣耀冰雪路》，回顾中国冰雪健儿在冬奥会历史上留下的荣耀瞬间，用运动员的现场原声将受众带回那一个个激动人心的时刻，激发了人们对北京冬奥会的期待；在中国体育代表团名单公布当天及冬奥会倒计时 2 天之际，分别推出《荣耀出征》《双奥之城　荣耀传承》，为冬奥会健儿出征助力，展现北京冬奥会与北京奥运会的传承与发扬，以独特的历史纵深感呈现对北京冬奥会的期待。3个视频紧扣"荣耀"主题，鼓舞了冬奥会参赛健儿，激发了受众的爱国热情。

在冬奥会举办期间，新媒体中心联合体育部，聚焦热点话题，采访重点人物，推出系列连麦产品。《人民日报连麦任子威》《人民日报连麦武大靖》《人民日报连麦苏翊鸣》3 场直播观看量超过 1200 万人次。在东京奥运会成功经验基础上，"人民日报体育"延续了前方记者发布快讯和现场出镜点评两大栏目，其中，相关出镜短评契合短视频平台受众阅读习惯，展现了冬奥会第一现场的魅力，总播放量过亿。

在冬奥会结束后，《人民日报》及时邀请高亭宇、苏翊鸣、齐广璞、金博洋和马秀玥 5 位备受关注的优秀运动员讲述自己的参赛故事。视频中的问题都经过精心设计，充分考虑受众的关注点，既有运动员的夺金故事、对比赛的自我总结，也有在比赛中战胜自我、实现团队突破的心路历程。视频剪辑得当，节奏紧凑，具有很高的信息含量。同时，还将访谈进行拆分处理，将运动员的训练和比赛镜头进行混剪，以适应不同新媒体平台的传播需要，取得了"一鱼多吃"的良好传播效果。

（四）在技术创新中实现精彩创意

《人民日报》体育报道在推进融合发展过程中，始终重视技术应用和积累。此前，体育部积极将现有的部门社交媒体账号、中央厨房工作室等同报社的新媒体平台、渠道、技术合理统筹，主动对接，深度融合。《人民日报》在此次冬奥会报道中，延续并深化了对技术的重视和应用，在形式和内容上不断拓展报道边界，丰富报道品种，力求推出更多传得开、叫得响、现象级的体育报道产品。

在冬奥会筹备过程中，体育部积极与报社技术平台合作，推出一系列多种形式的产品，全方位、多角度展现冬奥会筹备过程。例如，体育部联合人民日报媒体技术股份有限公司，推出《听！总书记的话语引领冬奥会征程》产品，梳理习近平总书记关于北京冬奥会、冬残奥会筹办工作的重要讲话和重要指示，将总书记的讲话原声、实景图片和文字报道内容以图、文、音频结合的形式，用日历翻页的效果呈现，展现总书记对冬奥会筹备工作的关心和支持，既有意义又有意思，吸引更多受众关注冬奥会话题。此外还推出"奥运冠军请作答"融媒体系列报道。不少融媒体产品因为注重与受众的互动，成为网络爆款。例如，新媒体中心推出的"我是冰雪高手"AI互动小程序实现了现象级传播，互动量超过5000万次。

为了做好冬奥会期间的融合报道，体育部在技术部的支持下，在赛事开始前为部门全体同事配备了专业相机、脚架、云台、5G WiFi等视频拍摄和传输基础设施，这为视频产品的制作提供了有力支持。

需要指出的是，《人民日报》北京冬奥会融合报道并不局限于赛事举办期间，而是追踪式地深入进行报道，力求全面、全程、全力展现北京冬奥会申办、筹办和举办全过程，并且在后冬奥会时代依然重视举办盛会而留下的宝贵遗产。实际上，申办之时《人民日报》的冬奥会报道就开始了融合传播。2015年7月31日，国际奥委会在吉隆坡宣布：北京赢得2022年冬奥会举办权。这一消息的重要性不言而喻，此次新闻报道是一次时效性极强的"闪电战"，对速度和精度有着极高要求。在此事件报道中，《人民日报》报道团队高度重视打通平台，体育部门与新媒体和其他兄弟部门协同作战。消息公布当天，体育部前方三位记者密切关注国际奥委会全会的进展，后方记者也都在办公室待命。前后方密切沟通，同时与"两微一端"、人民网等新

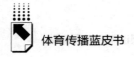

媒体平台保持不间断联系，随时发布消息。在准确把握报道尺度的同时，确保尽可能快将信息通过新媒体平台传递出去。

2022年北京冬奥会融合报道突出体现出以下三个特点。

先谋后动，做好策划。为了圆满完成全媒体奥运报道任务，体育部联合多部门多次召开会议专项研究商讨奥运报道方案，并形成了《人民日报冬奥会报道守则》。此外，重大策划守正创新，提前谋划。报道选题既重时效，也重深度，贵精不贵多。这些选题策划不以奖牌论英雄，关注赛场内外的各种精彩，彰显了党报冬奥会报道的大局观。同时，考虑到读者对冰雪运动相对陌生，在服务性报道上进一步创新，并且结合赛事进展、赛场动态，就热点比赛的场地设施、规则判罚等进行解读性报道，将可读性寓于服务性之中，获得广泛好评。

多部门通力合作，分工明确。北京冬奥会报道，最大限度地动员了报社的采编力量，实现了多部门间的通力合作。冬奥会赛事频密，有的晚场比赛要到夜里十一点左右结束，前方记者分工合作、互相支援。《人民日报》冬奥会前方报道团队里有注册记者和非注册记者，两个报道团队明确分工、协同合作。根据疫情防控要求，注册记者均需要在闭环内完成报道任务。闭环报道组由总编室、地方部及分社、国际部、体育部、新媒体中心、海外版、人民网、《环球时报》等组成。农历除夕，注册记者30人全部进入闭环，投入紧张的采访报道中。在报社领导亲自部署和指挥下，不同部门之间保持密切的沟通协作，注重整合资源，形成报道合力，用好融媒体工作室等。

全媒体报道形式丰富多样。北京冬奥会融媒体报道依托报社前方报道组，整合外部报道资源，充分利用网络直播、短视频、动态图片、融媒体H5等新媒体手段，做到了报道的持续深入，用户的参与广泛热烈，重点报道、重点产品亮点纷呈。《人民日报》全媒体方阵共推出报道超2万篇，主持的微博话题最高阅读量超207亿。与以往重大主题报道相比，产品类别极大丰富，报道品质明显提升，融媒体产品提质增量，交出了一份成绩优异的融合答卷。这份出色答卷建立在《人民日报》全媒体人才队伍建设取得丰硕成果的基础上。以体育部为例，年轻同事在入社时就要求具备一定的全媒体内容生产技能，随着部门全媒体融合向纵深迈进，通过一次次大赛磨炼，队伍整体都具备了较为出色的全媒体传播能力。

通过冬奥会的历练，《人民日报》体育报道融合发展再上台阶，为今后的大赛融合报道锻炼了队伍、积累了经验。其中最重要的有三个方面。一是提前做足功课。不管是大型战役性报道还是日常报道，记者编辑都需要提前做足功课，包括对有关背景的了解、知识的学习和工作预案的准备。二是提高策划意识。把提前策划与即时策划紧密结合起来，是将报道做深做透、形成独家优势的重要前提。三是强化独家视角。在新媒体时代，很少能有独家新闻，但强化独家视角，准确提炼新闻亮点，把独特角度放大，可以达到独家新闻的效果。

三 《人民日报》体育报道融合发展的经验与思考

习近平总书记指出，"全媒体不断发展，出现了全程媒体、全息媒体、全员媒体、全效媒体，信息无处不在、无所不及、无人不用，导致舆论生态、媒体格局、传播方式发生深刻变化，新闻舆论工作面临新的挑战"①。

不断强化专业能力、体现高出一筹的格局和水平始终是《人民日报》体育报道事业的努力方向。在媒体格局深刻变化的时代，《人民日报》体育报道建立了融合传播矩阵，在大赛和日常报道中推出不少具有亮点的融合产品，融合发展取得积极成效。总结经验，最为关键的就是《人民日报》深刻认识全媒体时代的挑战和机遇，全面把握新媒体传播的趋势和规律，坚定不移推动媒体深度融合。

移动互联网已经成为信息传播主渠道。随着5G、大数据、云计算、物联网、人工智能等技术不断发展，移动媒体已进入加速发展新阶段。移动优先成为《人民日报》体育报道融合发展坚持并全面贯彻的重要策略。自2019年开始，《人民日报》体育部在绩效考核和好新闻评选等机制层面向新

---

① 习近平：《加快推动媒体融合发展 构建全媒体传播格局》，《前线》2019年第4期，第4~7页。

媒体倾斜，并且积极树立品牌理念，不断擦亮"人民日报体育"这块招牌。体育部记者，除了是各自负责项目的报道者，还是"人民日报体育"微信公众号、微博和抖音等社交媒体账号的编辑者。2022年5月，在圆满完成冬奥会和冬残奥会报道任务后，体育部开始负责《人民日报》客户端体育频道，首次拥有了自主移动传播平台。无论是日常报道还是大赛报道，《人民日报》客户端体育频道成为体育部记者报道的首选平台。经过体育部全体编辑记者的努力耕耘，"人民日报体育"品牌在业内和体育新闻受众中已有较大影响力，《人民日报》体育报道在移动端的声势越来越浩大。《人民日报》体育报道就此形成报纸版面和新媒体报道"两翼齐飞"的格局，这在北京冬奥会、东京奥运会等大赛报道中都有明显体现。

无论信息技术如何演进，内容建设始终是媒体生存发展的根本。《人民日报》体育报道在融合发展过程中，始终坚持内容为王。就内容建设方向而言，一是牢牢抓住核心竞争力，做强观点评论、深度报道等优势内容，致力于打造更多有观点、有创意、有影响力的"爆款"融媒体产品。二是顺应移动化、社交化、可视化趋势，开展分众化传播，把优质内容更好地呈现在受众面前。具体做法主要有三个方面。①提前做足功课。不管是大型战役性报道还是日常报道，编辑记者都提前做足功课，包括对专业项目背景的了解、知识的学习和工作预案的准备。②提高策划意识。把提前策划与即时策划紧密结合起来，将报道做深做透，这是形成独家优势的重要前提。③强化独家视角。在新媒体时代，很少能有独家新闻，但强化独家视角，准确提炼新闻亮点，把独特角度放大，就可以达到独家新闻的效果。

此外，体育部在日常报道和大赛报道中，非常注重整合资源，形成报道合力。在报社内部，体育部重视用好融媒体工作室等，增进与其他部门、单位的交流合作，努力推动媒体融合从"相加"向"相融"转变，不断扩大"三个覆盖面"、充分发挥"三个作用"。在报社外部，与体育部门管理单位、社交媒体平台、运动员都建立了良好的合作关系。

《人民日报》作为主流媒体代表，在体育新闻领域进行新媒体的大胆尝试与探索，是顺势而为，也是大势所趋，对从业者提出了更高要求，也需要更多智慧。对于《人民日报》体育报道团队来说，不是要将记者培养成视频记者、摄影记者、文字记者、广播记者的集合体，而是要每一名编辑记者都具备全媒体的思维和意识，要整个团队是一个能胜任全媒体报道的复合型团队。例如，文字记者在做深做强文字报道的同时，需要具备与视频编辑沟通的能力，在现场采访时能够采集基本的视频素材，供后方剪辑制作和发布；在重要事件和大赛中，要有移动优先的思维，所有消息优先提供给新媒体平台。因此，传统媒体的记者不是必须执着于"全能王"的称号，而是能够参与全媒体报道分工与协作。

B.4
中央广播电视总台北京冬奥会报道研究

陈国强*

摘　要： 通过文献资料法、逻辑分析法、访谈法等研究方法，本文对中央广播电视总台（China Media Group，CMG）的北京冬奥会、冬残奥会报道进行了脉络梳理和特征勾勒。研究发现，中央广播电视总台在闭环管理的现实条件下，利用东道主优势，依托赛事版权，利用人才、设备、技术优势，在公用信号制作方面进行联动并实现突破；通过频道传播矩阵，中央广播电视总台在赛事转播、新闻报道和栏目制作方面体现了"在场"特点。在新媒体平台方面，中央广播电视总台充分利用全媒体版权，提供多样化的视频产品，实现跨圈层、多层次的传播，突出了"在线"特点。同时，中央广播电视总台积极进行战略调整和空间布局，尝试进行电视平台和新媒体的互通互融。

关键词： CMG　北京冬奥会　赛事报道

2022 年，北京冬奥会在新冠疫情背景下如期举行，北京成为世界上首个"双奥之城"。来自 91 个国家和地区的近 3000 名运动员在赛场上呈献了精彩的竞技比赛，中国向世界奉上了"简约、安全、精彩"的冬奥盛会，彰显了中国的大国担当和全球责任。

---

* 陈国强，上海体育大学新闻与传播学院副教授、硕士生导师，主要研究领域为体育传媒、体育赛事、马拉松等，先后在 CSSCI、北大中文核心期刊以独立作者或第一作者身份发表论文 20 余篇。

随着奥林匹克运动的全球发展，北京冬奥会赛事传播呈现信息量大、话题性强、关注度高的鲜明特点。电视媒体是大型体育赛事报道的主力军。"北京冬奥会全部赛事公共信号达到 1000 小时，整个冬奥会报道内容超过 6000 小时，与 2018 年平昌冬奥会相比增加了 7% 以上，成为历届冬奥会转播之最。"① 北京冬奥会全球覆盖电视受众超过 30 亿人次。CMG 约有 3000 人参与冬奥会报道（含公用信号制作），呈现电视平台和新媒体平台齐头并进、相辅相成的态势；取得了良好的社会效益和经济效益；达成了"电视收视率最高、新媒体触达量最高、跨媒体传播最多、公用信号制作最多、市场营销最好"的目标。CMG 在国内独家拥有北京冬奥会电视版权，且由多个频道组成的传媒矩阵实现了全国覆盖，再加上自 2004 年雅典奥运会以来奥运会公用信号制作的经验积累和口碑效应，形成了庞大的受众群体。因此，研究 CMG 的北京冬奥会报道，既可梳理其北京冬奥会报道的大致脉络，也可勾勒当前我国电视机构报道体育大赛的大致内在逻辑。

一　电视平台

CMG 是国内覆盖面最广、影响力最大的电视平台。在体育传播渠道方面，1995 年 1 月 1 日，中央电视台体育频道（CCTV-5）成立；2013 年 8 月 18 日，中央电视台体育赛事频道（CCTV-5+）正式开播；2021 年 10 月 25 日，CMG 奥林匹克频道（CCTV-16）开播，形成了 3 个开放式、非付费体育电视频道群。在内容供给方面，CMG 享受政策优惠，拥有国内外多项体育赛事的国内转播权。2000 年 1 月 24 日颁布的《国家广播电影电视总局关于加强体育比赛电视报道和转播管理工作的通知》第一条规定："重大的国际体育比赛，包括奥运会、亚运会和世界杯足球赛（包括预选赛），在我国境内的电视转播权统一由中央电视台负责谈判与购买，其他各电视台（包

---

① 韩强：《科技冬奥与转播创新——兼论北京冬奥会对体育赛事转播的未来影响》，《中国广播电视学刊》2022 年第 4 期，第 18 页。

括有线广播电视台）不得直接购买。中央电视台在保证最大观众覆盖面的原则下，应就地方台的需要，通过协商转让特定区域内的转播权。"从传播学角度看，CMG 因为获得奥运会、世界杯和亚运会的国内转播权这个排他性的内容，确定了独家的"传者"身份，从而通过 CMG 的渠道，向国内的受众传播内容，取得了较好的传播效果。

CMG 对大型体育赛事的电视报道常见有转播、新闻、栏目三种形式。

（一）赛事转播

大型赛事的转播，是整体报道的重中之重。北京冬奥会的赛事转播因观众在时效性方面零时差的需求、画面高清晰度的需求和非持权转播商的转播版权限制，CMG 成为国内受众观看电视赛事的首选。CMG 在北京冬奥会上第一次参与冬奥会公用信号制作，在转播时长、技术赋能、覆盖人群等多方面都书写了纪录。

1. 公用信号提供

"在大型体育比赛电视转播领域，公用信号一般由赛事主办方为电视媒体提供，目的在于保障赛事信号的覆盖面、公平性和质量。一般来说，公用信号是完整的带画面、背景声和字幕的信号，但不带解说。……公用信号制作在机位设置、画面组合、声音呈现、慢镜头和字幕系统等方面有相关的要求。持权转播商在公用信号基础上，搭配单边信号或演播室信号，进行完整的赛事转播。"[①] 具体到北京冬奥会，户外雪上项目公用信号的制作需要考虑户外、气温、大风的影响，以及特殊雪上运动的高技巧、高速度、高难度的特点。此外，北京冬奥会在北京和张家口 2 个城市的 3 个赛区布局了 25 个场馆。在冬奥会历史上首次实现所有比赛的转播信号 4K 超清全覆盖，公用信号制作难度相应增加。从 2004 年雅典奥运会开始，CMG 在每届夏季奥运会上都承担公用信号制作任务。北京冬奥会上，CMG 实现了冬奥会公用

---

① 时霖、陈国强：《北京 2022 年冬奥会电视公用信号制作研究》，《电视研究》2022 年第 3 期，第 24 页。

信号制作的"零的突破"。负责北京冬奥会和冬残奥会公用信号制作的奥林匹克广播公司（OBS）招募了来自 10 个国家的 14 支公用信号制作团队，总计制作了 6000 多个小时的内容。这些公用信号通过具有转播权的持权转播商的渠道，在全球 220 多个国家和地区播出。其中，CMG 承担了冰壶大项的 2 个小项；自由式滑雪分项的空中技巧、平行大回转、U 型场地技巧的 4 个小项；单板滑雪分项的雪上技巧、U 型场地技巧的 2 个小项的公用信号制作。CMG 北京冬奥会公用信号制作简表一览如表 4-1 所示。

表 4-1　CMG 北京冬奥会公用信号制作简表一览

序号	大项	分项	小项	场地	数量
1	冰壶		团体	国家游泳馆	2(男子、女子)
2	冰壶		混合双人	国家游泳馆	1
3	滑雪	单板滑雪	雪上技巧	张家口云顶滑雪公园	2(男子、女子)
4	滑雪	单板滑雪	U 型场地技巧	张家口云顶滑雪公园	2(男子、女子)
5	滑雪	自由式滑雪	空中技巧	张家口云顶滑雪公园	2(男子、女子)
6	滑雪	自由式滑雪	空中技巧	张家口云顶滑雪公园	1(团体)
7	滑雪	自由式滑雪	平行大回转	张家口云顶滑雪公园	2(男子、女子)
8	滑雪	自由式滑雪	U 型场地技巧	张家口云顶滑雪公园	2(男子、女子)

根据 CMG 台长的北京冬奥会总结材料，CMG 建立了包含 500 个人的持权转播团队来提供公用信号。因主场优势和前期积累的经验，CMG 由 571 人组成 4K 和 8K 国际公用信号制作团队，以满足比赛、开幕式等场景的 4K 和 8K 国际公用信号制作需求。CMG 负责的 14 个小项占北京冬奥会 109 个小项数量的 13%；涉及冬奥会 7 个大项中的 2 个大项、2 个竞赛场馆；参加公用信号制作的人数约占 OBS 的 30%。CMG 公用信号制作团队制作了 1000 多个小时的公用信号，其中包括冰壶大项 500 多个小时。

从 2016 年里约奥运会开始，OBS 团队除了提供赛事公用信号之外，还提供非竞赛视频素材，俗称素材池、素材库。从内容上说，"多边切片视频发送服务系统"（Multi Clips Feed，简称 MCF）内容多是赛前 1 个小时的相关非竞赛视频内容，人物包括运动员、教练员、观众、裁判员；场地包括赛场、通道、观赛区、外围风景；内容包括运动员抵达、整理装备、热身活动。以上这些供持权转播商在赛事转播前后使用，从而延长转播时间；也可以作为素材，在新闻或花絮中使用；还可以在新媒体平台以短视频等方式使用。国际奥委会允许非持权转播商对这些素材每天进行一定次数、一定时长的报道，从而更广泛地推广奥林匹克运动。北京冬奥会期间，CMG 公用信号制作团队制作了 2000 多个小时的非竞赛素材，约是公用信号时长的两倍。CMG 还和其他国内机构利用赛事在本地举办的机会，发挥技术、设备、人力优势，为 OBS 的公用信号制作团队提供技术保障，它们在硬件上使用了自主研发的"猎豹"（超高速 4K 轨道摄像机系统）、鱼竿摄像机（轻型摇臂系统）、锥桶摄像机等特种设备。

冬残奥会方面，CMG 曾在 2018 年平昌冬残奥会期间进行轮椅冰壶的公用信号制作。2022 年北京冬残奥会期间，CMG 在 5 个竞赛场馆承担全部比赛项目国际公用信号制作以及开闭幕式、两个颁奖广场的公用信号制作任务，成为冬残奥会历史上首个独立承包所有冬残奥会项目转播的电视机构。其中，冬残奥会的高山滑雪项目的重要性类似于夏季奥运会的田径项目，为更好地完成高山滑雪项目的转播，CMG 转播团队提前于 2021 年夏季在延庆高山赛道进行反季节的演练，于同年 11 月在张家口云顶滑雪公园进行转播测试演练，模拟比赛现场，在最短时间内快速达到公用信号制作要求。

2. 电视转播覆盖

自 1980 年中国代表队首次参加冬奥会开始，中央电视台开始派遣前线记者进行冬奥会报道。受冬季项目普及度不高、存在时差等因素影响，中央电视台早期对冬奥会的电视报道多以短时长的录播为主。以 2002 年盐湖城冬奥会报道为例，中央电视台每日对盐湖城冬奥会进行电视报道时长总计 2~3 个小时。

2022 年北京冬奥会期间，CMG 是中国大陆和澳门地区冬奥会独家全媒体持权转播机构。在此基础上，CMG 将北京冬奥会电视版权分销给中国移动咪咕、腾讯、快手等，增加了相应版权收入，获得了经济效益；授权北京冬奥纪实频道、上海五星体育频道、广东体育频道为中国大陆地区的转播媒体，增加了电视转播机构数量，扩大了受众规模。同时，CMG 许可全国各省级卫视频道（不含其新媒体平台）以及澳门特别行政区相关新闻机构同步并机转播 CMG 体育频道播出的北京冬奥会、冬残奥会开闭幕式信号，扩大了北京冬奥会内容的传播规模，实现了奥运版权的循环与增值。

作为冬奥会持权转播商，CMG 参加了分别于 2020 年 2 月和 2021 年 2 月举行的世界转播商大会，制定了相应的转播方案。最终，CMG 有 CCTV-1、CCTV-2、CCTV-4、CCTV-5、CCTV-5+、CCTV-16、CCTV-8K 等多个电视频道参与赛事转播。在技术层面，CMG 打造了"素材就在你身边"的概念，云传输总共 8600 多个小时，包括公用信号、前方记者采信号。通过技术升级、云账号开通，CMG 可以同时进行 20 个频道的内容传输。电视转播方面，CMG 进行了 246 场北京冬奥会比赛的转播，时长 444.3 个小时。考虑到疫情因素，为保证解说顺利进行，CMG 每场比赛解说员 2 人同岗（即设 A、B 角）。共有 17 人参与北京冬奥会的解说，其中 9 人首次参与冬奥会解说。CMG 参加冬奥会的解说员数量为历届冬奥会之最。CMG 对北京冬奥会的转播是冬奥会历史上转播时间最长、开幕式收视率最高的赛事转播，总体观看人数超过 6 亿。

（二）新闻报道

近年来，中国电视机构对冬奥会的新闻报道数量逐步增加、质量稳步提升。1980 年普莱西德湖冬奥会，中央电视台派出 4 人报道小组进行现场报道。2006 年都灵冬奥会，中央电视台首次在冬奥会现场设立演播室，体育频道每日转播冬奥会赛事约 17 个小时，累计播出新闻 2181 分钟 997 条，总计播出冬奥会电视节目超过 300 个小时，最高收视率达到 1.1%，平均收视份额为 2.93%[1]。2014 年索契冬奥会，中央电视台派出的现场报道团成员总计超过 200 人。比赛"悬念"是竞技体育报道的核心价值，满足观众对赛事赛况的信息需求是体育新闻报道的核心目标之一。CMG 对北京冬奥会的新闻报道，坚持在闭环管理的条件下合理规划新闻采访和发布，发挥"主

---

① 许伟：《从盐湖城到都灵：央视冬奥会报道上的进步》，《电视研究》2006 年专刊，第 43 页。

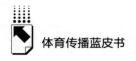

场"优势，保证了冬奥会赛事新闻报道的时效性。

2022年北京冬奥会期间，CMG在新闻报道方面有着人力资源、设备条件、信号传输、后勤保障等"主场"优势。在严格遵守"闭环管理"防疫规定的前提下，CMG聚焦"闭环"内的冬奥赛事与参赛运动员进行赛事新闻报道，同时借助5G技术，采用了低延时、强互动的"云采访""云连线"等形式，保证了冬奥会远程采访报道的效果，降低了时间与经济成本，同时突出了"实时""在场"新闻特点。2月9日，国际奥委会主席巴赫参观CMG冬奥会前方转播报道制作中心并接受总台独家专访。CMG成为国内专访巴赫主席的媒体。巴赫的专访在《新闻联播》等权威新闻栏目播发，境外多家主流媒体对相关报道进行了转载。

CMG共计14个电视频道参与了北京冬奥会报道，不同的频道及栏目覆盖不同的领域、面向不同的受众群体，共同扩大了北京冬奥会报道的规模与体量。以对外传播为主的CGTN（中国环球电视网）针对2022年北京冬奥会的新闻报道专门推出《活力冬奥》节目，该节目全程应用虚拟和增强现实技术，详细介绍相关运动项目要领，进行赛事进程动态回顾，与虚拟运动员开展互动。CGTN的冬奥报道打破了传统播报方式的空间局限，海外浏览量超2000万，互动量超8万。

（三）电视栏目

电视栏目指涉一种在固定时间播出，相较于新闻报道内容更加丰富、更具深度的节目形态。2015年7月北京获得2022年冬奥会举办权后，在将近7年的筹备过程中，电视栏目成为报道北京冬奥会的主渠道。在多元电视节目的造势下，CMG对北京冬奥会的赛场内外进行全景报道，为赛事举办烘托气氛。整体而言，CMG的北京冬奥会栏目在时间跨度、节目形态、节目质量等方面均进行了优异的效果呈现。

1. 时间跨度长

2016年5月9日，CMG首播《北京2022》栏目，该栏目分为"冬奥进行时""我们的冰雪梦""冰雪大课堂""冰雪记忆"4个板块，时长各55

分钟。《北京2022》"采用杂志式板块，包括焦点热讯、冬奥会比赛项目大讲堂系列、冰雪大数据、冬奥会观察、冰雪赛事、冬奥明星、国外运动员故事、竞赛黑科技等"①。栏目对北京冬奥组委动态、冰雪运动历史、场馆建设、选手动态、冰雪运动知识及历届冬奥会经典场面进行报道。因冰雪运动起步晚、底子薄，许多观众对一些项目不甚了解，《北京2022》将近6年的报道，既普及了冰雪项目相关知识，也为北京冬奥会做了一些预热和铺垫。

同类节目还有《荣誉殿堂》，共20期，在东京奥运会之后播出，为北京冬奥会预热。《艺术里的奥林匹克》则是结合美术、音乐，展示北京冬奥会文化层面的内容。《带你一起看冬奥》共20期，2022年1月4日首播，节目运用特效，通过冬季项目奥运冠军张虹和世界冠军李妮娜的串场、讲解，介绍运动项目，属科普性质节目。

2. 节目类型多

CMG多个频道播出冬奥会相关节目，节目类型除了常规固定时间播出的栏目，还有电视剧、纪录片等。体育赛事是"讲好中国故事"的题材和窗口，CMG多个频道推出冰雪运动题材纪录片，结合竞技运动的跨文化传播优势与优秀纪录片的叙事，取得了良好的传播效果。CMG冬奥题材纪录片信息简表一览见表4-2。

表4-2　CMG冬奥题材纪录片信息简表一览

序号	纪录片名	制作单位	备注
1	《从北京到北京》	CMG影视剧纪录片中心	6集，2022年1月起播出
2	《冰雪之巅》	CMG参与制作	两季，16集
3	《冰雪道路》	CMG参与制作	5集，每集25分钟，2021年2月4日起播出
4	《飞越冰雪线》	CMG参与制作	6集，2022年1月26日起在纪录片频道播出
5	《冬奥山水间》	CMG	2集，每集15分钟，4K制作，2022年1月15日起播出
6	《了不起的冬天》	CMG影视剧纪录片中心	10集，每集25分钟，2022年2月1日起播出

---

① 李岭涛、李冬梅：《浅析冬奥类电视节目的文化传播》，《中国电视》2020年第7期，第70页。

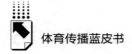

"诸多冰雪运动纪录片不管是选择讲述核心人物还是记录典型人物,创制者在镜头表现上都极具画面感和故事性。呈现多视角、个性化、共情化的新趋势。"① 不少冰雪运动纪录片,凸显了人物,突出了故事,以小故事切入,以小见大,多维度展示冰雪运动的魅力,体现拍摄者的智力投入和创意灵感,特别注重细节和情节,体现了CMG提出的"思想+艺术+技术"的节目要求。《飞越冰雪线》聚焦7名有代表性的运动员,忠实记录冬奥备战的点点滴滴。《从北京到北京》在"人"的选择上,呈现多样化、有代表性的特点,多采用被采访者的叙述,娓娓道来,既可信又可亲。不少冰雪运动纪录片的主角除了核心运动员外,更多的是冰雪运动爱好者及为冬奥会服务的相关人群,呈现一种多视角、全方位的人物选取特点。《冰雪道路》则充满思辨色彩,从地理、历史、人文等多个角度对5个冰雪项目进行深度解析。诸多纪录片通过讲述相关人物的故事,体现了中国人对奥林匹克运动的热情和对冰雪项目的热爱。

3. 专业水准高

总体而言,CMG的栏目在北京冬奥会报道上体现了较高的制作水准。一方面,2008年北京夏季奥运会为CMG留下了人才、技术、经验等电视领域的"奥运遗产";另一方面,CMG借用"外脑""智库",注重和社会力量强强合作,提高了节目的制作水准。CMG新闻频道(CCTV-13)的《冬奥一点通》采用多种制作手段,对冰雪项目进行深入浅出的介绍。该频道的另一个栏目《冬奥来了》对冬奥会进行探秘。如纪录片《飞越冰雪线》实现时效性和故事性的良好融合。《冬奥山水间》采用4K标准摄制,突出"冬奥之美,在山水之间"的主题。《冰雪之巅》拍摄两季,其中第一季6集、第二季10集,讲述的都是冰雪题材的"中国故事"。摄制组运用了不少航拍镜头,提升了纪录片的艺术旨趣和运动魅力。《冰雪道路》摄制组在疫情之下克服重重困难,走访10个国家和地区。《冰雪道路》还被译制成韩语,北京冬奥会开幕式前1天在韩国OBS京仁电视台播出。

---

① 朱晓姝:《冰雪运动纪录片的融合媒介传播新趋势》,《媒介》2022年第5期,第63页。

"《了不起的冬天》全面介绍冬奥发展历史、北京冬奥场馆建设以及冬季运动项目的科学原理，题材和内容体现出鲜明的主流价值导向，在叙事语态上一改正襟危坐的严肃面孔，采用年轻时尚、网感十足的话语表达方式，解说词中融入二次元文化流行语、网络流行语等，营造出轻松诙谐的叙事语境。"①

二　新媒体平台

媒体融合不仅是学界探讨的热词，也是体育媒体赛事传播的具体实践。"奥运传播的碎片化可表现为信息多渠道化、内容去整体化、用户接受的低情境化与视角的分散化等特征。多媒介形式分流了奥运传播的电视主渠道，使得单个媒介信息内容更加细化与具体。"② 从某种程度上看，新媒体平台传播从有益补充变成了有机部分。

在政策层面，国家层面有关媒体融合的文件陆续出台。2020 年 9 月 26 日，中办、国办印发《关于加快推进媒体深度融合发展的意见》；2020 年 11 月 26 日，国家广电总局发布《关于加快推进广播电视媒体深度融合发展的意见》；2021 年 3 月 16 日国家广电总局印发《关于组织制定广播电视媒体深度融合发展三年行动计划的通知》。具体而言，媒体融合就是要解决平台、内容、用户三者之间的关系。"媒体融合发展到纵深阶段，迫切需要打造自己的平台，聚合内容、整合资源、多渠道发布，把优质内容、发布权和用户资源都紧紧把控在自己手里。优质的内容可以借助平台传播得更深远，而优质的平台也可以更好地聚合用户。"③

如果说传统的电视平台是一种"我播你看"的线性叙事，那么新媒体

---

① 刘兰：《媒介融合背景下纪录片的跨界研究》，《中国电视》2022 年第 10 期，第 83 页。
② 孔令顺、刘思齐：《奥运节目的跨屏传播与版权开发》，《电视研究》2021 年第 8 期，第 30 页。
③ 黄鹏：《从"借船出海"到"造船出海"——中央广播电视总台短视频发展战略》，《新闻战线》2019 年第 11 期，第 37 页。

平台则发挥了受众主动、互动的主观能动性。受众可以从被动接触信息转换为主动参与信息传播过程。"进入移动互联时代，体育传播的移动化、社交化和智能化特征日益显著，改变着人们在互联网时代的赛事观赏和互动体验方式，重构着受众、媒体和体育组织间的关系，催生出体育媒介产品的新模式和新形态。"① 在实践层面，2015 年 7 月北京获得 2022 年冬奥会举办权之后，CMG 加大了对冬奥会融合报道的力度。如 2018 年平昌冬奥会，"为了做好闭幕式报道工作，中央电视台发挥强大的媒体矩阵优势，体育频道、体育赛事频道以及新媒体央视网、央视新闻客户端和央视体育客户端均融入报道方阵中。体育频道集中力量现场直播，综合频道错峰录播，新闻频道则展开专题报道。从不同角度，多个层次，以大屏为基础、小屏为补充，深入报道'北京八分钟'的各个方面"②。

新媒体平台可以利用受众碎片化时间，把赛事、栏目、新闻等电视平台的"长视频"化整为零，转化为"短视频"进行体育信息传播。从覆盖面而言，新媒体平台开拓新用户，进行了大屏和小屏的联动，打造了全媒体矩阵。简而言之，CMG 通过央视频、央视新闻、央视体育不同平台和账号对北京冬奥会进行了有效传播。

（一）央视频

2019 年 11 月 20 日上线的"央视频"，是 CMG 着力打造的"有品质的视频社交媒体"。央视频可以理解为网络版或平台版的 CMG，可呈现赛事、栏目、新闻，更重要的是还可以进行实时互动。"在全新的技术体系下，总台融合生产及发布将体现出轻量、移动、云化的技术特点。"③

从平台角度看，央视频有融合化、网络化的特征；从内容看，央视频的

---

① 张盛：《生态、渠道、内容：电视体育传播的迭代与创新》，《上海体育学院学报》2019 年第 6 期，第 26 页。

② 杨泽生、高蔼：《新闻场域视角下奥运会电视传播研究——以中央广播电视总台北京冬奥会节目为例》，《新闻爱好者》2021 年第 2 期，第 82 页。

③ 梅剑平：《中央广播电视总台传播技术体系与科技创新》，《视听界》2021 年第 6 期，第 10 页。

内容有板块化、互动性的特征；从受众看，央视频有主动特点和社交属性。在北京冬奥会期间，凭借 CMG 的版权优势，央视频既可以利用多通道优势同步分发线性播出的电视平台内容，还具有节目内容储存、搜索、点播功能，使受众便于观看各种类型的节目。如 CMG 对北京冬奥会开幕式的跨媒体传播总触达人次达到 69.11 亿，其中电视端 27.24 亿，新媒体端 41.87 亿。再如对于 CMG 电视平台播出的纪录片，央视频同步播出，用户还可以点播。如《冬奥山水间》在电视平台的 CCTV-5 和 CCTV-16 播出，在央视频同步上线。根据 CMG 统计，北京冬奥会央视频客户端累计下载量突破 4 亿，累计激活用户数超 1.4 亿，总播放量超过 8 亿。赛事转播方面，央视频发挥了电视平台所不具备的"通道"优势，对所有北京冬奥会项目进行了全覆盖，满足了用户的个性化观看需求。央视频在 16 个比赛日实现 569 场赛事直播，直播时间超过 550 个小时，其中新媒体独播赛事 130 场。在单场播放量方面，央视频北京冬奥会开幕式播放量达 2892 万；花样滑冰男子单人滑短节目播放量达 1296 万。

新媒体在某种程度上消弭或缩短了传者和受众的距离，解构了常规电视报道的叙事逻辑。为此，央视频制作符合受众口味和调性的节目，如《滚动新闻》《体育新闻》《全景冬奥会》《冬奥 1+1》等，充分满足了多元受众的需求。《冬奥 1+1》是由《新闻 1+1》延伸出的冬奥特别节目，总共 15 期，分为"面孔""热点""瞬间""白杨之约""现场"等板块，其中"面孔"将镜头聚焦于与北京冬奥会相关的中国人物，既彰显体育竞技的魅力，又呈现体育文化的内涵。"白杨之约"是主持人白岩松与我国首枚冬奥会金牌获得者杨扬的电话连线，分析北京冬奥会当天选手的表现，既有时效性，又有专业性。

（二）央视新闻

在新媒体平台的打造过程中，央视新闻、央视体育吸引了一批受众，成为新媒体报道的排头兵。在大型赛事和重要活动中，CMG 保留"央视新闻""央视体育"等已经具有影响力的平台和账号，鼓励这些平台和账号继续创

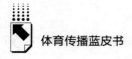

作生产短视频原创精品，丰富央视短视频内容产品矩阵①。

"央视新闻"既是一个账号，在微博、微信、快手、哔哩哔哩平台入驻，又是一个客户端（App），定位为"重大新闻、报道和突发事件的总台首发账号"。从命名角度来看，央视新闻突出了"新闻"。这其中，短视频是一个非常重要的呈现方式。它通过短小精悍的方式，以社交化、个性化的方式，在用户的碎片化时间中，向用户提供情绪价值，达到共情的效果。

根据央视新闻2022年2月12日公众号推文，2022年2月1日至2月10日，央视新闻第一时间播报赛事消息。推出《新年"奥"造型》《冬奥快评》《手语看冬奥》等产品，相关报道总播放量超过38亿次。其中《手语看冬奥》通过上线"冬奥手语播报数字人"，将声音内容转化为手语，为听障人士播报冬奥会赛况。

CMG新闻频道的《冬奥来了》在央视新闻客户端同步播出，有较高的浏览量。央视新闻充分发挥账号和平台的"新闻"优势，以短视频形式分发新闻。例如，北京冬奥会期间，央视新闻分发CMG系列短视频《一起上冰雪》。冬奥会期间央视新闻还制作独家内容，进行客户端分发。如央视新闻前方记者聚焦新媒体用户关心的话题，关注中国队运动员苏翊鸣，从不同报道落点和角度，编发多条独家内容。

（三）央视体育

央视体育是CMG"两微一端"融媒体改革的重要组成部分。央视体育和央视新闻基于自身角度、定位，制作北京冬奥会相关内容。

央视体育客户端最早是2014年6月推出的"CCTV-5客户端"，在开发新功能和优化用户体验后，于2019年2月更名为央视体育。因前期在体育内容领域的赛事转播、资讯服务的优势地位和稳定输出，央视体育聚集了一批体育爱好者。结合北京冬奥会的报道需求及资源禀赋，央视体育通过用户

---

① 黄鹏：《从"借船出海"到"造船出海"——中央广播电视总台短视频发展战略》，《新闻战线》2019年第11期，第38页。

画像描绘、数据分析，进行内容策划、渠道推广和用户运营，提供优质视频产品。为迎接北京冬奥会，央视体育客户端打造冬奥会新版本，在观赛体验、新媒体产品展示、观众互动、个性化设置等多方面全新升级。《中国广告》杂志 2022 年报道显示，央视体育在北京冬奥会期间推出 4K、三维声、360 度 VR 赛事直点播等观赛服务……2022 年上半年，"央视体育"客户端直播赛事 2987 场，观看量 2.5 亿次，点播视频、图文等内容观看量 3.8 亿次，累计下载量 1.6 亿次。央视体育发布的数据显示，在北京冬奥会期间，央视体育客户端日均活跃用户数较日常增量达 260%。利用版权资源优势、三分屏等技术优势，央视体育在长视频、短视频的直播和点播方面提供多元产品。如北京冬奥会期间，央视体育客户端推出了《冬奥语录你赞哪句?》、《北京时间》慢直播及《中国体育代表团北京冬奥会成绩全记录》H5 产品。受众以弹幕、对话等方式在虚拟社区进行沟通、达成共识，并通过关注、转发等行为产生传播裂变，促进意义生产。

三 结语

北京冬奥会、冬残奥会是在我国重要历史节点举办的重大标志性活动。我国提出在 2035 年建成体育强国的战略目标，媒体进行健康传播是其中重要的一个环节。2022 年 1 月 4 日，习近平总书记勉励媒体记者"讲好中国故事、传播中国声音，争取第一时间把北京冬奥盛会传播出去"[①]。CMG 在闭环管理的挑战下，利用东道主优势，秉承"以赛事和运动员为中心"的理念，结合北京冬奥会这个重大题材，在筹办、举办的时间轴线上，进行赛前、赛中、赛后的连续报道、滚动报道，构建大屏、小屏融合的、立体的现象级传播，展现运动员可信、可爱、可敬的形象。CMG 的北京冬奥会报道也是"努力打造具有强大引领力、传播力、影响力的国际一流新型主流媒

---

① 《学习关键词 | 讲好中国故事 传播中国声音》，央广网，2022 年 2 月 19 日，http：//news. cnr. cn/native/gd/20220219/t20220219_ 525744905. shtml。

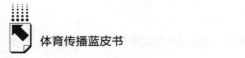
体"的具体实践。

在电视平台上，CMG 突出了"在场"特点。CMG 实现了冬奥会公用信号制作"零的突破"，并率先进行 4K 和 8K 信号的制作和规模化应用；在转播、栏目和新闻方面，CMG 发挥主场优势，对独家拥有的全媒体版权进行充分利用，通过精心策划、制作升级，提供了及时、多样化的视频产品，既推广了冰雪项目，也满足了受众的知情欲；在新媒体平台方面，CMG 突出了"在线"特点。CMG 从做强新型主流媒体出发，积极进行战略调整和空间布局，突破传统电视平台路径依赖，尝试实现不同视听媒介的互通互融，进行多媒体内容分发、技术赋能、平台联动，打造新的内容生产体系和传播链条，从而产生传播的"倍增效应"。

B.5
中国平台型体育传媒运营
发展现状与前瞻

摘　要： 作为全球体育大国，中国的体育产业在过去两年中实现了显著增长，平台型体育传媒业务运营和发展备受关注。本文从平台型体育传媒产业环境、产业结构、内容运营、渠道运营、用户运营、营销策略、技术创新等维度分析了中国平台型体育传媒行业的发展环境、市场格局及产业挑战，展望了未来平台型体育传媒行业的发展趋势并提出策略建议。

关键词： 平台型体育传媒　赛事版权　产业价值链

一　平台型体育传媒产业概述

中国平台型体育传媒行业正进入一个新的发展阶段。一方面，越来越多的传统体育媒体正在进行数字化与平台化转型，利用互联网和移动设备拓展用户群体，提高市场份额。另一方面，互联网巨头纷纷进军体育领域，投资建设自己的体育平台，通过内容生态的构建与技术创新的推动，进一步促进中国平台型体育传媒产业的繁荣发展。

在中国，体育媒体平台兴起于电视时代，以 CCTV-5 体育频道为代表。

---

* 杨保达，东北财经大学讲师、硕士生导师，复旦大学新闻学博士，英国拉夫堡大学访问学者，研究方向为媒介经营与管理。

自 1995 年成立以来，CCTV-5 凭借其广泛的地域覆盖和独特的赛事控制地位，长期占据电视时代体育媒体的龙头地位。几乎所有顶级体育赛事都被其囊括。2014 年，国务院发布的第 46 号文件宣布放宽体育赛事转播权的限制，与此同时互联网作为新兴主流媒介的渗透率迅速提高。互联网流媒体平台如腾讯体育、乐视体育等迅速布局体育领域，导致相关赛事版权价格飙升。2019 年以来，随着平台格局逐步稳定，资本回归理性，行业进入了一个相对良性的发展阶段。

二 平台型体育传媒行业运行环境分析

（一）政策环境：政策红利持续推动，体育产业经济迎来发展繁荣期

体育产业政策持续推动我国从体育大国向体育强国迈进。中共中央和国务院发布的相关纲领性文件，对体育产业总规模、参与体育锻炼的人数以及体育强国建设目标等方面给予了明确的指导。

在产业发展趋势方面，智能健身与体育文化产业正在成为政策重点关注的领域。2021 年 8 月，《全民健身计划（2021—2025 年）》提倡智慧化全民健身，支持体育产业数字化转型。政策鼓励体育企业"上云用数赋智"，推动数据赋能全产业链协同转型，提供全民健身智慧化服务。同时，政策支持线上智能体育赛事、智能健身、云赛事、虚拟运动等新兴运动形式的发展。

2021 年 10 月，国家体育总局发布的《"十四五"体育发展规划》在纲领性文件基础上，进一步明确体育强国建设的具体目标。该规划提出八大主要目标，涉及全民健身、竞技体育、青少年体育、智能健身消费、体育文化建设、体育国际交流、体育科教及体育法治等方面，为 2025 年前我国体育产业发展指明了方向。在中共中央、国务院的纲领性文件和国家体育总局的具体指引下，智能健身和体育文化有望成为下一阶段体育发展的重点领域。

在产业规模拓展方面，未来体育产业将成为国民经济发展的支柱性产业。《中华人民共和国国民经济和社会发展第十四个五年规划和 2035 年远景目标纲要》预测，到 2025 年中国体育产业总规模将达到 5 万亿元。经国家体育总局测算，到 2035 年中国体育产业总量占 GDP 的比重将达到 4%。在政策支持、科技助力、赛事激励、场景拓展、模式创新等多重利好因素的推动下，中国体育产业正逐渐成为国民经济发展的支柱性产业。2015—2021年中国体育传媒产业的主要政策见表 5-1 所示。

表 5-1　2015~2021 年中国体育传媒产业主要政策

年份	相关政策	相关内容
2015	《"健康中国 2030"规划纲要》	加强健康教育，积极发展健身休闲运动产业，建设健康信息化服务体系
2019	《体育强国建设纲要》	构建体育全媒体传播格局，打造体育融媒体产品，发挥短视频平台等在体育文化传播中的积极作用
2021	《全民健身计划（2021—2025 年）》	推进体育产业数字化转型，鼓励体育企业"上云用数赋智"，推动数据赋能全产业链协同转型
2021	《"十四五"体育发展规划》	体育产业总规模到 2025 年要达到 5 万亿元，增加值占国内生产总值比重达到 2%，居民体育消费总规模超过 2.8 万亿元，从业人员超过 800 万人

资料来源：国家体育总局官网。

（二）经济环境：体育传媒产业逆势增长

根据国家体育总局发布的数据，2020 年受疫情影响，多数体育产业类别的增加值同比负增长。然而，体育传媒与信息服务类别的同比增速接近20%。该产业涵盖互联网体育赛事服务、体育信息发布、体育网络直播、体育大数据处理等领域，对于传播体育文化、树立全民体育偶像以及打造体育赛事 IP 具有重要意义。

从产业增加值角度分析，当前体育产业的规模已与重点第三产业规模相当。2020 年，全国体育产业总规模为 2.74 万亿元，增加值为 1.07

万亿元。与 2019 年相比，总产出下降了 7.2%，增加值下降了 4.6%。在总产出中，2020 年体育服务业占体育产业增加值的 68.7%，较 2019 年提高了 1 个百分点；体育用品及相关产品制造业占 29.3%，较 2019 年下降了 1.1 个百分点；体育场地和设施管理业占 2%，较 2019 年提高了 0.1 个百分点。

受疫情影响，多数体育产业类别增加值有所下降。其中，体育场地和设施管理业下降了 20.2%，体育经纪与代理、广告与会展、表演与设计服务业下降了 16.9%，体育用品及相关产品制造业下降了 8.1%。然而，以非接触聚集性、管理活动为主的体育服务业增加值保持增长，其中增速最高的是体育传媒与信息服务业，增长了 18.9%，其次是体育教育与培训业，增长了 5.7%①。

2022 年 12 月 30 日国家体育总局、国家统计局发布的数据显示，如图 5-1 所示，2021 年全国体育产业总规模为 31175 亿元。与 2020 年相比，体

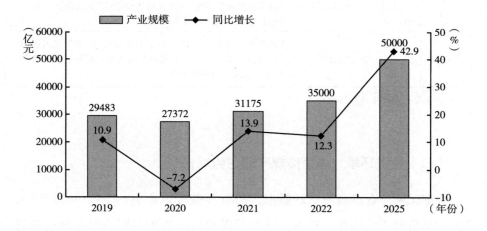

图 5-1　2019~2025 年中国体育产业规模统计及预测

资料来源：国家体育总局官网。

---

① 《2021 年全国体育产业总规模与增加值数据公告》，国家体育总局官网，2022 年 12 月 30 日，https://www.sport.gov.cn/jjs/n5039/c25062819/content.html。

育产业总产出增长 13.9%，增加值增长 14.1%。从增长速度来看，随着全民健身和体育竞赛活动的有序恢复，以及 2020 年基数较低的因素叠加，体育产业实现了较快增长。与 2020 年相比，体育竞赛表演活动业增加值增长 26.1%，体育健身休闲活动业增加值增长 21.1%，体育场地和设施管理业增加值增长 27.7%，体育经纪与代理、广告与会展、表演与设计服务业增加值增长 21.9%。以非接触性活动为主的体育传媒与信息服务业增加值保持较快增长，增速为 19.9%。

（三）社会环境：全民健身为体育传媒产业奠定广泛用户基础

当前，中国的健身市场仍然具有巨大的发展潜力。为深入推进全民健身国家战略、全面实现健康中国建设目标，政府出台了一系列政策措施，包括《全民健身计划（2021—2025 年）》和《关于构建更高水平的全民健身公共服务体系的意见》，旨在展示疫情防控常态化下全民健身的实施情况。为满足广大民众的多元化体育健身需求，国家鼓励体育企业提供线上展示、交流和互动的平台，丰富民众的休闲生活，并指导居民开展科学健身，由此体育在线服务逐渐成为市场的主要趋势。

根据《"健康中国 2030"规划纲要》，到 2030 年，我国经常参加体育锻炼的人数计划达到 5.3 亿人，这将带动更多的民众从不锻炼或很少锻炼转变为自发锻炼。持续增长的群众运动基础将进一步激发行业创新活力。在体育产业规模不断扩大和参与体育锻炼人数持续增长的双重驱动下，加上疫情的催化作用，科技助力的智能健身业逐渐成为近两年增长最快的产业。艾瑞咨询的数据显示，包括智能健身应用和硬件在内的智能健身市场规模在疫情后有望实现快速扩大，预计到 2025 年将达到 820 亿元，2021~2025 年复合年增长率（CAGR）为 46%[①]。技术创新带来的全新健身体验在拓展行业机遇的同时，有力地推动了全民健身计划的深入实施。

---

① 艾瑞咨询：《2021 年中国智能运动健身行业研究报告》，艾瑞网，2021 年 10 月，https://report.iresearch.cn/report/202110/3857.shtml。

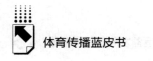

（四）技术环境：科技融合创新驱动体育传媒产业价值重塑

1. 元宇宙技术赋能体育传媒运营生态

2022 年，元宇宙、人工智能、虚拟现实和增强现实技术得到广泛应用，推动 AIGC 逐渐成为内容生产的主力。元宇宙空间中的虚拟数字人成为新的内容传播载体，通过丰富用户体验，提高了互动性和营销效果。元宇宙空间为体育传媒行业创造了全新的商业模式，吸引了大量用户的参与。

2. 虚拟数字人在体育赛事中被广泛应用

2022 年北京冬奥会报道中，央视 AI 手语主播在开幕式当天正式上线，实现音视频到数字人手语视频的转化，为听障人士提供更好的观赛体验。同年卡塔尔世界杯中，数字人得到了广泛应用，著名足球解说员刘建宏采用数字分身发布赛事信息。此外，数字人主播在抖音、快手等短视频平台不断出现，成为体育赛事传播领域的一大热点。

3. 沉浸式精品节目创新发展

体育传媒行业利用 XR、3D 和 AI 技术打造沉浸式精品节目，使观众能够在各种场景中感受更为生动的视觉体验。例如，2022 年卡塔尔世界杯期间，观众可以在 VR 平台上收看沉浸感更强的赛事直播。同时，虚拟场景的应用在各大视频平台上得到普及，为观众带来更加直观的视觉体验。

4. VR 技术提升观赛体验

观众在观看比赛时，可以通过"自由视角"+VR 技术选择最佳观赛位置，提升观赛体验。在 PICO 视频和咪咕视频的 VR 平台上，观众可以在虚拟场景内与其他虚拟球迷互动并观看比赛。此外，各大直播平台采用 XR 虚拟制作技术展示演播室场景，通过虚拟球场、虚拟对阵、首发阵容等多个环节的 AR 特效应用，提升了世界杯直播的视觉表现张力。在虚拟技术支撑下，观众体验到了更直观、更沉浸、更有趣的赛事实况。

三　平台型体育传媒行业产业结构分析

（一）体育传媒产业链以赛事版权为核心变现渠道

体育传媒产业链可以按业务类别划分为核心层、外围层和相关产业层。核心层涉及产业链上游的赛事资源，外围层包括中游的体育传媒，而相关产业层则囊括下游的体育衍生产业。

（1）上游赛事资源：上游赛事资源作为稀缺资源，可以分为职业联赛、国际重大体育赛事和大众体育赛事等。这些资源对整个产业链的繁荣具有重要推动作用。在我国，国外头部赛事占主导地位，顶级赛事包括世界杯、英超、西甲、NBA 等。我国体育赛事活动占体育产业市场份额仅为 1.05%，超过 40% 的国内赛事公司俱乐部将国际赛事作为主营赛事[①]。相比之下国内还缺乏具有足够影响力和运营能力的优秀赛事，因此具备优质赛事培育、组织、运营能力的公司具有较大的市场发展空间。

（2）中游体育传媒：主要由传播媒体构成，也包括通过营销为传播扩展渠道的泛体育服务业，这是产业链的核心环节。体育传媒相关运营主体需要向上游赛事组织方购买赛事版权才能进行转播，并通过多元方式进行变现。

在我国体育传媒产业中，转播商的收入来源较为多样化，主要包括版权分授收入、广告收入、付费收入和衍生品销售收入。然而，近年来，优质赛事知识产权（IP）日益稀缺，导致赛事版权费用持续攀升。同时，上游市场垄断严重，世界级赛事 IP 的转播费用甚至高达数亿美元。这些因素都使中游传媒企业面临巨大的投资压力和变现挑战。

---

① 山西证券：《体育行业专题报告：健康需求助力体育产业发展，冬奥会带动冰雪体育方兴未艾》，东方财富网，2022 年 1 月 30 日，https：//data.eastmoney.com/report/zw_ industry.jshtml？encodeUrl=fB33jCMBVlS0DwI/IKejzkR7VTdhpmG0ZxJLUufc96Q=。

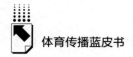

根据普华永道发布的《2021 年体育行业调查报告》①，73% 的受访者（业内人士）对当前版权持有者的大数据变现能力不满意，认为实际成果低于预期。但值得注意的是，近年来，许多媒体将大型体育赛事 IP 视为吸引客户的重要资源，不仅关注赛事转播和广告收益，还重视用户黏性带来的后续收益，以期实现多元变现，提升获利能力。

面对这些挑战，体育传媒企业可以采取一系列应对策略。首先，可以尝试分包模式，将赛事版权和广告收益分散到多个主体，以降低单一主体的资本开支。然而，这种做法可能导致广告收益的外流。其次，在下游市场，传媒企业需要不断培育用户的付费意愿，促使用户习惯于为优质内容付费。最后，体育传媒作为赛事转播的主要平台，可以通过深度运营和精准营销来培养泛用户群体。在放大赛事 IP 价值的同时，传媒企业应挖掘长尾价值和衍生价值，包括基于体育赛事生态的综合价值。赛事 IP 的获利能力将得到不断的挖掘和提升，从而助力传媒企业实现可持续发展。

（3）下游衍生产业：包括体育用品、体育彩票和健身培训等，为整个产业链提供多样化的增值服务。

体育赛事知识产权（IP）作为赛事资源与消费者之间的核心连接环节，在传媒产业中扮演至关重要的角色。权益所有方将赛事版权出售给版权代理公司，赛事运营方通过商业化运营获取广告赞助、投资以及赛事分红。此外，赛事运营还可以通过发展衍生产品市场，拉动体育用品、体育彩票、体育营销等行业发展。

当前传媒产业中的体育赛事 IP 呈现多元化趋势，包括篮球、足球、排球、网球、路跑、冰雪、拳击等众多项目。虽然这些项目涵盖了广泛的受众群体，但具有广泛影响力的顶级赛事 IP 资源仍然相当稀缺。按照类别划分，这些赛事可以分为周期性综合赛事（例如奥运会、亚运会、全运会、世界杯、欧洲杯等）、职业联赛（例如中超、CBA、NBA、NFL 等）和单独运作

---

① 普华永道：《2021 年普华永道体育行业调查报告》，搜狐网，2021 年 12 月 26 日，https：// www.sohu.com/a/511644435_ 505583。

的赛事（例如斯诺克、温布尔顿网球公开赛、上海 ATP 大师赛等）。近年来，这些体育赛事的版权价格呈持续上涨趋势。我国主要体育传媒平台版权赛事资源如表 5-2 所示。

表 5-2　中国主要体育传媒平台版权赛事资源

传媒平台	版权赛事资源
腾讯体育	NBA、欧冠、英超、德甲、意甲
新浪体育	欧冠、英超、德甲、意甲、西甲
PPTV	NFL、UFC、CBA、欧冠、西甲、荷甲、上海国际马拉松
咪咕视频	北京冬奥会、东京奥运会、卡塔尔世界杯、欧洲杯

资料来源：山西证券研究所。

从我国体育赛事的获利结构来看，赞助收入占据了市场的绝大部分份额，这种单一的收入来源在一定程度上限制了产业的发展。与国际市场相比，门票及衍生品收入和转播权转让收入在国内尚未占据较大的市场份额，这意味着国内体育赛事的获利模式尚有较大的改进空间。

受新冠疫情影响，许多重大体育赛事被暂时搁置或延期。近两年这些赛事逐渐恢复。例如，2021 年举办的美洲杯、欧洲杯、东京奥运会、全运会，以及 2022 年的北京冬奥会和卡塔尔世界杯等。这些赛事的恢复将有助于进一步推动体育产业的发展。

综上所述，传媒产业中的体育赛事 IP 类型多样，但顶级赛事 IP 资源相对稀缺。我国体育赛事的获利结构存在改进空间，未来可通过拓展门票收入、衍生品收入、转播权转让收入等多元化途径促进产业发展。此外，随着疫情影响力逐渐减弱，近两年重大体育赛事的逐步恢复也为产业发展带来了新的机遇。

（二）体育赛事消费稳步增长，成为拉动体育传媒经济增长的重要引擎

在体育传媒产业发展过程中，体育赛事消费持续增长已成为促进体育传

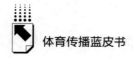

媒经济发展的关键驱动因素。

1. 冬奥会市场营销表现出色

根据《国际奥委会：2022年北京冬奥会市场营销报告》（"IOC Marketing Report Beijing 2022"），全球观众通过奥林匹克持权转播商的频道观看了总计7130亿分钟的奥运报道，较2018年平昌冬奥会同比增长18%。数字平台上的转播时长达到120670个小时。同时，北京冬奥会期间奥林匹克官网和手机应用平台独立用户数量达到6800万，是平昌冬奥会的两倍多，奥运会社交媒体互动量达到32亿[①]。中央广播电视总台作为北京冬奥会中国大陆地区授权转播商，将移动端赛事直播版权授权给中国移动咪咕，将视频回放和衍生创作权授权给腾讯、快手。

随着互联网逐渐成为用户获取奥运会信息的主要渠道，线上平台在此类盛事中获益颇丰。易观分析的数据显示，互联网领域的巨头在赛事中占据主导地位。腾讯凭借微信、QQ、腾讯视频、腾讯体育和腾讯新闻等多样化的内容生态优势，赢得了60%以上的用户。紧随其后的是字节跳动，旗下拥有抖音和今日头条等热门平台。值得注意的是，北京冬奥会的数字化推动使得拥有赛事转播权平台的用户流量迅速增长。

根据易观分析的统计数据，在北京冬奥会期间，咪咕视频的流量增长最为显著。赛前一周，咪咕视频的日活跃用户量（DAU）平均值为582万人。在冬奥会首周，其DAU平均值上升50%，达到875万人[②]，表明冬奥会对平台流量的推动作用显著。同样拥有冬奥会转播权的腾讯视频和快手，在除夕和初一、初二这样的日活高峰期，也在赛事开赛后首周实现流量稳步上升。这反映出北京冬奥会为线上平台带来了流量增长。

北京冬奥会受到全国观众的关注，并在传递体育精神的同时提升了运动

---

① 国际奥委会：《北京冬奥会市场营销报告》，央视网，2022年10月30日，https：//sports. cctv. com/2022/10/21/ARTIoz57Rx2fiqWDWQyxLTud221021. shtml。

② 国泰君安证券：《体育行业专题研究：政策加持技术迭代，向体育强国奋进》，新浪财经，2022年2月26日，http：//finance. sina. com. cn/stock/stockzmt/2022 - 02 - 26/doc - imcwiwss2990034. shtml。

员的个人价值。夺金运动员如谷爱凌、武大靖、苏翊鸣和任子威等受到了广泛关注，互联网多渠道宣传使他们的偶像效应得到显著提升。竞技体育价值最终体现在体育偶像的个人价值上，从而达到引导大众参与锻炼的目的。除此之外，大型赛事对周边产业的带动效应也不容忽视。体育衍生品和互联网平台在此类赛事中获得了显著收益。例如，北京冬奥会吉祥物冰墩墩"一墩难求"，具有转播权的在线平台用户流量在赛事举办期间实现了较快增长。

2. 中国：全球最大的足球市场之一

据统计，中国拥有2.89亿[①]球迷，既是拥有全球最多球迷的国家，亦是全球最重要的足球赛事营销市场之一。中国球迷主要通过央视体育、咪咕视频、PP体育、爱奇艺体育、懂球帝及直播吧等平台观看直播与集锦、参与赛后讨论。在用户画像方面，资深球迷主要呈现高学历、高收入、都市中年男性特征，而普通球迷则呈现向二、三线城市下沉，年轻，女性等特征。

在赛事行为方面，球迷在赛前主要从爱奇艺体育、腾讯体育、抖音体育、懂球帝等泛体育内容聚合平台获取相关信息。在赛中，球迷主要选择长视频平台、电视以及咪咕视频、爱奇艺体育、腾讯体育、PP体育等泛体育内容聚合平台进行观赛。在赛后，球迷会通过微博、微信等社交媒体平台进行讨论和分享赛事信息。

为了更好地挖掘市场潜力，建议各大平台提高内容质量，以满足不同类型球迷的需求。同时，与知名体育品牌和球队展开合作，举办线下活动，提升球迷的参与度。在用户画像方面，可以针对不同特征的用户推出定制化的营销策略，以提高用户黏性并吸引更多潜在用户。

总结来说，中国足球市场具备巨大的潜力。各大传媒平台可以在优化内容质量、拓展合作伙伴、举办线下活动及实施精细化营销等方面寻求发展，以进一步扩大市场规模并提高球迷满意度。

---

① Fastdata极数：《2022年中国足球球迷营销价值报告》，互联网数据资讯网，2022年8月30日，http://www.199it.com/archives/1485124.html。

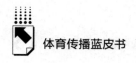
四 平台型体育传媒行业渠道分析

随着科技的发展和互联网的普及，平台型体育传媒行业正逐步成为主流。本文对以下几类平台型体育传媒渠道进行分析：长中短视频流媒体平台（如爱奇艺体育、优酷体育、腾讯体育、乐视体育、咪咕视频、PP 体育、央视频等）以及短视频+直播平台（如抖音、快手）。

（一）央视频：国家级平台背景，传统媒体与新媒体融合发展

央视频作为中央广播电视总台及旗下新媒体业务的直播平台，通过多维度专业观赛视角、竖屏直播体验、著名评论员解说以及 5G 直播技术，吸引了大量用户。根据央视市场研究（CVSC-TNS RESEARCH，CTR）股份有限公司媒体融合研究院发布的调研数据①，77.8%用户观看了 2022 年卡塔尔世界杯赛事直播，其中 81.9%用户通过中央广播电视总台及旗下新媒体获取世界杯相关信息。央视频赛事直点播观看人次达到 13.85 亿，竖屏直播观看人次达到 8916.3 万。在世界杯期间，央视频新注册用户增长了 118%，新用户一日留存率达到了 96.8%。精细化运营策略使用户黏性迅速增加，多维度专业观赛视角、竖屏直播体验、著名评论员解说以及 5G 直播的流畅体验成为用户青睐央视频的重要原因。央视频在社交媒体平台上的运营也取得了优异的成绩，抖音官方账号粉丝量突破 1600 万。

（二）咪咕视频：技术赋能内容体验，版权布局与价值挖掘策略

咪咕视频依托母公司中国移动在 5G、超高清、大数据和虚拟现实等技术领域的核心优势，致力于运用先进技术为用户带来沉浸式的体育赛事观赏体验。作为全球领先的通信及信息服务企业——中国移动旗下面向数字移动

---

① CTR 媒体融合研究院：《2022 央视频卡塔尔世界杯传播效果评估报告》，搜狐网，2022 年 12 月 12 日，https：//sports. sohu. com/a/619543092_ 121124379。

互联网领域的子公司，咪咕视频在通信技术、超高清技术等领域拥有优势积累。咪咕视频专注于体育产业，将先进技术融入体育赛事直播，深度开发优质赛事资源，为用户带来更流畅细腻、沉浸式的观赛体验。

在赛事版权方面，咪咕视频已成功覆盖 2018 年俄罗斯世界杯、2022 年卡塔尔世界杯、2024 年德国欧洲杯、五大联赛等顶级足球赛事 IP，以及篮球、排球、冰雪运动、斯诺克等赛事 IP。平台会聚了专业性和娱乐性兼备的解说团队，实现体育内容布局最大化，满足用户多样化观赛需求。咪咕视频在赛事 IP 衍生内容制作方面展现出较强能力，涵盖多种节目类型，并拥有咪咕视频站内和中国移动系海量流量资源。流量优势覆盖线上 App 矩阵、线下移动门店资源，以及 OTT+IPTV 大屏资源。依托中国移动 5G 技术，咪咕视频为用户提供 4K/8K、VR 全景、自由视角等全场景沉浸式体验服务，并率先布局元宇宙，积极开展数字 IP 形象、虚拟直播间等创新业务。

（三）抖音体育：购买短视频版权，专业运动员入驻构建内容矩阵生态

1. 抖音体育渠道概述与发展策略

抖音体育在传媒产业中不断壮大，通过投资购买短视频版权、吸引专业运动员入驻，成功构建了一个完整的内容矩阵生态谱系，从而提升用户互动体验。截至 2022 年，抖音日活跃用户超过 7 亿，与 2021 年同期相比，2022 年 1~2 月体育短视频增长 49%、体育中长视频增长 112%、体育直播间增长 52%，体育直播成为疫情期间的新常态[①]。

2. 抖音体育内容战略分析

抖音体育一方面通过购买中超、卡塔尔世界杯等 IP 赛事短视频版权吸引流量，持续提升核心资源的覆盖率；另一方面，通过吸引球星、足球俱乐部、赛事机构及媒体人入驻，拉近公众人物与粉丝距离，进一步撬动球迷流

---

① 抖音体育 & 巨量算数：《6 亿人的体育生活：2021 抖音体育生态白皮书》，巨量算数官网，2022 年 6 月 30 日，https：//trendinsight.oceanengine.com/arithmetic-report/detail/729。

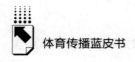

量。以 7 亿用户为基础，抖音平台实现了以体育运动员、教练员、体育俱乐部和赛事机构为主要内容提供者的头部体育内容资源覆盖，同时广泛吸纳体育达人 KOL、体育媒体、自媒体等参与者，持续输出内容，形成了具有全网影响力的内容衍生生态圈。

3. 抖音体育用户特征与市场拓展策略

抖音体育用户对世界级体育赛事保持较高关注，会通过在平台内容体系主动搜索来获取相关体育知识。短视频社交平台凭借完善的内容生产体系，实现一站式观赛、互动、社交，利用短视频短、平、快的特点大力促进体育 UGC 内容传播，提高小众赛事运动的知名度和普及率，进一步深耕传统体育电视难以触及的蓝海市场。这一战略将使抖音体育在传媒产业中占据更有利的位置，拓展更广阔的市场空间。

（四）腾讯体育：全生态链战略布局，服务泛体育人群

1. 整合赛事版权与社交平台，构建完善的生态闭环

腾讯体育凭借腾讯全面生态链的闭环体系，为用户提供顶级赛事版权资源和兴趣社区的社交平台。通过在文娱产业的广泛布局和完善的泛娱乐产品矩阵，腾讯体育为用户呈现娱乐性赛事热点内容及相关衍生产品。腾讯体育通过采取多层次的用户运营策略，触及更广泛的用户群体，从而拓展赛事 IP 影响范围，进一步实现商业价值转化。

2. 深度挖掘顶级赛事 IP 资源，实现商业化变现

腾讯体育深度挖掘顶级赛事 IP 资源，如美国国家篮球协会（NBA）、2022 年北京冬季奥林匹克运动会、中国足球协会超级联赛（中超）、美国职业棒球大联盟（MLB）和世界一级方程式锦标赛（F1）等 IP 资源。为实现赛事 IP 商业化变现，腾讯体育采取多元化的路径，包括多级内容付费、衍生 IP 开发及提供周边服务、开发电商平台等。

3. 多层次用户运营策略助力拓展赛事 IP 价值

腾讯体育通过多级内容付费策略，提供不同层次的观赏体验，满足不同用户的需求。衍生 IP 开发则通过赛事周边衍生产品、主题活动、游戏等形

式，创造更多商业机会。周边服务包括赛事直播、赛事资讯、在线训练等，提升用户体验。电商平台则整合线上线下资源，实现赛事周边商品的销售，进一步拓展赛事 IP 的商业价值。

（五）爱奇艺体育：泛娱乐化内容优势与赛事 IP 结合，构建多元化营销触点

爱奇艺体育以 2022 年世界杯亚洲区预选赛、2022 年世界杯欧洲区预选赛、2021—2022 赛季欧冠、2021—2022 至 2024—2025 赛季英超、2022—2023 赛季意甲等顶级赛事 IP 为核心，将头部体育内容与品牌营销进行整合，助力品牌与体育内容整合营销；同时针对不同用户群体的内容消费需求，爱奇艺体育依托自身固有的内容创作能力，提供丰富的泛娱乐化赛事衍生体育内容，在扩大用户群体的同时为品牌方打造多元化营销触点。

以上平台型体育传媒运营模式对比见表 5-3 所示。

表 5-3　平台型体育传媒运营模式对比

	赛事版权	内容运营	渠道运营	技术运营	SWOT 分析
央视频	依托总台赛事资源，拥有欧洲杯、美洲杯、世界杯、奥运会、NHL、英超、德甲、意甲、法甲、欧冠等赛事资源	依托"赛事+衍生节目+技术"的优势，通过全方位、多层次的赛事内容运营，实现差异化突围	背靠总台顶级赛事资源，充分利用丰富的融媒体资源与矩阵，生产精细化、多元化的融媒体产品	低延时，超高清画质，大量现场采访和直播，内容制作精良	优势：既有电视台的直播优势，又有互联网平台的优点，劣势：优秀解说流失严重
咪咕视频	版权覆盖较为全面，集齐欧洲五大联赛、欧冠、NBA、CBA、英超、西甲、意甲、德甲、法甲、UFC、WTT 等顶尖体育赛事	拥有专业且具有娱乐性的解说团队，在衍生内容制作方面具备较强能力，覆盖多种节目类型	拥有咪咕视频站内和中国移动系海量资源优势，覆盖线上 App 矩阵、线下移动门店资源，以及 OTT+IPTV 大屏资源	依托中国移动 5G 技术，在 4K/8K、VR、自由视角等全场景沉浸式体验方面较为领先；率先布局元宇宙，在数字 IP 形象、虚拟直播间方面率先发力	优势：拥有中国移动的技术与渠道优势，实现内容科技融合创新；体育内容全面；解说阵容专业。劣势：画面清晰度不足，会员费较贵

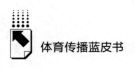
续表

	赛事版权	内容运营	渠道运营	技术运营	SWOT 分析
腾讯体育	NBA 是最核心的版权赛事,篮球是主营业务。2022 年腾讯体育将 NBA 未来五年版权移交腾讯视频;是 2021～2023 年三个赛季"中超联赛官方新媒体合作伙伴"	整合微信、QQ、腾讯视频、腾讯体育和腾讯新闻等多样化的内容生态	作为中国领先的互联网企业,腾讯拥有强大的产品矩阵,如腾讯新闻、腾讯视频、微信、QQ 等分销平台,能够保证信息传播的广泛性和多样性	转播画质清晰,清晰度和码率较高	优势:腾讯生态流量、内容孵化产业链优势;转播水平较高;主持人、解说嘉宾阵容庞大。劣势:足球业务缩水严重,超级体育会员成色不足;植入广告较多
爱奇艺体育	在赛事版权方面有一定投入,拥有欧冠、英超、意甲、女子欧洲杯、世界杯预选赛等赛事版权	具备较强的内容运营能力,并拥有一定的解说资源,在体娱跨界内容方面有制作出品优势	爱奇艺体育与爱奇艺 App 双向联动;拥有庞大的泛娱乐用户资源,且用户群体具有较成熟的付费习惯	基于 AI 的多样化内容智能分发、智能标注、智能播放、智能交互等	优势:足球解说团队优秀;画质清晰。劣势:其他赛事无法形成规模,经常有卡顿现象,会员费性价比低
抖音体育	起步较晚,在赛事版权方面相对薄弱。拥有中超、卡塔尔世界杯等少量 IP	深度绑定运动员俱乐部 IP,通过直播、短视频及热点话题等方式充分发挥运动员及俱乐部 IP 价值	具备海量用户基数,可与字节系多个 App 联动,实现赛事 IP 及个人 IP 价值的最大化	强大的算法能力和 AI 技术实现内容精准分发和智能营销	优点:视频清晰度高;在短视频直播转播方面较为领先;互动性强。缺点:专业解说员较缺乏

资料来源:笔者自制。

五 平台型体育传媒行业竞争策略分析

(一)体育内容消费转型:从免费到付费

随着中国体育内容消费从免费向付费的转变,体育传媒行业市场呈现巨大的增长潜力。从央视体育频道免费让受众观看精品赛事到各大平台尝试付费观看，付费观看已取得一定进展。中国有近 3 亿足球爱好者及数千万核心球迷，体育内容付费市场仍具有巨大潜力。付费观看策略结合触点营销、视频用户付费与广告营销、社交电商及衍生品开发等多种方式，为体育传媒行业带来更多获利空间。

（二）体育娱乐融合：全民体育偶像时代

全球最大的体育娱乐集团 Endeavor Group Holdings 与北京冬奥会新秀谷爱凌等人签约，助力她们成为体育品牌代言人，并进一步向她们提供 LV、Tiffany 等世界顶尖品牌资源。此举实现了从体育到娱乐、时尚的全产业覆盖，在挖掘个人商业价值的同时，提供从赛事传播到 IP 商业化的一站式服务。

相较于娱乐明星，体育明星具有积极、健康的形象，且训练生活严谨，产生负面新闻的风险较小。品牌与体育精神结合，将为品牌带来长效价值。顶级体育明星往往拥有大量粉丝，能激活粉丝经济。围绕明星资源及品牌内容，打造明星与粉丝、体育迷的共情空间，为品牌场景化营销提供天然场景。

（三）多元化体育消费结构与营销模式

近年来中国体育产业持续发展，预计 2025 年有望达到 5 万亿元市场规模，在国民经济中占据重要位置。从结构上来看，中国体育产业也已经从传统体育以制造用品业为主的模式，逐渐向体育制造、体育服务、体育消费多元结构的产业模式转变。民众对于骑行、水上运动、冰雪运动、攀岩、垂钓、马拉松、马术等新型户外体育项目的需求不断上升。过去体育制造用品业一直是我国体育产业中的最大类别，是体育产业的主要支撑。随着全民健身意识增强和体育消费不断增长，包括体育赛事运营、场馆运营、体育培训等类别的体育服务业发展势头良好，超过体育制造用品业成为体育产业中占比最高的细分领域。

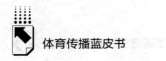
（四）Z 世代用户需求与多元、互动、创新营销模式

新媒体生态不断吸引新的年轻受众，并围绕年轻用户兴趣点拓展内容，以提升品牌活力。在新媒体生态下，用户触点多元，平台特点各异，营销传播策略具有创新性。用户的内容共创与再创造成为新媒体生态的重要组成部分，有助于品牌与赛事 IP 形成更大的生态合力。根据艾瑞咨询的调查数据，智能健身应用场景限制性降低，吸引了更多年轻用户参与锻炼。传统线下健身男性用户占比达 73%，而智能健身 App 女性用户占比达 40%。同时，智能健身 App 吸引了更多 30 岁以下的年轻用户参与运动①。智能健身突破场景限制，使家庭成为锻炼场所，且多数应用提供科学合理的健身规划，方便运动新手参与。

（五）短视频平台崛起，引领体育内容消费新风向

1. 移动互联网崛起与阅读的碎片化

随着移动互联网的普及和用户阅读的碎片化，短视频平台在体育传媒行业崛起，引领体育内容消费新风向。短视频内容以其"短平快"的特点迅速走红，满足了不同人群对于体育内容的多样化需求。近年来，移动互联网的普及率持续上升，截至 2022 年 12 月，我国手机网民规模达 10.65 亿人，网民使用手机上网的比例为 99.8%②。伴随着移动互联网的兴起，用户阅读日益碎片化，尤其是年轻一代观看比赛的习惯也在发生改变。

2. 短视频平台成为新的体育内容消费场景

截至 2022 年 12 月，我国短视频用户规模首次突破 10 亿，用户使用率高达 94.8%。QuestMobile 的数据显示，短视频的使用时长在 2021 年超越即时通信，成为占据人们网络时间最长的移动应用。疫情期间，线下娱乐遭受重创，短视频平台借此契机，为宅在家的人群提供更多的娱乐场景。短视频

① 艾瑞咨询：《2021 年中国智能运动健身行业研究报告》，艾瑞网，2021 年 10 月 30 日，https：//report. iresearch. cn/report/202110/3857. shtml。

② 中国互联网络信息中心：《第 51 次〈中国互联网络发展状况统计报告〉》，中国互联网络信息中心官网，2023 年 3 月 3 日，https：//www. cnnic. cn/n4/2023/0303/c88-10757. html。

内容更加符合人们在碎片化时间观看的体育内容需求，如腾讯以 5 亿美元的价格获得 NBA 版权，为期五年。昂贵的体育赛事版权使许多平台望而却步，但体育赛事版权"拆分"而出的体育短视频版权因其成本更低，受到众多平台的追捧。

3. 短视频内容多样化满足各类人群需求

短视频平台提供了丰富的体育内容，如赛事集锦、赛事前瞻、赛事复盘和球员花絮等。这些短而精彩的内容能够满足各类人士的不同需求，有效吸引观众关注，提高用户黏性。未来，传统体育传媒平台可以积极开拓短视频领域，提高用户体验，满足碎片化时间需求。短视频平台可以加强与体育赛事版权方的合作，获取更多优质体育赛事资源，从而提升平台竞争力。

六　中国平台型体育传媒行业市场前瞻

（一）基于互联网"沉浸传播"技术，挖掘全民健身市场潜力

在政策持续支持与先进网络技术不断发展的推动下，体育产业有望迎来市场红利与高速增长。可以从以下几个方面展望中国平台型体育传媒行业的发展趋势。

1. 高质量、多样化、个性化体育内容需求增长

随着中国体育消费市场的持续扩大及消费者品位的提升，公众对高质量、多样化、个性化体育内容的需求日益旺盛。

2. 用户体验与服务的优化

在互联网技术与数字化媒体不断升级的环境下，平台型体育传媒更应该注重提升用户体验和服务。通过智能化、个性化的推荐算法与互动功能，平台型体育传媒为用户提供更精准、更符合需求的体育内容与服务。研究表明，智能推荐系统的引入可以提高至少 15 个百分点用户活跃度。

3. 新技术驱动的创新与创意

5G、虚拟现实（VR）、增强现实（AR）等新兴技术的应用，为平台型

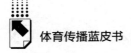
体育传媒带来更多创新与创意的可能性。这些技术手段可以提高用户的参与和互动意愿，例如，VR 技术使观众身临其境地观看体育赛事，提高观赛体验。Technavio 报告预测至 2025 年全球 VR/AR 市场规模增长 1627.1 亿美元，增速可观。

综上所述，平台型体育传媒行业在未来将继续关注市场需求变化，持续优化用户体验与服务，并通过创新与创意引领行业发展，以实现全民健身市场的拓展。

（二）构建"体育+"多元产业价值链，满足用户多元消费需求

随着我国体育产业的快速发展，体育传媒平台需要积极拓展多元产业价值链，以满足不断变化的用户消费需求。在 IP 赛事运营、衍生品开发、体育户外休闲等领域，部分具备布局优势的平台型体育传媒企业正逐步实现上下游产业链的融合发展。通过提供更多的产品与服务，这些企业有望加速提升自身的获利潜能。

根据市场调查，我国体育产业消费需求正逐渐从传统的体育服装、体育器材等实物性消费转向赛事门票、健身培训等服务型消费。体育与旅游的结合已成为体育消费的重要内容。体育相关子行业受疫情影响程度如下：体育赛事举办>体育场馆运营>综合体育服务>体育器材销售>体育服饰销售>体育运动培训。

北京冬奥会成为冰雪体育产业崛起的重要催化剂，在北京冬奥会的拉动下，相关的赛事营销、周边衍生品销售等逐步展开，产业链相关公司有望进入业绩兑现期。因此，建议平台型体育传媒持续关注体育产业带来的投资机会。

（三）着力挖掘青少年体育内容消费市场

中国 Z 世代逐步成为主要消费群体，他们对体育的高度关注和消费意愿预示着体育产业的巨大增长空间。政府对基础教育改革的支持，以及体育与美育政策的推动，为体育教育培训市场注入活力。青少年体育内容消费市

场潜力巨大，平台型体育传媒应深入挖掘这一市场。

1. 中国 Z 世代的体育消费需求

根据阿里研究院发布的《2021 中国到店消费新趋势洞察报告》，中国 Z 世代人口规模达 2.8 亿人，占总人口的 18.1%。这一群体普遍接受过良好教育，对体育有着较高的付费意愿。《中国网民健身报告》显示，在 2020 年中国每月健身消费超过 2000 元的人群中，25 岁及以下占比最高，达到 12.60%；次之为 26~30 岁，占比为 11.60%，高于 31 岁及以上的占比。运动健身消费是 Z 世代线下娱乐消费的重要组成部分，仅次于旅游观光消费。

2. 政策支持与市场潜力

近年来，中国政府逐步加大对基础教育改革的支持力度，在"大健康"产业背景下，出台了一系列推动体育产业发展的政策。例如新实施的"体育提分、美育进中考"政策，使得中考体育分数占比逐年攀升，这为体育教育培训市场注入活力。结合"教育双减"政策，预计未来课外体育活动的占比将继续上升。

3. 平台型体育传媒的发展机遇

在这样的市场背景下，青少年体育内容消费市场潜力巨大。平台型体育传媒应深入挖掘青少年体育消费需求，为他们提供丰富的体育内容、活动和服务，以满足不断增长的市场需求。此外，传媒企业还可以与政府、学校、社区等各方合作，共同推动体育传媒产业高质量发展。

展望未来，中国体育传媒产业有望保持高速增长。随着全球疫情逐步好转，社会经济生活逐步恢复，以及政策的持续支持，中国体育行业的整体增长保持稳定。从 2023 年亚运会，2023 年亚洲杯足球赛，2023 年日本、印度尼西亚、菲律宾三国联办的篮球世界杯等重大体育赛事来看，体育界和体育营销的重心将继续向亚洲地区转移。

综合以上分析，中国平台型体育传媒的运营和发展前景十分广阔。随着中国体育消费市场的持续升级和数字化媒体技术的不断发展，平台型体育传媒有望成为一个具有影响力的体育内容生态和服务平台，能够为广大用户提供更加高质量、多样化、个性化的体育内容和服务。

理论透视篇

Insight into Sport Communication Research

B.6
后北京冬奥会时代的体育传播范式转型：
从竞技体育到全民参与

张志安　唐嘉仪*

摘　要： 北京冬奥会、冬残奥会的传播经验为研究人员与相关决策者增进
对体育赛事传播模态和范式的理解提供了重要启示。2022 年北
京冬奥会、冬残奥会举办期间，体育赛事的传播呈现从"竞技
体育"到"全民参与"的范式转型趋势。本文以北京冬奥会为
案例，从传播载体、传播形态、传播技术、传播重心、传播主体
和传播意涵等方面对后北京冬奥会时代体育传播范式的转型进行
分析，总结归纳北京冬奥会对未来体育赛事传播发展的创新经验
和发展启示。

* 张志安，复旦大学新闻学院教授，复旦大学全球传播全媒体研究院学术委员会主任，复旦大
学传播与国家治理研究中心主任；曾任中山大学传播与设计学院院长、教授、博士生导师；
教育部青年长江学者、教育部首批"网络教育名师"计划入选者，长期研究数字新闻业、大
数据与网络舆论、互联网平台社会与公共沟通等，发表中英文论文 200 多篇、主编出版《中
国新闻业年度观察报告》《互联网与国家治理蓝皮书》等 20 多本著作。唐嘉仪，博士，中山
大学粤港澳发展研究院（港澳珠江三角洲研究中心）副研究员。

关键词： 北京冬奥会　体育传播　科技冬奥　传播创新

一　背景概述

作为全球首个"双奥之城"，北京奏响了 2022 年北京冬奥会"一起向未来"的华彩乐章，向世界展示了新时代中国的崭新面貌。北京冬奥会向世界奉献了一场精彩绝伦的媒体盛宴，无论是报道技术和内容呈现，还是收视热度和传播范围，2022 年北京冬奥会毫无疑问是获得全球关注的赛事盛会。北京冬奥会、冬残奥会的宣传和报道谱写了中国体育赛事传播的新篇章。北京冬奥会、冬残奥会的传播经验为我们增进对体育赛事传播模态和范式的理解提供了重要的启示。本文以北京冬奥会为案例，分别从传播载体、传播形态、传播技术、传播重心、传播主体和传播意涵等方面对后北京冬奥会时代体育传播范式的转型进行梳理分析，探讨今后体育赛事传播的创新经验和发展路径，助力提升中国体育赛事传播的效能。

二　后北京冬奥会时代的体育传播范式转型

（一）传播载体：从传统媒体到互联网平台

随着移动互联网技术的迭代发展与各种各样移动互联网终端的流行普及，公众越来越习惯于通过移动互联网平台观看体育赛事，在社交平台积极分享个人的观赛感受，与网友进行实时讨论。有学者认为，体育传播从过去较为单一的渠道不断向更为多元的平台拓展，不断推进多元体育价值观碰撞和融合[①]。北京冬奥会期间，各类网络平台媒体已经成为公众观看冬奥赛事的主要渠道。以咪咕视频、央视频、央视网、IPTV 本地播放器（宽带网络

---

① 郑珊珊：《北京冬奥：讲好中国体育故事》，《人民论坛》2021 年第 33 期，第 83~85 页。

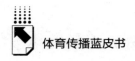

电视）为代表，不同类型的互联网平台为体育赛事的转（直）播、宣传和推广提供了更加丰富和多元的渠道，进一步凸显了体育赛事传播的社会性。

传播渠道多样化为体育赛事传播生态引入了新的竞争与合作。北京冬奥会期间，数字媒体的参与数量达到了历届冬奥会之最，基于数字媒介技术赋能的全媒体赛事传播促进了公众的广泛参与，不同地区的用户可以更便捷、更自主地选择不同类型的数字网络平台来观看冬奥赛事。赛事举办期间，央视频流媒体服务和移动应用程序为用户提供了超过 1400 个小时的赛事直播与点播内容。媒体融合为公众带来更多选择，各类平台为观众提供了按照比赛日顺序或者比赛项目分类来排列赛事直播选项，公众可以按照自己的观看需求和兴趣迅速、便捷地选择想要观看的比赛。同时，平台也会对例如"中国队参赛""金牌争夺战""本日必看"等项目进行特别标注，方便观众快速识别焦点赛事。在个别平台上，直播界面还显示了包括比赛进度、比赛数据、运动员分析等赛事相关的数据，对平台用户而言，相关数据可以帮助他们更好地了解比赛状况，提升观赛体验。

此外，依托各类网络平台，围绕体育赛事推出的宣传产品也得以扩大传播规模。例如，自 2022 年 1 月 30 日起，由北体传媒联合新华社音视频部制作出品的纪录片《冬奥之约》在新华社、中国教育电视台、网易、腾讯、今日头条、百度及 YouTube、Facebook、TikTok、Twitter 等平台播出，广受好评。纪录片首集《梦的追逐》上线后即在全网引发热议，凭借稀缺的题材和高水平的制作内容，《冬奥之约》系列全片先后被 1600 多家媒体采用，全网总浏览量达 5.5 亿，评论量超 4.5 万，微博话题量高达 2.8 亿。而在苏翊鸣、谷爱凌分别夺金摘银当天，纪录片内容之《冬奥之约之苏翊鸣》和《冬奥之约之谷爱凌》在 YouTube、Facebook、TikTok、Twitter、China Daily、新华社国际平台上线，苏翊鸣的单条视频播放量突破 300 万，在冬奥会期间总计获得近 1000 万播放量。

（二）传播形态：从图文报道到短视频、直播

以短视频报道、宣传和网络直播为代表的视听呈现方式，成为 2022 年

北京冬奥会、冬残奥会的重要传播形态，相比于传统的体育赛事图文报道，短视频、直播带来了更加风格多元和创意呈现的体育传播内容，在传播形态上具备更多可能性，全面提升了观众在观赛过程中的体验，同时促进了观众和体育赛事传播内容之间的互动。有学者指出，经过二次制作，短视频在形式和内涵两个层面实现了对体育赛事传播框架的重构：在形式层面，短视频选取"精彩片段"进行剪辑和拼接，并配以动感性较强的背景音乐，使得原有的线性赛事传播框架被碎片化和瞬时性的影像片段所取代；在内涵层面，短视频内容对受众的感官刺激始终处于较强的频度，并达到了一种"开屏雷击"的效果①。可以说，大型赛事传播已经全面进入短视频时代。

一方面，各大主流媒体在北京冬奥会、冬残奥会期间大力推广以短视频为呈现形式的赛事内容，丰富、生动、多元的题材吸引了观众对体育活动的关注。例如：新华网制作了《我们的奥运：跟着这本立体书一起向未来》短视频产品，用中国传统绘画呈现冬奥之美，将古画中人与自然交融的意趣同冬奥主题结合起来，用户在观看视频的同时可以感受到冬奥比赛项目的运动之美和中国传统文化的浪漫之雅，以非常立体的方式讲述了中国和冬奥的不解之缘；河北日报报业集团打造的微视频作品《当皮影遇到冬奥会》也燃爆"出圈"，备受好评，该视频将唐山皮影元素与冬奥盛会相结合，以现代的方式讲述传统的故事，配上酷炫的画面和颇具动感的背景音乐，以大胆新潮的表现方式吸引了公众对冬奥运动的关注；澎湃新闻也推出了《数说冬奥》系列短视频报道作品，题材十分广泛，其中《冬奥会运动员的科技战袍你了解吗？》《短道速滑为何意外频发？》《成为谷爱凌到底有多难？》等成为冬奥会期间在网络上广受喜爱的短视频。

另一方面，各大网络媒体平台在北京冬奥会期间推出了各类吸引公众参与内容生产的短视频传播活动，提高了体育传播内容的吸引力和趣味性。例如：作为冬奥会官方转播商之一，快手在北京冬奥会、冬残奥会期间推出了

---

① 王学成、杨浩晨：《范式革新与路径建构：媒介事件视域下的短视频体育赛事传播》，《中国出版》2022 年第 11 期，第 20~25 页。

"24小时不间断"的赛事点播服务，并制作了运动员短视频合集、奥运冠军现场花絮、赛事混剪等短视频产品，相比于传统的图文直播，短视频"短平快"的传播优势在体育赛事传播活动中得以彰显，用户也可以根据自己的实际需求选择从不同维度了解冬奥会、冬残奥会的相关资讯和内容。运动员也通过快手"直播+短视频"，分享他们在冬奥会赛场内外的故事与见闻，用户可以与运动员"连麦互动"，从而进一步走进冬奥、走近冬奥运动员。中国移动推出了多个短视频互动传播专题活动，例如"视频彩铃红包雨，助力3亿人上冰雪"活动，北京冬奥会期间，用户只要在打电话时，在拨号等待期间看到指定冰雪主题短视频，按下"8""#"互动，就可以参与抢红包；基于"快剪快发"技术，中国移动视频彩铃平台也实时剪接、发布各类冬奥会上的精华视频，大大提升了体育赛事传播的时效性，让冬奥赛事以更生动的方式呈现在用户面前。

（三）传播技术：体育赛事传播进入全面媒体融合的新时代

在2022年北京冬奥会、冬残奥会举办期间，数字智能媒介技术的引入和应用全面提升了体育赛事在"智能传播"方面的水平，正式拉开了体育赛事传播媒体融合时代的序幕。伴随着移动终端的普及和数字技术的发展，"智慧奥运"成为北京冬奥会赛事传播的关键力量，"科技冬奥""智慧冬奥"成为2022年北京冬奥会、冬残奥会的一个重要传播标签。在众多前沿传播技术中，以5G技术和人工智能技术为代表的数字传播技术，将成为后北京冬奥会时代体育赛事传播范式转型的主要技术驱动力量。

在5G技术的应用方面，相较于2018年平昌冬奥会与2020东京夏奥会，2022年北京冬奥会第一次实现了5G技术大规模商用，为赛事宣传和报道提供了极大的技术助力，全面升级了用户的冬奥观赛体验。作为首个实现5G网络全覆盖的冬奥会，北京冬奥会依托4K/8K、云计算、物联网、区块链、IPv6+等技术为"参赛、观赛、办赛"提供了新的标杆和样板。例如：在赛事直播方面，北京冬奥会在奥运史上首次使用8K视频技术直播开幕式，首次实现全球规模化8K超高清直播冬奥会赛事内容，赛事转播基础设施质量有了质的飞跃，特写镜头中运动员的汗滴、发丝清晰可见，提升了用户观赛体验，给予了用户更加逼真的沉浸感和现场感；在体育新闻生产方面，5G技术的应用全面改造了体育赛事报道和传播的流程，边采访边直播边推流的"5G+云直（转）播背包"成为北京冬奥会、冬残奥会的新闻生产常态，记者和摄像师在技术的帮助下摆脱有线的束缚，实时化、移动化、便捷化的体育赛事直（转）播大幅度提高了赛事传播的效率。

在人工智能技术的应用方面，无人机、人工智能机器人、VR、AR 等新兴技术的运用，为北京冬奥会、冬残奥会的赛事留下了更多经典的瞬间，运动员们在赛场上的每一个精彩瞬间都被更真实地记录下来，延展了体育赛事传播的广度和宽度。各种各样的"虚拟数字人"形象亮相北京冬奥会，为赛事内容呈现与效果提升创造了新的场景和机遇，包括谷爱凌的"数字分身"Meet GU、冬奥气象主播"冯小殊"、AI 手语主播、淘宝带货主播"冬冬"等虚拟数字人，为虚拟人在体育赛事报道和宣传的产业应用进行了一次集中的展示和探索。冰雪项目 VR 交互式和沉浸式转播与观赛技术也是科技冬奥的一大亮点，应用 8K、VR 和自由视角技术创新冰雪运动的赛事转播，为观众提供了更加个性化的"沉浸式"观赛体验。可以预见的是，"虚拟人"数字技术将在今后的大型体育赛事传播中不断拓展应用场景，大型国际赛事的转播、报道和宣传将继续探索人工智能技术的应用实践与传播机制，在人工智能技术的加持下，动画合成模拟、增强现实（AR）制作、语音识别、机器翻译、人工智能时间切片等技术的实践应用将为观众理解和欣赏体育赛事提供全新升级的体验，人工智能技术使体育赛事传播具有更大的灵活性、生动性和可扩展性。

（四）传播重心：从体育赛事报道到全民健康运动

北京冬奥会掀起了全民运动的热潮，北京冬奥会的体育赛事传播重心已经从比赛本身的竞技转向对全民健身、全民健康、全民运动的故事性塑造。在北京冬奥会、冬残奥会期间，人们可以看到各类以"人"为落脚点的体育叙事传播很好地引发了广大公众对体育运动、体育赛事以及运动员故事的

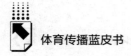
共鸣，间接促进了公众的运动参与。体育赛事传播的重心正从精英竞技体育向全民健康运动转移。

北京冬奥会期间，快手上线了一个名为《二十》的短片，该短片一改以往大赛纪录片关注赛场、明星运动员的惯例，转而将视角投向普通人，如滑雪教练、冰球少年、雪场民宿老板、冬奥志愿者、冰场保安等，讲述平凡人的冰雪运动故事，应和了冬奥会的热烈氛围，点燃了大众对冰雪运动的热情。该短片上线后获《人民日报》点赞，《人民日报》在相关视频下评论"今天已有越来越多的文艺作品将镜头从赛场转到场外，从运动员转向普通人，也有越来越多作品借助新媒体传播渠道更好地传递奥运精神，引发共情共鸣"。

冰雪运动并非我国传统领域的优势项目，北京冬奥会、冬残奥会期间，各大主流媒体、自媒体规避"金牌至上"的赛事报道理念，聚焦运动员们励志感人、奋勇争先的冰雪故事，譬如：八届元老逆流而上的热情与勇气，即使排位不佳依然"笑着滑过终点线"；对手夺冠，第一时间相拥祝贺，喜极而泣；夫妇携手，驰骋赛场；"00后"小将初露锋芒、风采非凡；等等。"讲好体育故事""讲好运动员的故事""讲好我和冬奥会之间的故事"，成为北京冬奥会、冬残奥会宣传报道的亮点和特色。以"运动参与"取代"比赛结果"，促进了赛场外更多普通公众参与冰雪运动，助力实现"3亿人上冰雪"，北京冬奥会和冬残奥会已经成为鼓舞并启发年轻一代和残障人士积极投身于冰雪运动的重要契机。

（五）传播主体：从专业生产（PGC）到大众参与（UGC）

以选手、记者、普通网友为创作主力的用户生成内容（UGC）对提升北京冬奥会、冬残奥会的关注度和传播热度起到了关键的作用，尤其是以Z世代为代表的新媒体用户，对奥运宣传和体育赛事的传播做出了极大的贡献。Z世代一出生就与网络信息时代无缝对接，受数字信息技术、即时通信设备、智能手机产品等影响比较大，当下，Z世代不仅是抖音、哔哩哔哩等网络媒体平台的主要用户，也是体育赛事传播的重要内容（再）生产与传播主体，未来UGC将成为驱动体育赛事传播的重要力量。从传播效果来看，

UGC 和主流媒体 PGC 的叙事角度通常有所不同，风格也有一定的差异。吸纳大众参与的 PGC 赋予了观众更多"参与"到体育赛事活动的体验感和联系感，使具有专业性质和门槛的体育赛事也能取得大众化、广泛化、普及化的传播效果。以北京冬奥会、冬残奥会为例，我们已经可以看到 UGC 在推动体育赛事传播方面的显著效果。

为激发用户兴趣和提高 UGC 活力，一些媒体主动为用户开辟生产平台，邀请用户共同生产内容①。例如：冀云 App 和长城网 PC 端同时上线北京冬奥会的专题频道"相约冬奥"，该频道包含"冬奥随手拍""冬奥我知道"等多个板块。除了在 App 客户端和 PC 端搭建 UGC 内容生产通道外，个别媒体还通过在微博平台设置与冬奥相关的话题和讨论内容，吸引微博用户以参与话题的方式主动分享内容和看法，并通过用户的积极参与扩大话题的讨论范围和提高声量，实现更大范围的传播。除了微博外，在短视频平台上，部分媒体也借助冬奥会的主题设置短视频互动的话题，通过创造一些与普通观众和短视频用户生活息息相关的话题，吸引用户主动拍摄与话题相关的短视频，并发布在网络上，呼吁更多人利用短视频记录和分享自己对冬奥会的支持和喜爱，让每一个短视频用户都可以讲述自己的"冬奥故事"。例如：央视频在社交板块"央友圈"发布了"我为冬奥加把油"短视频征集活动以及"我爱评冬奥·解锁专属明信片"等多个与冬奥相关的主题话题，"央友圈"通过接地气的话题和与用户广泛互动，提高冬奥宣传声量，激发用户参与的热情，也在用户参与内容创作、生产和传播的过程中促成了冬奥内容的二次甚至多次传播。

此外，游戏和产品互动也是体育赛事传播过程中吸引用户参与内容生产的重要方式。例如：人民网在北京冬奥会开幕前后推出了众多的互动产品，用户点击进入界面后即可获得模拟赛事体验，以虚拟的方式体验冬奥会比赛过程中出现的各种情境，使用户得到更强烈的沉浸感和仿真感。多种创意互

---

① 王佳航、董文宇：《智能、沉浸、深融：冬奥报道智能媒体升维》，《中国传媒科技》2022年第 4 期，第 31~32 页。

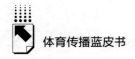

动的方式大大提升了平台的活跃度和用户黏性，让 UGC 成为驱动冬奥赛事及相关主题传播的重要力量。

综上，以冬奥会为例，围绕体育赛事打造的具有强互动性和高参与度的特别内容，以丰富的视角、创新的呈现方式和新鲜的传播内容吸引更多用户主动了解和关注体育运动，将成为未来体育赛事传播的趋势。

（六）传播意涵：公众对体育赛事的关注焦点多元化

在北京冬奥会、冬残奥会举办期间，公众围绕体育赛事的兴趣焦点不只限于赛果本身，从传播意涵来看，以北京冬奥会、冬残奥会为题形成的传播热点话题呈现多元化的特征。2008 年以来，全球竞争和发展格局发生了显著的变化，中国国民的民族认同、国家自信也呈现快速增强趋势，参与国际体育赛事并获得"金牌"对国人来说不再是构建身份认同的唯一手段，随着大型国际体育赛事中"唯金牌论"热潮的逐渐消退，国民对体育赛事具有了更加丰富、立体、多层次的舆论焦点。以北京冬奥会、冬残奥会为例，我们可以发现今后在体育赛事的传播活动中，传播的焦点话题及其在公众层面上产生的意涵将会发生重大改变，具体以如下三个案例为例。

其一，利用体育赛事，结合中国话语、中国元素、中国文化符号等向世界、国人传递"我是谁""我怎样"的问题，将成为后北京冬奥会时代体育国际传播活动的核心问题。有研究认为，在当今文化全球化时代，中国体育文化融入世界文化体系已是大势所趋，而体育的跨文化传播又是一个双向互动的知识交流和意义融合过程。[①] 可见，在体育赛事传播活动中，有意识地避免意识形态对抗，从探索人类发展最大公约数的视角开展体现"人类命运共同体"原则的宣传，是北京冬奥会传递奥林匹克文化与中华传统文化融合理念的重要路径。开幕式上，二十四节气、"中国门"、"中国窗"、"中国结"等传统文化元素，以及闭幕式上的"中国结"，都阐释了美美与共的

---

① 王翔、鲍海波：《构建传播空间命运共同体：中国体育跨文化传播的空间伦理诉求及应然逻辑》，《社会科学研究》2023 年第 3 期，第 198~206 页。

"人类命运共同体"理念。"讲好中国体育故事"势必成为我国对外传播发展新阶段的重要选题。

其二，"归化运动员"的身份认同及其代表性问题将被持续广泛关注。在北京冬奥会期间，"谷爱凌现象"引发国内公众的高度关注，舆论热度居高不下。以谷爱凌为代表的运动员放弃外国国籍、加入中国国籍并代表国家参赛，被公众认为是中国国家综合实力增强、民族身份自豪感提升的象征。从法律意义上看，归化（naturalization）意味着某个人在出生国籍以外自愿、主动取得其他国家国籍的行为，但从中文意涵来看，"归"有"回归、返回"的意思；未来，对那些非中国本土出生，尤其是非华裔的"归化运动员"，将成为大型国际体育赛事报道和传播中公众关注的焦点。

其三，体育赛事长期以来作为国民身份认同教育的构成部分，体育赛事传播承担着构建国民良好民族观念、促进社会整合的重要功能。在北京冬奥会的开幕式上，点燃主火炬的越野滑雪选手迪妮格尔·衣拉木江是维吾尔族的一名运动员，国内民众普遍将这种安排视为中国大力发展冰雪运动、提高人民健康水平的政策正在惠及各族人民的表现，"团结""包容""崇尚美好""向往未来"是开幕式火炬手选择的主要传播标签。在今后的大型体育赛事传播中，如何有效利用大型体育赛事的媒介事件与仪式特征，帮助树立良好的国民民族观念，增进民族团结，提高中国公民立足世界的民族身份认同与自豪感，将成为体育赛事深化传播意涵的重点课题。

三　结语

历经近 7 年的筹办，北京冬奥会、冬残奥会如期举行并圆满收官，向世界传递了中国方案、中国理念、中国文化，得到国际社会广泛赞誉。作为全球性体育盛会，2022 年北京冬奥会、冬残奥会既是冰雪运动的竞技舞台，也是中国向国民、世界展示中国运动健儿风采、中国健康发展理念、中国体育精神和中国国家形象的重要契机。从北京冬奥会、冬残奥会的实例来看，我们不难发现在后北京冬奥会时代，体育传播的范式呈现强烈的转型趋势，

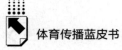

从传播载体、传播形态、传播技术、传播重心、传播主体和传播意涵等不同层面来看，后冬奥会时代的体育传播都焕发出新的生机。今后的大型体育赛事传播不仅要着眼于体育竞技画面的呈现，还要注重发现赛场内外精彩纷呈的体育故事，从中挖掘竞赛之魂、运动之力、人性之美。这是今后体育传播范式转型的必由之路。

B.7
我国主流媒体国际体育传播
话语实践探析*
——以新华社推特账号"北京冬奥会"议题为例

万晓红　方俊　陈瑾如**

摘　要： 新华社推特对北京冬奥会的报道是我国主流媒体国际体育传播话语构建能力的体现。本文采用媒介框架与话语分析方法，对新华社推特账号"北京冬奥会"议题相关报道进行系统分析，从话语内容、话语理念、话语行为、话语效果维度考察我国主流媒体在全球性社交媒体场域中的话语实践表现与特点。本文认为，未来国际体育传播应从话语矩阵、话语基调与话语策略三个方面入手，建立国际体育传播话语体系，提升国际体育传播话语能力与效力。

关键词： 国际体育传播　主流媒体　北京冬奥会　国际社交媒体

2022 年北京冬奥会是新冠疫情发生以来首次如期举办的全球综合性体

---

* 本文为国家社会科学基金项目"国家形象视域下中国国际体育传播话语体系创新研究"（项目编号：20BTY038）的成果。

** 万晓红，武汉体育学院"东湖学者"特聘教授、博士生导师，武汉体育学院期刊社社长，兼任湖北省高等教育学会新闻传播教育分会副会长，湖北省期刊协会高校学报（社会科学版）专业委员会副主任委员，主要研究方向为体育战略传播，在《体育科学》《现代传播》等学术期刊上发表学术论文 60 余篇，出版专著及教材 5 部。方俊，武汉体育学院讲师，博士研究生，研究方向为体育新闻传播。陈瑾如，武汉体育学院博士研究生，研究方向为体育新闻传播、运动健康传播。

育盛会，其成功举办向世界展示了我国媒体深度融合驱动的国际传播能力①，为我国塑造体育大国形象、构建全球体育话语权、引导全球体育治理提供了历史机遇②。在这一过程中，推特（现更名为"X"，后文可继续使用推特）、脸书等全球性的社交平台成为国际传播的重要场域，我国主流媒体如新华社、人民日报社、CGTN等纷纷入驻其中，积极展开国际体育传播话语实践，深化数字体育外交，向世界传递中国声音。不过，这些全球性的社交平台带有强烈的西方中心主义色彩，是多元主体舆论较量和权力拉锯的话语竞争场域。身处其中，我国主流媒体的体育话语实践与意义建构必然产生新的转向，这对于国际体育传播而言具有重要的学术研究价值。在此背景下，本文试图探讨以下问题：我国主流媒体在全球性的社交媒体平台上关于"北京冬奥会"的议题报道呈现怎样的话语实践图景，这对于国际体育传播有何启示与意义。

一　文献综述与理论框架

（一）国际体育传播话语实践研究

国际传播的内涵十分丰富，简单来说，则是指"超越各国国界的传播，即在各民族、各国家之间进行的传播"③，国际传播在随着信息全球化进程的深化中逐步兴起④。其中，体育在国际传播领域具有特殊的地位⑤，特别

---

① 张盛：《新时代中国体育国际传播创新的内在逻辑与实践路径》，《成都体育学院学报》2022年第4期，第21~25页。
② 张昆、蒲蕊：《疫情背景下北京冬奥会国际传播战略与实践策略刍议》，《武汉体育学院学报》2022年第1期，第5~12页。
③ 〔美〕罗伯特·福特纳：《国际传播：全球都市的历史、冲突与控制》，刘利群译，华夏出版社，2000，第5页。
④ 程曼丽：《信息全球化时代的国际传播》，《国际新闻界》2000年第4期，第17~21页。
⑤ 刘思雨、季峰：《主流媒体国际体育传播与国家形象建构——CGTN报道北京冬奥会的议程举隅》，《体育学刊》2023年第1期，第20~26页。

是重大体育事件和体育突发事件的媒介化呈现，建构了国家形象和价值观念，成为新的历史条件下国际传播实践的重要场域①。2008年北京奥运会的成功举办，是中国国际体育传播发展历程中的重要节点②，畅通了中国与外部进行交流的信息渠道③，中国与西方的体育传播研究开始交融④。2022年，北京成为世界上唯一的"双奥之城"，中国广泛的媒介话语实践使中国体育故事更具生命力、传播力、说服力⑤。相关研究着眼于西方媒体在北京冬奥会报道中建构中国国家形象的话语意义⑥，聚焦我国主流媒体在北京冬奥会报道中的话语实践⑦，探讨中国体育传播话语存在的问题及解决对策⑧，强调提升国际传播话语权⑨与建设体育对外话语体系的重要性⑩。虽然研究成果比较丰富，但鲜有学者深入探讨我国主流媒体在国际社交媒体平台上的体育话语实践及其特征、理念、行为与效果。

　　"话语"这一术语最早出现在语言学之中，之后延伸至多个研究领域。

---

① 史安斌、盛阳：《从"国际传播"到"战略传播"：体育国际传播能力建设的创新路径》，《成都体育学院学报》2021年第6期，第6~8页。

② 程曼丽：《中国对外传播的历史回顾与展望（2009—2017年）》，《新闻与写作》2017年第8期，第5~9页。

③ 李明德、乔婷：《中国国际传播：历史演变、现实背景与前沿问题》，《西安交通大学学报》（社会科学版）2022年第5期，第123~135页。

④ 魏伟：《近年来国际体育传播研究的转向和趋向》，《体育科学》2016年第5期，第10~17页。

⑤ 尹素伟：《双奥主题口号中的体育国际传播话语实践》，《当代传播》2022年第3期，第59~62页。

⑥ 刘静轩、张子轩、于杰等：《多元与偏见：西方媒体北京冬奥会报道中的中国国家形象话语表征》，《武汉体育学院学报》2022年第3期，第23~29+100页。

⑦ 周榕、张德胜：《我国主流媒体冬奥会环境报道的话语实践考察——基于〈人民日报〉和人民网北京冬奥会报道语料库的分析》，《北京体育大学学报》2022年第11期，第110~122页。

⑧ 刘媛媛、谢宛桐、王智妍等：《国内主流媒体体育传播话语研究》，《传媒观察》2019年第3期，第60~65页。

⑨ 曾诚、邓星华：《体育国际话语权与中国国家形象构建》，《体育学刊》2016年第2期，第39~42页。

⑩ 张飙、刘亮、徐泽：《中国体育对外话语体系建构的若干问题探析》，《体育学刊》2019年第6期，第51~56页。

语言学家们对"话语"做了差别性的辨析，总的来讲，"话语是指大于句子的意义单位"①，它"具有能动性，对我们的世界具有高度的塑造作用"②，既是社会控制力量，也对应着特定权力结构。福柯扩展了"话语"的外延，认为话语不仅是具有群体特征的陈述，而且是"用来解释陈述的有规律的实践"③。话语实践是话语研究中的重要领域，"主要关涉话语和实践之间发生作用的过程和逻辑，分析权力和意识形态怎样在文本中践行、表达和遮蔽"④。范·迪克（又译冯·戴伊克）认为，对新闻生产常规、数量、主要话题、文体等进行分析，可以推导出隐含的权力与意识形态⑤，而话语与语境之间的关系则是其中重要的考察内容⑥。

全球性的社交媒体平台日渐成为国际信息传播的主要渠道，为国际体育传播话语实践研究带来了新的观测语境。推特、脸书、YouTube 等全球流行的社交媒体均诞生于美国，以英语作为主要流通语言，因此在全球信息秩序建构中具有非常鲜明的西方态度，这与我国主流媒体彰显"中国主流价值观"⑦ 的立场产生抵触。我国主流媒体如何在国际社交媒体平台中进行体育话语实践成为备受关注的议题。

（二）社交媒体时代的话语分析框架

传统的话语分析框架往往只针对单一的文字文本，而社交媒体的话语形

---

① 刘立华：《传播学研究的话语分析视野》，《国际新闻界》2011 年第 2 期，第 31~36 页。
② 万晓红、张德胜、李雪贝：《新时代提升我国体育话语权的理论逻辑与实践路径》，《武汉体育学院学报》2020 年第 7 期，第 21~28 页。
③ 刘立华：《传播学研究的话语分析视野》，《国际新闻界》2011 年第 2 期，第 31~36 页。
④ 周榕、张德胜：《我国主流媒体冬奥会环境报道的话语实践考察——基于〈人民日报〉和人民网北京冬奥会报道语料库的分析》，《北京体育大学学报》2022 年第 11 期，第 110~122 页。
⑤ 〔荷〕冯·戴伊克：《话语 心理 社会》，施旭、冯冰编译，中华书局，1993，第 197 页。
⑥ 辛斌、高小丽：《批评话语分析：目标、方法与动态》，《外语与外语教学》2013 年第 4 期，第 1~5+16 页。
⑦ 林晖：《中国主流媒体与主流价值观之构建》，《新闻与传播研究》2008 年第 2 期，第 41~47+94 页。

态更为丰富多样①，包括文字、图片、视频等多种形式②，因而需要更为契合的分析框架。

我国台湾学者臧国仁提出的媒介框架将新闻文本分成了高层结构、中层结构和低层结构三个维度③，高层结构是新闻报道对某一事件"主题"的界定；中层结构包括主要事件、先前事件（历史）、结果（影响）、归因、评估等方面；低层结构包括由字、词等组合而成的修辞与风格，是微观视角。这样的分析框架不仅覆盖了新闻报道话语的宏观、中观与微观维度，而且能够揭示文本话语的内在结构与意义生成机制，因此更具有结构性与包容性，可以被应用于文字及其他模态形式的话语分析。

二　研究设计

（一）研究样本

推特是全球用户数量最多、使用最频繁的社交媒体之一④，形态与我国的微博相似，相较于脸书、YouTube 等社交平台，推特更适合于新闻报道。我国已有许多主流媒体在推特上开通账号，其中新华社推特账号（@XHNews）的粉丝量超过 1208 万（数据获取时间：2023 年 3 月 4 日），高于同类型媒体账号。因此本文选择新华社推特账号（@XHNews）作为研究对象，使用 python 3.10 工具获取它在 2022 年北京冬奥会前后两周左右，即 2022 年 1 月 20 日至 2022 年 3 月 8 日发布的所有推文及其点赞、转发、评论的数据（数据获取时间：2023 年 2 月 10 日），共计 4251 条，其中既包括与

---

① 潘琼、田波澜：《媒介话语与社会认同》，《当代传播》2005 年第 4 期，第 76~78 页。
② 戴丽娜：《社交媒体国际治理的困境与出路》，《国外社会科学》2022 年第 4 期，第 35~48+196 页。
③ 臧国仁：《新闻媒体与消息来源——媒介框架与真实建构之论述》，台北：三民书局，1999，第 32~44 页。
④ 杨正、贾鹤鹏、王艳丽等：《国际社交媒体平台上的中国科学形象研究——基于推特平台的数据》，《中国科学院院刊》2023 年第 1 期，第 145~153 页。

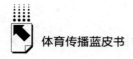

北京冬奥会相关的推文，也包括其他议题的报道；经过人工识别与清洗，最终获得与北京冬奥会相关的推文共计 783 条，将之作为研究的全部样本。

（二）编码框架

本文依据社交媒体传播规律、国际体育传播情境与主流媒体话语特点，结合其他学者的相关研究，在臧国仁的媒介框架上做了一定调整与补充。

在高层结构上，学者周榕、周肖、万晓红提出了主流媒体奥运会报道框架①，将主题框架设置为全球视野、人物特写、政治外交、文化交流、经济发展、安全措施、环境治理、科技创新、金牌争夺、体育参与十类。本文在该框架的基础上对样本进行主题识别。

在中层结构上，由于社交媒体包含文字、图片与视频等模态，本文加入了"模态形式"维度。中层结构包括主要事件、背景事件、结果、归因、评估、模态形式六个维度。因为新闻的中层结构不尽相同，所以编码员首先对样本进行逐一识别和统计，之后进行归纳与总结。

低层结构中的修辞一般包括隐喻、互文、接合等。在图片和视频的微观结构上，本文借鉴卢兴、郭晴、荆俊昌对于体育视频的分析②，将图片和视频的微观结构定为"叙事模式"和"艺术表现"。其中，"叙事模式"分为"宏大叙事"与"日常叙事"，"艺术表现"分为"明显的艺术加工"和"非明显的艺术加工"。

在确定编码方案之后，先由五位编码员对全部样本进行了高层、中层、低层三个维度的编码，形成话语文本的基本分析。话语实践在话语文本之外还包括话语生产过程中的诸多面向，因此，本文将从话语内容、话语理念、话语行为和话语效果四个层面来考察话语实践。

---

① 周榕、周肖、万晓红：《从国际均衡到自我凸显：现实建构主义视域下我国主流媒体"双奥"报道框架的转向》，《武汉体育学院学报》2022 年第 10 期，第 30~37+43 页。

② 卢兴、郭晴、荆俊昌：《中国体育故事国际传播的显性要素与隐序路径——基于国际视频网站 YouTube 的叙事认同研究》，《上海体育学院学报》2021 年第 5 期，第 1~9 页。

三 话语实践考察

通过对样本的编码和细读，本文将从话语内容、话语理念、话语行为和话语效果四个层面考察新华社推特账号关于"北京冬奥会"议题的话语实践。"话语内容"主要概括文本内容及其主要特点；"话语理念"是话语实践的价值取向与指导思想；"话语行为"是话语实践的方式和具体操作，即"如何说"；"话语效果"则是报道结果及影响。

（一）话语内容

本文从高层、中层、低层三个维度对样本进行编码，探析新华社推特账号冬奥议题报道的话语主题、话语结构与话语修辞。

1. 话语主题

新华社推特账号关于北京冬奥会的报道主要有 11 个主题，"体育参与""人物特写""金牌争夺""政治外交""文化交流"主题的报道数量较多。本文使用"微词云"英文词频统计分析工具对每一类主题的文字文本进行词频统计，从高频关键词中挖掘主题框架下的相关议题及其话语潜在含义（见表 7-1）。

表 7-1　新华社推特账号北京冬奥会报道的主题统计

话语主题	数量（个）	占比（%）	共性关键词（部分）	分类关键词（部分）
体育参与	205	26.18	Beijing（195）、winter（183）、Olympic（161）、2022（139）、China（89）、sports（68）、games（64）	Chinese（39）、ski（35）、ice（31）、snow（25）、ceremony（25）、athletes（22）、opening（22）、people（17）、world（17）、skating（16）、children/kids（15/11）、province（14）、event（14）
人物特写	130	16.60	Olympic（123）、Beijing（114）、winter（100）、2022（77）、games（40）、China（35）	athletes（31）、Chinese（22）、her（20）、Turkish（15）、skier（12）、ski（12）、people（12）、team（11）

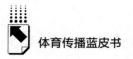

续表

话语主题	数量（个）	占比（%）	共性关键词（部分）	分类关键词（部分）
金牌争夺	120	15.33	Beijing（127）、2022（109）、Olympic（91）、winter（62）、China（45）、games（40）	gold（65）、win/won（47）、medal（33）、women（33）、men（25）、moments（22）、claimed（18）、big（18）、skating（17）、review（16）、day（16）、air（16）
政治外交	93	11.88	Olympic（89）、Beijing（77）、winter（67）、China（38）、2022（36）、games（33）、sports（13）	president（50）、Chinese（41）、opening（23）、ceremony（22）、national（11）、world（10）、committee（10）、foreign（9）、leaders（8）、countries（8）、together（8）、Russian（8）、Putin（8）、cooperation（7）、ties（7）、political（7）、Vladimir（7）
文化交流	86	10.98	Olympic（81）、Beijing（91）、winter（65）、China（24）、2022（72）、games（22）、sports（7）	Bing Dwen Dwen（27）、mascot（20）、year（14）、opening（12）、panda（12）、new year（11）、traditional（9）、culture（9）、cultural（8）、world（8）、ceremony（8）、snow（7）
全球视野	52	6.64	Olympic（50）、Beijing（49）、winter（38）、China（18）、2022（34）、games（19）、sports（9）	world（17）、media（10）、athletes（6）、Chinese（5）、president（5）、event（5）、opening（5）、committee（4）、international（4）、people（4）、pandemic（3）、global（3）、friendship（3）
科技创新	25	3.19	Olympic（22）、Beijing（19）、winter（19）、China（8）、2022（14）、games（6）、sports（3）	robot（5）、venues（4）、smart（4）、technology（3）、ice（3）、snow（3）、check（3）、explore（2）、athletes（2）、researchers（2）、slops（2）
安全措施	23	2.94	Olympic（26）、Beijing（20）、winter（16）、China（9）、2022（17）、games（11）、sports（3）	COVID-19（8）、venues（5）、feb（5）、committee（4）、prevention（3）、closed-loop（3）、international（3）、measures（3）、safe（3）、team（3）、athletes（3）、national（3）、medical（3）、cases（3）、safety（2）

续表

话语主题	数量(个)	占比(%)	共性关键词(部分)	分类关键词(部分)
宣传话语	17	2.17	Olympic(9)、Beijing(18)、winter(9)、China(2)、2022(17)、games(10)	countdown(8)、days to go(8)、facing(2)、future(2)
环境治理	16	2.04	Olympic(17)、Beijing(13)、winter(11)、China(9)、2022(10)、games(5)	city(6)、green(6)、energy(5)、air(3)、world(3)、athletes(3)、China in world press(3)、greenest(2)、future(2)、interview(2)、pollution(2)
经济发展	14	1.79	Olympic(13)、Beijing(10)、winter(15)、China(8)、2022(9)、games(7)、sports(5)	ice(5)、snow(5)、ongoing(3)、Chinese(3)、national(3)、market(3)、reshape(3)、industry(3)、Bing Dwen Dwen(2)、growth(2)、mascot(2)、
其他	2	0.26		heavy(2)、Sunday(2)、snow(2)、national(2)、centre(2)

资料来源:笔者自制。下同。

"体育参与"主题展现了北京冬奥会带来的冰雪运动热潮。内容主要集中在三个方面:一是我国各地区人民,特别是南方地区人民热爱并参与冰雪运动,其中青少年的热情尤其高;二是世界各地区,特别是位于热带的国家(如菲律宾、孟加拉国等)的人民热爱并参与冰雪运动;三是奥运火炬传递、开幕式等群众参与的仪式活动。

"人物特写"主题主要围绕运动员、志愿者和各国官员展开报道。"运动员特写"一方面聚焦于冬奥会热点运动员和教练,如徐梦桃、谷爱凌、羽生结弦等,专题报道他们的赛场精彩表现和日常刻苦训练情况;另一方面介绍各国运动员的赛事准备情况以及对北京冬奥会的期待和赞许。"志愿者特写"从平民视角出发,塑造冬奥会志愿者可亲可爱的形象,尤其侧重于表现外国志愿者对北京冬奥会的热忱。"官员特写"主要展现各国官员对北京冬奥会各项筹备、组织工作的认可。

"金牌争夺"主题以赛事实时报道为主,侧重于展现中国运动员在赛场

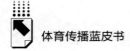
上的精彩表现和夺金时刻；辅以选择性报道他国运动员的赛况，一般是报道广受中国观众关注的运动员、蝉联冠军的运动员和打破世界纪录的运动员。

"政治外交"主题主要通过展现中国与其他各国领导的发言，体现冬奥会有助于促进国家间的关系融洽与和谐发展；也报道了我国对于涉华恶言的抵制。

"文化交流"主题聚焦于"冰墩墩"这一具有国际共识的文化符号所带来的"海内外公众的情感共鸣"①；同时将冬奥会与春节、风筝、扎染、诗词等中国传统文化结合在一起，拓宽中国传统文化的传播渠道。

"全球视野"主题主要表现国与国之间、运动员之间的合作与友谊，并展现全球对北京冬奥会的期许与肯定；"科技创新"主题展现了北京冬奥会在场馆建设、赛事直播、赛事服务、摄像技术、媒体报道等方面的先进技术，突出"智能奥运""科技奥运"等理念；"安全措施"主题强调北京冬奥会在疫情防控方面的各项举措和取得的良好效果；"宣传话语"主题则以口号、短语等方式对冬奥会的精彩与成功进行褒赞宣传；"环境治理"主题折射出"可持续发展""绿色奥运""清洁冬奥"等环保理念。

"经济发展"主题聚焦于北京冬奥会带来的经济效能，突出冰雪运动对体育市场的拉动作用。

2. 话语结构

话语结构包括主要事件、背景事件、结果、归因、评估、模态形式六个维度。微博（micro-blog）媒介的特点是通过简短文本和即时更新实现信息共享、交流和传播②，具有碎片化、精炼性的特点。推特的英文字符一般最多为280字/条，形态上更类似于新闻短消息，甚至是新闻标题，因而常常只能简略交代"主要事件"，无法完整展现事件的前因后果、来龙去脉，也

---

① 薛可、古家谕、陈炳霖：《共情·创新·融合：文化符号与国家话语体系构建——基于"冰墩墩"的社交媒体平台内容分析》，《新闻与写作》2022年第5期，第35~45页。

② Li Fang-fang, Wang Huan-ting, Zhao Rong-chang, "Chinese Micro-blog Sentiment Classification Through a Novel Hybrid Learning Model," *Journal of Central South University*, 2017（10）: 2322–2330.

无法深描事件的细枝末节。因此，文字文本并非都含有"背景事件""结果""归因"等元素（见表7-2）。在已有文本中，"背景事件"多认为北京冬奥会是政治外交、文化交流、科技创新、环境治理的契机；"结果"往往指向冬奥会的成功与精彩，以及带来的一系列正面效应；"归因"主要为我国出色完成冬奥会各项筹办、组织、协调、执行工作，为全球办赛树立了新标杆。

表7-2　新华社推特账号北京冬奥会报道的话语结构统计

结构层次	数量(个)	占比(%)
背景事件	274	34.99
结果	141	18.01
归因	376	48.02

"评估"是指对新闻事件的赞成或反对的态度，研究发现，新华社推特账号关于北京冬奥会的推文有非常鲜明的正面倾向，占70.75%，中立态度占28.99%。只有2条推文带有负面倾向，主要为国外媒体对北京冬奥会的不实报道。

在"模态形式"上，推特主要包括三种：纯文字文本、"文字+图片"文本、"文字+视频"文本（见表7-3）。后两者相加占比接近98%，社交媒体视觉化特点非常突出。在视觉时代，微博中的图片、视频是信息传播的重要媒介，突破了文字长度限制，丰富了推文内容，同时直观的视觉具象在信息认知上有更大优势。在样本推文中，文字文本简要地概括事件，相配的图片和视频承载了更丰富的信息。

表7-3　新华社推特账号北京冬奥会报道的话语模态统计

模态形式	数量(个)	占比(%)
文字	16	2.04
文字+图片	414	52.87
文字+视频	353	45.08

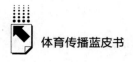

3. 话语修辞

话语是充满修辞之物，特定的话语源于修辞的激发与构造①。面对西方中心主义与话语逆差的国际体育传播格局，主流媒体需要依托话语修辞，将特定的意识形态和价值观念融入报道，提高对外传播效果。新华社推特账号的相关报道主要采用了互文、隐喻与接合的修辞方式（见表7-4）。

表7-4　新华社推特账号北京冬奥会报道的话语修辞统计

话语修辞	数量（篇）	占比（%）
互文	43	5.49
隐喻	118	15.07
接合	69	8.81

"互文"的核心要义是指对其他文本的吸收和改编②，通过"将其他的、特定的文本明确地纳入一个文本之中，从而组建一条话语链或话语的秩序"。③ 研究样本中有43篇采用了互文的修辞方式。一方面，通过垂直向度的互文方式与其他历史背景下的文本进行历时性勾连，将"过去"与"现在"并置到同一文本中，完成意义的桥接。垂直向度的互文最常出现在运动员竞技成绩的报道中，通过聚焦运动员竞技成绩历时性的正向变化，将运动员群像与我国竞技水平嫁接，完成竞技体育的叙事；除此之外，北京作为"双奥之城"，"奥运会的愿望将回到北京鸟巢"成为新华社运用垂直向度互文的又一重点，通过调用14年前北京奥运会的成功举办，突出时间流逝而精彩不减，彰显中国向世界呈现精彩赛事的信心。另一方面，水平向度的互文方式与共时性文本进行呼应，使竞技体育框架下的新闻报道与更为宏大的家国

① 何国梅：《20世纪40年代晋察冀红色图像报刊身体话语修辞研究》，《新闻大学》2022年第11期，第43~53+117~118页。

② 周翔、魏丰钰、靳雨洁：《"他者化"中国：欧盟媒体构建中国全球治理形象的话语机制分析》，《新闻界》2022年第12期，第37~52页。

③ 周榕、张德胜：《我国主流媒体冬奥会环境报道的话语实践考察——基于〈人民日报〉和人民网北京冬奥会报道语料库的分析》，《北京体育大学学报》2022年第11期，第110~122页。

叙事紧密相连。2022 年北京冬奥会举办周期正值中国农历新年，于是新年与冬奥会被多次并置在报道中，如"在春节期间举行团圆宴会的中国传统象征着对家庭团结和幸福的渴望，这与奥林匹克文化产生了共鸣"，新华社通过强调文化共性，找寻中华文化与世界文化的交汇点，形成意义交叠。

隐喻是用一种概念系统来代替另一种概念系统的修辞手法，是喻体认知到本体认知的一种映射行为，即隐喻是借助一个"域"，一种被概念化的"经验完形"，来想象另一个"域"的过程①。运用隐喻的新华社冬奥会报道高达118 篇，其中常见的本体包括运动员和冬奥会，如运用"红豆包子"等喻体建构运动员个性化的形象特征，映射出人文主义的价值取向，体现我国主流媒体突出体育运动中个人主体性地位、关注运动个体成长与超越的话语转向；使用"运动天堂""合作之光""种子"等喻体映射北京冬奥会的成功举办对世界与人类带来的积极影响，强调我国在体育运动领域为世界贡献的中国智慧。

接合亦即勾连，意为"一种构建事物与意义之间对应关系的意指实践"②，话语接合能有效激活和召唤符号意义，更好达成劝服目的③。新华社冬奥会报道中的接合修辞多达 69 篇，通过编码不难发现，主流媒体的接合实践与办奥理念密切相关，通过将"绿色""环保""安全""科技""文化"等话语与体育话语接合，勾勒出我国完整的绿色奥运、科技奥运、人文奥运等办赛理念谱系；另外，面对西方国家有意识抹黑与抵制中国办奥的国际舆论，主流媒体不断调用政治话语阐明立场、回应争端，用一以贯之的"和合"对外传播准则④传递合作共赢的共同体理念。

除此之外，少量报道运用了夸张、拟人等其他修辞手法以提高表达效

① 刘涛：《隐喻与转喻的互动模型：从语言到图像》，《新闻界》2018 年第 12 期，第 33～46 页。

② Laclau, E. &amp, Mouffe, C. , *Hegemony and Socialist Strategy: Towards a Radical Democratic Politics* (London：Verso, 1985), p. 105.

③ 周榕、张德胜：《我国主流媒体冬奥会环境报道的话语实践考察——基于〈人民日报〉和人民网北京冬奥会报道语料库的分析》，《北京体育大学学报》2022 年第 11 期，第 110～122 页。

④ 汪蓓、万晓红：《全球化变奏中的"和合"之道——两届北京奥运会开幕式的"言-象-意-道"分析》，《上海体育学院学报》2023 年第 3 期，第 26～36 页。

果。如通过运用夸张来扩大描写对象的特征，"北京是'地球上最安全的地方'""志愿者昼夜不停地工作"等，以此强调疫情背景下中国安全办奥的决心，回应西方对北京冬奥会环境安全的质疑。

新华社官方推特账号多以"文字+图片"或"文字+视频"的结构完成国际体育传播，因而图片与视频模态的叙事模式及艺术表现也成为本文挖掘主流媒体话语实践的重要面向。从数值统计上看，单条推文的配图一般在1~4幅；单条视频的长度一般在9分钟以内，平均长度为125秒，以短视频为主。就叙事模式而言，图片的叙事模式较为平均，总体来看宏大叙事与日常叙事交错于新华社的报道中；视频的叙事模式则以日常叙事为主，宏大叙事辅之（见表7-5）。这表明在国际传播语境下，此前体育赛事报道中占据主要位置的宏大叙事被淡化，逐渐让位于将人物个体置于主位的日常叙事，以"小"见"大"成为新华社推特账号冬奥会报道的基本叙事方式。就艺术表现而言，报道图片中的艺术表现以非艺术为主，重在还原赛事现场、捕捉赛场真实瞬间；视频则更注重剪辑、配乐、转场等视听制作艺术与技法，从而烘托竞技氛围、吸引受众注意。

表7-5　新华社推特账号北京冬奥会报道的视觉修辞统计

视觉模态	视觉修辞		数量（个）	占比（%）
图片	叙事模式	宏大叙事	213	51.45
		日常叙事	201	48.55
	艺术表现	艺术	163	39.37
		非艺术	251	60.63
视频	叙事模式	宏大叙事	127	35.98
		日常叙事	226	64.02
	艺术表现	艺术	286	81.02
		非艺术	67	18.98

（二）话语理念

在话语文本内容的基础上，本文挖掘出主流媒体国际体育报道的三种话语理念："共同体"理念、"全球中国"理念与"平台思维"理念。

第一，"人类命运共同体"是中国面向新形势下全球治理所提出的富有中国智慧的"中国方案"①，这一智慧结晶被广泛应用于主流媒体的国际传播中，成为消解分歧、凝聚共识的良方。就冬奥会的报道而言，面对国际上以西方势力为主的抵制和话语"霸凌"，新华社多次调用"合作""友谊""和平""团结""好客"等话语，以合作共赢的道义主张凸显"共同体"理念。

第二，"全球中国"旨在塑造"积极、主动参与全球治理的负责任大国"②形象。新华社推特账号通过强调"冬奥会的中国元素""冬奥会期间采取的防疫措施""中国科技的应用"等话语，凸显在办赛、防疫、文化传承等诸多方面的中国经验，将我国置于国际传播的主体位置。特别是在叙事上利用"他者视角"③来表现外国的官员、运动员、群众对中国与冬奥会的肯定，从而建构中国在全球传播中的正面形象，维护国际友好合作关系。

第三，新华社推特官方账号积极融入社交媒体语境，用简短的文字内容，搭配较多的图片与视频，在多种模态的呼应下完成冬奥会体育赛事的叙事。文本、图片及视频的日常叙事模式、艺术化的视频制作方式，都能很好地贴近推特用户阅读习惯，更契合社交媒体传播规律，这体现了主流媒体的"平台思维"理念。

（三）话语行为

1. 时间轴线上的话语分布

从时间轴线上看，新华社在推特上的冬奥会报道呈现赛前逐步预热、赛中到达峰值、赛后迅速回落的态势（见图7-1）。冬奥会开幕前两周的报道

---

① 朱鸿军、李喆：《主流媒体对人类命运共同体的政治传播分析》，《上海交通大学学报》（哲学社会科学版）2023年第1期，第67~86页。

② 史安斌、张耀钟：《新中国形象的再建构：70年对外传播理论和实践的创新路径》，《全球传媒学刊》2019年第2期，第26~38页。

③ 李英：《中国日报创新话语策略做好国际传播的路径分析》，《传媒》2023年第4期，第66~68页。

达到 194 篇，随着临近开赛，报道的频次逐渐增加，表明主流媒体在国际传播语境下积极建构议程，为北京冬奥会造势。从冬奥会开幕到闭幕，新华社的报道数量在奥运会周期内高达 528 篇，直抵峰值，新华社对我国办奥与参奥的诸多细节进行了丰富的报道。冬奥会闭幕后，报道数量迅速下降，闭幕后两周的报道数量仅为 61 篇，随着冬奥会的结束，主流媒体也将话语重心逐渐转移到其他媒介事件上。

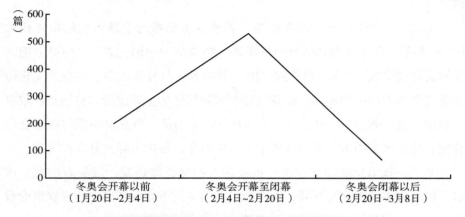

图 7-1　新华社推特账号上北京冬奥会报道的话语分布

2. 社交语境中的话语互动

社交媒体语境下，新华社的相关报道尤其注重与潜在受众的话语互动。其话语互动的主要方式为巧设问句，如"你是否注意到北京 2022 年冬奥会场馆设计中体现的中国传统文化元素""你知道吉祥物冰墩墩的灵感来自哪里吗""冬奥会'尝起来'像巧克力一样甜还是像奶油一样滑"等。通过疑问句式增强报道的讲述感，设置问号吸引用户参与思考，增强话语的互动性。另外，报道中频繁使用祈使句式，如"让我们在海报上找到答案""让我们回顾 2022 年北京冬奥会第九天的夺金时刻"，将主语变为"我们"拉近了媒体与用户的距离，体现主流媒体的"柔劝"、号召之意，减淡了"强劝"和宣传模式带来的生硬感，进一步实现话语互动。

3. 传播渠道上的话语延展

新华社在大量推文文末设置了超链接，用户点击超链接就能抵达新华网英文网站。新华社推特账号的报道相对精简，而所链接的新华网英文网站报道更为翔实。通过设置超链接的方式，主流媒体一方面实现了不同传播渠道的话语"复调"，形成冬奥会的跨媒介联动报道；另一方面通过报道内容的跨媒介"互文"，网站对推特的报道文本进行了话语补充，让报道细节得以展现。多平台的整合使用延展了推文的报道内容，形成了一定的话语声势。

（四）话语效果

评论数、转发数、点赞数在社交媒体语境下可以较为直观观测国际体育传播话语效果（见表7-6）。

表7-6 新华社推特账号北京冬奥会报道数据

单位：次

观测点	最低值	最高值	平均值	中位数
评论数	0	36	3	2
转发数	0	1427	32	19
点赞数	0	3827	47	29

通过数据不难看出，样本推文的评论、转发、点赞的数据总体上并不可观，远低于新华社在国内社交媒体中的表现，难以在国际传播中引发大规模的讨论与扩散。其中评论数据最为惨淡，783条推文的评论均未超过50次。不过，其中也不乏个别"出圈"的报道，如关于日本选手羽生结弦的一则报道获得了3827次点赞、1427次转发，是新华社相关报道点赞与转发的最高值。

通过统计点赞与转发数200次及以上推文的话语主题，发现人物特写、文化交流和环境治理是高转发、高点赞推文中最为常见的主题。国际体育明星的竞技表现与个性展现符合西方倡导的个人主义价值取向，聚焦人物赛场内外细节的描摹丰富了受众对体育"英雄"的想象。中华文化博大精深，其中蕴含着丰富的精神底蕴,文化交流主题报道通过凸显中华文化与奥林匹克文化在"团结""友谊"等方面的文化共通性,巧妙地将中国特色文化与西方普遍接受的体育文化进行嫁接,取得了较好的传播效果。环境问题是西方社会长期以来借以抹黑我国的舆论工具,在此背景下我国办赛中的环境问题成为西方受众关注的焦点,新华社在报道中着重强调了我国在办赛过程中充分考虑环境保护及资源循环利用等方面,同时依托科技创新实现办赛、环保两不误,获得广泛关注与好评。主流媒体推文的传播效果从侧面反映出国际传播语境下西方受众感兴趣的报道内容和叙事方式,能为之后国际体育传播的开展提供借鉴。

四 启示与意义

从上述分析可知,新华社在国际社交媒体语境中对"北京冬奥会"的报道进行了丰富的话语实践,这为新时期主流媒体国际体育传播话语体系的建构带来了有益的启示。

(一)建构主流媒体国际体育传播话语矩阵

1. 深度融合国际社交媒体平台

2023年1月数据显示,全世界社交媒体用户达到47.6亿人,接近全球总人口的60%[①],YouTube、脸书、推特、WhatsApp、Instagram、TikTok等社交媒体占据头部位置,对全球信息传播与秩序建构产生重要影响。我国主流媒体应发挥全媒体效能,在各大主要国际社交媒体平台建设账号,开发国际体育传播新渠道,建构多平台、多媒体、多路径并行发展的国际体育传播矩阵,利用国际社交媒体的传播优势展开全球体育议题传播。

2. 加强多方传播主体互动交流

新华社推特账号的粉丝超过1208万人,但只关注了70多个账号,较少

---

① Simon Kemp, "Digital 2023: Global Overview Report," 2023-01-26, https://datareportal.com/reports/digital-2023-global-overview-report.

与其他账号进行互动。主流媒体应调动自身的主动性，使用社交媒体平台上的评论、转发、点赞、跨媒介分享等多种社交功能，加强与我国其他媒体之间的合作，形成对外协同关系；加强与他国媒体之间的互动，形成平等对话关系；加强与自媒体之间的交流，形成官方和民间话语的多元融合关系。

3. 积极建设专业体育媒体账号

我国关于奥运会等大型赛事的国际报道主要依靠新华社、人民日报社、中国日报社等综合性媒体，其内容框架里既有体育议题，也有其他议题，如新华社推特账号在2022年1月20日至2022年3月8日发布的推文中，冬奥会议题只占18.4%，难以有效加强体育粉丝的黏性。因此积极建立全球性的专业体育媒体，构建体育传播话语权，是目前国际体育传播的重点发展方向。

（二）坚定主流媒体国际体育传播话语基调

1. 引导国际体育舆论

"西强东弱"的舆论格局并未发生实质性的变化，无论是2008年北京奥运会还是2022年北京冬奥会，国际舆论场上始终存在误解、抹黑与污化中国的声音。因此，主流媒体在国际体育传播中必须坚定中国态度，以开放自信又谦逊谦和的话语，积极参与并正面回应国际舆论，在涉华问题上做好舆论引导。

2. 关注全球体育热点

国际社交媒体的用户遍布全球，因此我国主流媒体在话语议题上应该适当增加国际性的报道，特别是关注全球体育热点赛事、人物、现象和议题，从而更能吸引全球用户的关注。在样本点赞数最高的5条推文里，有3条是关于日本花样滑冰选手羽生结弦的报道。羽生结弦是花样滑冰国际大赛男单项目冠军超级全满贯第一人和2014年、2018年两届冬奥会花样滑冰男单冠军，因此也是2022年北京冬奥会的夺冠热门选手，关于他的报道能够得到高点赞数不足为奇。因此，我国主流媒体在完成本土体育报道的基础上，兼顾国际体育报道，找到自我议题和他者议题的平衡点，才能充分发挥国际化媒体的优势。

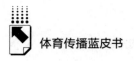
（三）提高主流媒体国际体育传播话语策略

1. 更新话语形式，注重视觉表达

当代社会，视觉呈现是一种传播战略[1]，能够在理性、情感、品质等方面塑造认同[2]。社交媒体覆盖了文字、短视频、长视频、音频、图片、表情包、GIF 动图等多元视觉话语，为体育新闻报道、体育竞技呈现、体育人物深描带来丰富的话语形式，如"洪荒少女"傅园慧的表情包曾在全球社交媒体中广泛传播，展现了坦率、幽默和独特的人格魅力。从新华社推特报道来看，主流媒体仍有深耕图像叙事和视觉修辞的创新空间，并可充分运用表情包、GIF 动图等社交媒体用户热衷的视觉形式，完成生动具象的话语表意。

2. 转向国际表达，讲好体育故事

国际传播的目标之一是融通中外，既要让世界"听到"中国声音，更要让世界"听懂"中国声音，这涉及微观层面"如何说"的问题。一方面是要找到最具吸引力的体育元素与符号，以此为轴点讲好体育故事；另一方面则是要理解西方叙事的逻辑，将中国体育故事编入国际性的符码[3]，提高话语亲和力与感染力。以熊猫为原型的"冰墩墩"是 2022 年北京冬奥会吉祥物，憨态可掬的造型成为全球观众喜爱的体育宣传符号，新华社推特账号发布了多条关于"冰墩墩"的推文，但并未过多言说其中的价值与精神高度，而是着力突出"冰墩墩"的"萌"性特色，迎合了全球网络流行的"萌文化"，拉近了不同文化体系之间的距离。

3. 围绕体育议题，传播传统文化

体育赛事不仅是赛场上的激烈竞技，更能折射国家的文化底蕴。新华社

① Karina, Goransson, Anna-Sara, et al., "Towards visual strategic communications: An innovative interdisciplinary perspective on visual dimensions within the strategic communications field," *Journal of Communication Management*, 2018, pp. 46-66.
② 陈虹、秦静：《中国特色国际传播战略体系建构框架》，《现代传播（中国传媒大学学报）》2023 年第 1 期，第 55~59+65 页。
③ 陈力丹：《掌握国际传播规律 构建对外话语体系》，《新闻爱好者》2022 年第 11 期，第 4~9 页。

推特账号巧妙建构了奥运会与中国传统文化的互文关系，在推进国际体育传播的同时，向世界推介了具有中国特色的优秀文化：一是体育与节庆文化的结合，鼓励外国来宾亲身体验中国春节的传统习俗；二是体育与扎染、剪纸、微雕、木版年画等非物质文化遗产的结合，展现极具东方神韵与魅力的文化内涵；三是体育与中国语言文化的结合，用英文表达中国的古诗词、名言谚语，以便世界观众更精准地解读中国文字。体育可以成为展现中国特色文化图景的切口，中华文化的"走出去"又能带动国际体育传播。

五　结语

新华社在推特上对北京冬奥会展开的报道，是我国主流媒体积极嵌入国际体育传播链条、面向世界展开话语互动的实践，投射出我国主流媒体国际体育传播的话语构建能力。从话语内容上看，多个主题框架全面覆盖了冬奥会相关议题，并在结构与修辞上呈现轻文字、重视觉的特点，折射出积极正面的报道倾向；话语理念立足于中国主流价值体系，与当代国际传播中的"共同体""全球中国""平台思维"不谋而合；话语行为凸显社交语境中的话语互动和传播渠道上的话语延展；话语效果则显示人物特写、文化交流和环境治理等去政治化的议题更容易吸引用户的关注。这为今后的国际体育传播话语实践提供了参考，本文认为应从建构话语矩阵、坚定话语基调与提高话语策略三方面入手，建立国际体育传播话语体系，提升国际体育传播话语效力。

B.8
体育解说的媒介呈现与形塑力量[*]

薛文婷　孟潇庆^{**}

摘　要： 2022 年是一个体育大年，依托北京冬奥会、卡塔尔世界杯两大顶级国际赛事，以及欧冠、英超、中超和 NBA、CBA 等国内外高水平职业联赛，我国体育解说呈现"百花齐放"的媒介图景：主流媒体恪守专业解说范式，商业平台打造多元解说阵容；女性解说"可见性"提升；主队解说逐渐被认可；跨界解说推动赛事出圈；AI 手语解说增添人文情怀；等等。体育解说的媒介呈现既受到国家政策等宏观环境的影响，也受到媒体/平台、赛事 IP、受众/用户、解说人才等赛事直播生态系统要素的影响。

关键词： 体育解说　媒介呈现　传媒生态

2022 年无疑是一个体育"大年"，年初的北京冬奥会让世界了解中国，年

＊ 本文系北京高等教育本科教学改革创新项目"媒介融合背景下体育解说人才培养研究与实践"（项目编号：201910043004）、北京市支持中央在京高校共建项目（教学改革创新项目）"北京体育大学卓越特色体育新闻传播人才培养"阶段性成果。

＊＊ 薛文婷，北京体育大学新闻与传播学院教授、博士生导师、副院长，中国新闻史学会第六届理事会理事，中国体育科学学会体育新闻传播分会副主任委员，国家体育总局"优秀中青年专业技术人才百人计划"入选人员。研究方向为体育新闻传播史、体育新闻传播与社会变迁、体育融媒体传播，主持国家社科基金项目、高等学校全国优秀博士学位论文作者专项资金资助项目等多项科研课题，出版专著《中国近代体育新闻传播史论（1840～1949）》《新中国体育新闻传播发展研究》，主编《体媒人物——新中国体育新闻传播口述史》（上、下），在 *The International Journal of the History of Sport*、《北京体育大学学报》、《体育与科学》、《新闻与写作》等期刊发表多篇论文。孟潇庆，北京体育大学体育人文社会学专业体育新闻与传播方向博士研究生。

末的卡塔尔世界杯点燃了全球的足球热情。成就这两大全球性媒介事件及其"仪式化"呈现和"节日性"收视的是媒体直播，其中作为赛事直播关键要素的体育解说在信息传递、文化传播、情感共鸣、舆论引导、身心娱乐等方面发挥着至关重要的作用，并频频实现"出圈"传播，奉献诸多热点话题。在移动化、社交化、智能化的媒介环境下，我国体育解说有着怎样的媒介呈现，受到哪些因素影响？围绕上述问题，本文对 2022 年体育解说图景这一历史横切面进行了勾勒和分析，以期了解全貌、探寻规律、发现问题和制订策略。

一 体育解说的媒介呈现

在一个"万物媒介化"和"深度媒介化"的时代，媒介在重构社会的同时重塑了自身场域："在威权崩塌、意义丧失、弱关系连接成为权力来源的网络社会，被赋权的个体在大众传播体系之外自由连接互动，单向度传递公共信息的大众传播媒介并不必然成为'中心节点'，旧'高地'被纷纷解构，新'高地'在竞相崛起。"[①] 2022 年，基于北京冬奥会、卡塔尔世界杯这两大顶级国际赛事，以及欧冠、英超、中超和 NBA、CBA 等国内外高水平职业联赛，中央广播电视总台（简称"CMG"）等主流媒体，咪咕、腾讯、爱奇艺等长视频平台，抖音、快手、西瓜视频等中短视频平台，在赛事直播及体育解说领域不断上演"高地"之争，推动体育解说呈现"百花齐放"的媒介图景。

（一）媒体融合推动体育解说发展

赛事直播是直击赛况现场、连接赛场内外、协同传受双方的重要枢纽，赛事直播的权益归属则直接影响着体育解说的媒介分布及其呈现。譬如，北京冬奥会期间，得益于 CMG 的媒体融合和版权分销策略，主流媒体解说和

---

① 喻国明、耿晓梦：《"深度媒介化"：媒介业的生态格局、价值重心与核心资源》，《新闻与传播研究》2021 年第 12 期，第 76~91 页。

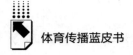

商业平台解说相得益彰，既有"以服务性、专业性、差异性为标识的高品质表达"，也有"以网感化、产品化、社交化为趋势的创新性探索"①。

1. 主流媒体：恪守专业解说范式

作为国家电视台和中央级媒体，CMG 央视凭借政策、覆盖面和人才等优势，拥有奥运会、世界杯等世界顶级赛事的全媒体版权和足球、篮球、排球、乒乓球、羽毛球、网球、田径、游泳等项目国内外高水平赛事的转播权。CMG 因为拥有 CCTV-5、CCTV-5+、CCTV-16 等具有全国影响力的体育频道，及沙桐、贺炜、于嘉、陈滢、童可欣等优秀体育解说人才，是我国赛事直播和体育解说的"大本营"。2022 年，无论是在国际体育赛事、国内外高水平职业联赛，还是在中国队比赛的转播与解说上，CMG 央视都有上佳表现。北京冬奥会期间，在授权咪咕全部赛事直播权益和北京冬奥纪实频道、上海五星体育频道、广东体育频道转播权益的基础上，CMG 体育青少节目中心累计直播赛事 260 场、时长 472.6 个小时②，央视频则为全球用户提供 569 场超 550 个小时的赛事直播③。沙桐、梁毅苗、陈滢、于嘉、姜毅、刘星宇、吴为、张萌萌、王琨元、崔骁、孙鹏耀、马也、孙思辰、席睿、高菡、牛银昊、麦孜燕、李晨明共 18 人，解说了北京冬奥会开闭幕式以及短道速滑、速度滑冰、花样滑冰、冰球、冰壶、跳台滑雪、单板滑雪、自由式滑雪、越野滑雪、高山滑雪、北欧两项、雪橇、雪车、钢架雪车、冬季两项共 15 个分项的赛事。央视还邀请张虹、陈丹、柳荫、杜泓锐等退役运动员及国际裁判门传胜、张辉球等参与解说。卡塔尔世界杯期间，央视派出贺炜、刘嘉远、邵圣懿、朱晓雨、曾侃、李晨明、孙思辰赴前方解说赛事。其中，贺炜奉献诗意解说，让人们心生感慨："我们可能没有最好的足球，但一定有最好的足球解说。" 2022 年，央视还复播了 NBA 和英超。其中，

① 王秋硕、赵丹、马泽祥：《北京冬奥会解说的价值凝炼与亮点述评——兼论融媒时代体育节目主持的守正创新》，《当代电视》2022 年第 8 期，第 69~77 页。

② 廖江衡：《中央广播电视总台圆满完成北京冬奥会转播报道》，《电视研究》2022 年第 2 期，第 8 页。

③ 刘玮：《冬奥会完成手语手势 2000 个，央视频 AI 手语主播"聆语"出圈》，新京报网站，2022 年 2 月 25 日，https://m.bjnews.com.cn/detail/164577635414206.html。

NBA 和 CBA 等篮球赛事转播，主要由于嘉、刘星宇和席睿等负责解说。

地方体育电视频道也是赛事转播和体育解说的重要平台。其中，北京冬奥纪实/北京体育休闲频道、上海五星体育频道、广东体育频道实力较为雄厚，除直播中超、CBA 和 NBA、英超等国内外职业联赛外，还获得北京冬奥会或卡塔尔世界杯等国际赛事转播权益。卡塔尔世界杯时，上海五星体育频道、广东体育频道、广州南国都市频道和广州竞赛频道均获得 CMG 直播授权。其中，五星体育派出唐蒙、王政、庄宁宇、龚稼轩、朱炯、李彦、赵作峻、蔡惠强、马延峰 9 人上阵解说，这是唐蒙第七次解说世界杯。上海五星体育频道的优势与往年相比逐渐减弱，原因之一是收看渠道多元化，正如唐蒙所说，"移动新媒体端的版权分流，年轻受众的观赛习惯变化，带来的挑战是显而易见的"①。广东体育频道则由陈熙荣、陈宁、何辉、罗海文、陈凯冬、陈俊杰等进行粤语解说。北京体育休闲频道目前的解说员主要有魏翊东、马重阳、魏祺、江文川和毛正宇。

广播在赛事直播和体育解说领域也具有一定影响力。基于 CMG 拥有的优质赛事版权资源，中国之声频率通常会精选一些重要赛事进行直播，主要由主持人方亮和郝迪解说。北京冬奥会期间，中国之声除了在冬奥特别直播节目《一起向未来》（20：00~22：00）中同步转播赛事片段外，还完整直播了自由式滑雪大跳台、空中技巧、坡面障碍技巧、U 型场地技巧和短道速滑等 7 场赛事，由方亮、郝迪负责解说，北京体育大学体育解说领域的殷雪怡、曹智、刘颖健、段怡君、王笑阳作为解说嘉宾参与了直播。卡塔尔世界杯期间，方亮、郝迪、苏扬解说了小组赛、1/8 决赛、1/4 决赛和决赛等 10 余场赛事，记者张闻、王宇、管月琦、杨森作为解说嘉宾参与了直播。地方广播电视台广播频率也会直播/解说一些精彩赛事。其中，北京体育广播、上海五星体育广播、广东文体广播、山东体育休闲广播等体育广播频率，都会转播/解说中超、CBA 等国内职业联赛，重点关注本地球队参加的比赛，

---

① 唐蒙：《"亲历"世界杯》，新浪网，2022 年 12 月 18 日，https：//k.sina.com.cn/article_ 1737737970_ 6793c6f202001f1im.html。

也会转播一些精彩的国际赛事。譬如，2022 年，北京体育广播除转播中超、CBA 外，经 CMG 授权，还转播了卡塔尔世界杯小组赛、淘汰赛和决赛场次的比赛约 20 场。目前，北京体育广播的解说员主要有王昺（篮球和足球）、康乐（篮球）和闫子昂（足球），世界杯主要由王昺、闫子昂和林苑解说。

2. 商业平台：打造多元解说阵容

新冠疫情给体育赛事产业和体育版权市场带来极大震荡。2022 年，虽然腾讯体育收缩战线，但是咪咕视频依然注重体育赛道，抖音、快手两大短视频平台也积极介入赛事直播市场。相对于主流媒体，商业平台的体育解说更具包容性和开放性，更注重多元化和个性化。

咪咕注重打造专业、豪华解说"天团"。自 2018 年凭借俄罗斯世界杯实现"破圈"传播以来，咪咕强势介入赛事版权市场，通过与 CMG 签约获得 2020 东京奥运会、2020 年欧洲杯、2022 年北京冬奥会和卡塔尔世界杯的全场次直播权益，并致力于打造专业、豪华、多元的解说评论队伍。北京冬奥会期间，咪咕共推出 500 多场次全自制解说，并组成包括大咖、冬奥会冠军、世界冠军、新锐、网络达人、跨界明星、数智人等共 10 个类型超 150 位解说员的庞大解说阵容，包括黄健翔、韩乔生、蔡猛等解说"名嘴"，王濛、李坚柔、周洋、陈露、庞清、佟健、张昊等奥运冠军或世界冠军，以及著名导演英达和网络红人张嘉豪等。其中，王濛解说频频出圈，成为现象级话题，彰显了体育解说的重要性和市场价值。卡塔尔世界杯时，咪咕汇集众多足球名嘴，包括詹俊、宋世雄、张路、娄一晨、刘越、颜强、邵佳一、徐阳、李欣、刘勇、魏翊东、王晓龙、朱煜明、刘腾、贺宇、孙雷、刘晶捷、李明、区楚良、宫磊等 40 余位解说及解说嘉宾进行直播，此外还有来自中国传媒大学、北京体育大学、上海体育大学、广州体育学院、成都体育学院的高校解说员远程直播。其中，詹俊和张路的经典组合对很多球迷而言颇具吸引力。咪咕还将欧冠、英超、西甲、意甲、德甲、法甲、中超、亚足联旗下赛事等顶级足球赛事，NBA、CBA 等顶级篮球赛事转播权收入囊中，此外还拥有 UFC、WTT、WWE、排超等垂直精品赛事版权，在体育内容上已成为国内毫无争议的第一商业平台。在此基础上，咪咕组建了一支深受球迷喜爱的足球解说天团，在篮球转播方面则形成了由杨健、苏群、杨毅、陈正昊、刘炜、张庆鹏等组成的篮球解说评论队伍。

腾讯收缩赛事直播/体育解说业务。2022年5月，腾讯集团发布《关于OVBU体育业务部组织架构调整的通知》，宣布撤销篮球业务中心/篮球运营组、足球业务中心/足球运营组等六大业务组，裁员约100人。作为曾经的体育版权之集大成者，腾讯体育长期以来被业内寄予厚望，此次裁员带给业界极大震动，有论者认为这或许意味着中国体育传媒行业乃至整个中国体育产业将正式告别2014—2020年这段风起云涌的黄金岁月并重新进入蛰伏时代①。组织架构调整后，体育版权运营组、体育经纪、赛事直播组、节目组等体育业务组得到保留，腾讯也尚拥有NBA、MLB版权，以及2021—2022赛季欧冠、欧联、中超、F1等赛事版权②。围绕上述赛事，腾讯依然拥有柯凡、王子星、段冉、苏群、杨毅、王猛、马健、管维佳、殳海、孔祥宇、王仕鹏等解说及嘉宾队伍。

爱奇艺体育由爱奇艺与新英体育于2018年成立的新爱体育传媒公司独立运营，拥有足球、网球、高尔夫等项目的顶级体育赛事版权。基于新英体育的足球版权资源，爱奇艺体育持续深耕头部足球赛事IP，并组建了包括苏东、金相凯、何辉、刘勇、蔡惠强、克韩、熊冰杰等资深体育解说员以及"90后"解说新秀的解说阵容。

短视频平台的赛事直播及体育解说风生水起。2022年，继快手从CMG获得北京冬奥会赛事点播和短视频版权后，抖音成为CMG 2022年世界杯官方直播合作伙伴，为用户提供全场次超高清免费直播。作为在中国体育版权市场中第一个拿到世界杯直播版权的短视频平台，抖音组建了一支豪华的解说和嘉宾队伍，包括苏东、孙继海、鹿晗、李毅、董方卓、王正坤、徐亮、于鑫淼、宿茂臻、宫磊、熊冰杰、沈云怡、梁翔宇、谢晖、管泽元、吴桐、

① 体育大生意：《腾讯体育大裁员，撤销六大业务组！中国体育传媒转入蛰伏时代》，凤凰网，2022年5月19日，http://sports.ifeng.com/c/8G9VhubjbeD。
② 一白：《腾讯体育裁撤多个业务部门涉及约百名员工，版权内容持续缩减》，新浪网，2022年5月20日，http://k.sina.com.cn/article_5182171545_134e1a99902001c0mp.html。

金相凯、徐云龙、白岩松、曲波、武磊、苏醒、潘晓婷、杨璞、赵丽娜、许昕、陈宁（粤语）、陈俊杰（粤语）、何辉（粤语）、朱立宇（粤语）、罗海文（粤语）、陈凯冬（粤语）等。2022年7月，抖音和今日头条、西瓜视频还全程直播了东亚杯男、女足（中国女足出征东亚杯并获得亚军）共计12场比赛，由段暄、徐阳、韩端在演播室进行解说评述，刘建宏、徐亮则通过抖音个人账号进行单人解说。抖音还联合站内有解说能力的创作者和观众对比赛精彩镜头进行解说的二次创作①。快手在欧冠的直播及解说领域有所创新。2022年2月，快手体育与欧足联达成版权合作，成为2021—2022赛季欧冠联赛官方直播及短视频平台。淘汰赛期间，快手除邀请董路、苏东、申方剑、刘腾、苗霖、吴桐、梁翔宇、于鑫淼等专业解说畅聊欧冠外，还邀请"凡创足球""足球观察观足坛"等草根达人、快手足球KOL与专业足球评论员搭档解说欧冠比赛。草根解说多从球迷视角分析比赛，评论员则从专业眼光观察球队战术，视角的碰撞和互补带给用户丰富的观赛体验。决赛时，董路、申方剑、贾天宁、刘腾、苗霖、吴桐、王化萌、苗锟等著名足球解说员、评论员坐镇不同直播间，为球迷观赛提供多种选择；由多位优质创作者与众多足球资深博主等组成的"欧冠决赛·快手解说天团"，也为球迷带来风格各异、视角多元、激情四射的赛事解说。快手还推出二次创作活动——"我要说欧冠"，鼓励用户观看欧冠并发布自己的解说视频②。2022年10月，快手、哔哩哔哩还首次加入MLB（美国职业棒球大联盟）2022年季后赛直播阵营，除推出罗森、大发、陈晖、李星、赵佑等官方解说外，还邀请多名知名UP主参与解说③。2022年，快手、抖音与爱奇艺体育直播了ONE冠军赛。

---

① 《上抖音，看东亚杯直播》，"抖音App"微信公众号，2022年7月18日，https：//mp. weixin. qq. com/s/Hr3G6X286_ 8wcDgJFNsaQg。
② 薛尹博、颜彬：《快手闪耀欧冠决赛，解锁观赛新姿势》，腾讯网，2022年6月1日，https：//new. qq. com/rain/a/20220601A0DIDB00。
③ 孙晓晨：《MLB联手B站、快手两大平台 加码赛事直播布局》，中国日报中文网，2022年10月9日，https：//cn. chinadaily. com. cn/a/202210/09/WS63428288a310817f312f158f. html。

（二）女性解说"可见性"提升

在体育解说领域女性解说员数量较少，女性被认为不适合解说足球、篮球等强对抗性运动项目。随着社会文明进步、女性意识觉醒以及受众媒介素养提高，越来越多的女性出现在解说岗位上并得到专业认可。

北京冬奥会期间，王濛解说火爆"出圈"，陈滢再度奉献诗意解说。中国短道速滑前冬奥会四金得主王濛在咪咕视频激情解说并火爆"出圈"："请把王濛焊在解说台上"等话题频登微博热搜；"我的眼睛就是尺"等金句火遍全网。经分析，王濛解说主要在专业性、娱乐性、情感性和修辞性等方面与用户产生了话语共鸣。[①] CMG 央视平台上，陈滢、高菡、麦孜燕、马也、张萌萌等女性解说员也在花样滑冰、高山滑雪、越野滑雪、雪橇以及单板滑雪等项目中奉献了精彩的单人解说。其中，陈滢专业且诗意的解说再度引起关注。

商业平台于世界杯期间推出的女性解说也得到认可。卡塔尔世界杯期间，咪咕平台上，林梦鸽、刘畅和沈云怡三位女性解说员以单人解说、双女主解说或女解说+电竞解说的方式解说了 17 场赛事。在抖音的世界杯直播中，则出现了解说员吴桐等，解说嘉宾潘晓婷（台球世界冠军）、赵丽娜（前女足国家队门将）等女性的身影。其中，吴桐解说了小组赛和 1/8 决赛共 7 场比赛。在 1/8 决赛日本对阵克罗地亚的"dou 是预言家"环节，吴桐提供了唯一正确的赛果预测：克罗地亚点球战胜日本，晋级八强。为此，平台联合吴桐录制了相应的短视频追加热点，并带上"吴桐预测成功击败全部男解说"话题，建构了吴桐"预测明灯"的形象。在吴桐的微博评论区经常可以看到"现役最好的女解说员"等评价。咪咕和抖音的女性解说也得到了有关专家的认可，认为她们对足球的理解、对资料的准备和运用和对言语的把握超过了一些男性解说员，女性独特的观察视角和思维方式使她们

---

① 薛文婷、胡华、康乔：《主体间性视角下的新媒体体育解说研究——基于王濛解说"出圈"现象的分析》，《当代电视》2023 年第 8 期，第 87~93 页。

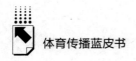
经常有一些出人意料的表述。女性解说员在卡塔尔世界杯中的精彩亮相和专业表现，有助于打破女性不适合担任激烈对抗性比赛解说员的刻板印象。

（三）主队解说渐被认可

主队解说是指站在主队球迷立场上进行的具有适度倾向性的体育解说，近几年开始出现在 CBA 等职业联赛的直播中。2016 年，乐视在足协杯江苏苏宁 VS 广州恒大转播中设置了三路解说，中立场由董路和李欣解说评论，其他两路分别由江苏和广东本土解说员主持解说。2019 年，优酷在 2019—2020 赛季 CBA 转播中首次推出主队解说模式，在转播广东东莞银行、新疆伊力特、辽宁本钢、北京首钢、山东黄金等 CBA 重点球队比赛时设立了主队解说。对于主队模式，优酷体育通过微博等进行了宣传，如"选择主队解说模式，与自己的主队和球迷一起，不在现场照样疯狂"。这一创新模式在中国篮球论坛里获得了较好评价，也让网络平台看到了主队解说的可行性。从 2020—2021 赛季开始，咪咕在 CBA 直播中同时设立中立解说、主队解说和原声清流，其中中立场通常由两人搭档解说，主队解说通常由单人解说且大多是年轻面孔。2022—2023 赛季，咪咕延续上赛季解说模式，为 CBA 的 20 支球队都设立了不出镜的远程主队解说员，在所有场次转播中均采用四种解说频道，即中立解说（默认频道）、主队解说（两队各一）和原声清流（无解说）。2022—2023 赛季欧冠联赛期间，优酷采用的也是主队解说和中立解说并行模式。

作为新生事物，主队解说模式受到关注但尚不成熟。2019 年 11 月，有球迷在虎扑社区发帖："优酷这个主队解说模式，各位觉得如何？"在互动中，有的球迷认为："很好啊，各自为主队加油！""这个主队模式很有意思，慢慢培养地方球迷。""我觉得挺好，关键是选择多……新人的解说水平也不错，不是靠名气上来的，靠谱很多。"2020 年 10 月 CBA 开赛之初，有球迷还在虎扑社区抱怨"话说四川是真的没粉丝吗？咪咕都没有主队解说"，并发起"四川应该有主队解说吗"的投票，随后有约 1300 人投票，其中 68% 的球迷认为应该有，由此可见球迷对主队解说模式的认可。2023

年 1 月，围绕"咪咕有主队解说的情况下，大家会看公共频道吗"这一提问，球迷意见较为多元，既有"看谁是主队解说，如果是临时顶的就看公共"，也有"我一般看公共的""我看公共，因为不想听＊＊"，还有"曾经因为没有中立解说被北京解说圈粉"等。也有球迷质疑主队解说立场："明明是主队解说，解说的却像中立甚至还不如中立，各种偏向对面球队。"

主队解说主要源自文化地域性、球迷喜好等因素，是"家里人"解说在新媒体平台的一种延续。"家里人"解说现象可以追溯至 20 世纪 40 年代，"二战"结束后不久，美国中西部部分地区的棒球解说员采用了迎合本地球队的解说方式并得到当地受众认同，之后这种解说方式逐渐蔓延开来①。我国广播电视机构在转播国家队赛事或本地球队比赛时也会呈现一定的倾向性。对此，原中央广播事业局局长明确指出的"解说要做到客观公正与适度倾向性相结合"②，被广泛接受。在客观公正基础上采取适度倾向的解说原则，源于解说员与受众之间身份认同的互动。这种身份认同的互动可能是刚性的，也可能是柔性的。当受众接受或部分接受这种身份认同时，解说通常不会成为公众话题；倘若解说违背了社会中普遍承认的身份规则，就有可能成为热门话题③。主队解说模式的出现，丰富了解说形式，可以为受众提供更多选择以及加入以共同兴趣爱好和支持球队聚集而成的圈层，也为球队增加了与球迷接触的渠道。与此同时，主队解说也要处理好"客观公正"与"适度倾向性"之间的关系，譬如不搞地域歧视，不进行人身攻击，不"捧杀"主队等，营造"各美其美""美人之美""美美与共"的良好氛围。

（四）跨界解说推动赛事"出圈"

"跨界"是打破边界、使边界消弭的过程。体育解说作为一种职业新闻

---

① 魏伟：《体育解说论》，中国广播电视出版社，2013，第 12 页。
② 宋世雄：《宋世雄自述——我的体育世界与荧屏春秋》，作家出版社，1997，第 293 页。
③ 魏伟：《电视体育解说的"家里人"现象和公正立场研究》，《电视研究》2012 年第 2 期，第 50~52 页。

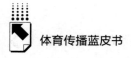

传播活动，在传统媒体中有着极高的专业门槛和职业壁垒。受新媒体时代新闻传播场景应用变革及边界消融影响，商业平台不断创新解说模式，邀请明星、达人跨界解说，提高了体育解说的趣味性、关注度和话题度。

2022年卡塔尔世界杯期间，抖音邀请了白岩松、鹿晗、潘晓婷、苏醒、许昕、赵丽娜等文体界名人进行跨领域、跨项目的赛事点评和解说，促进了世界杯话题的"出圈"传播。譬如，作为英格兰球迷，鹿晗在英格兰与伊朗赛前准确预测了比赛最终的获胜方——英格兰，当晚鹿晗一人18次冲上微博热搜。电竞解说管泽元也深受抖音用户喜爱。揭幕战中，管泽元预测东道主卡塔尔队应该很稳，结果卡塔尔队成为历史上首个在世界杯揭幕战中输球的东道主，"管泽元解说"话题随即冲上抖音热榜。和2014年世界杯"乌贼刘"刘语熙的反向预测成为"热梗"一样，管泽元预测的相关话题也多次登上抖音热榜，如在法国与摩洛哥半决赛前后，"管泽元发预测了 摩洛哥稳了"这一话题冲上抖音热榜首位，很多用户都能理解这个"梗"从而实现"破圈"传播。纵观世界杯期间的抖音热榜，"黄健翔批评姆巴佩眼神防守""神秘的东方力量为梅西加油""世界杯半决赛现场响起孤勇者"等进入抖音全站热榜前三，诸如"谁能看懂潘粤明画的C罗""管泽元真去剃头了""梅西输球后刘畊宏哭了"等话题更是延伸到其他平台进一步发酵，跨平台取得热搜效果[①]。专业知识是解说员的"硬指标"，而影视、相声演员的"跨圈"加入则以"软实力"俘获观众眼球，带来陪伴式观赛体验。在央视网《一起看冬奥》节目中，演员张凯丽、德云社相声演员郎鹤炎来到演播间陪伴看赛，这种节目形式获得了观众喜爱。其中，郎鹤炎的解说"包袱"满满，如谈及高山滑雪运动时将这项运动总结为需要"会滑雪"、"敢滑雪"和"身体好"三点技巧；在讲解冰球运动时调侃同事孙越的体形适合做守门员，"风不透雨不漏"，这种相声式的解读为专业的赛事

---

① 颜彬：《世界杯落幕，抖音再起航》，腾讯网，2022年12月20日，https：//new.qq.com/rain/a/20221220A08NLV00。

讲解增添不少幽默感①。总之，跨界解说的加入，让跨界嘉宾用通俗易懂的语言话冬奥、聊世界杯，为体育赛事带来了更立体的解读视角和一定的"破圈"效应。

（五）激情解说再次引发热议

2022 年春季 NBA 比赛期间，徐静雨解说热度爆棚，百视 TV 异军突起。3 月 2 日，草根球评人徐静雨第一次作为赛事直播解说员入驻百视 TV 解说 NBA 常规赛。其以球迷看球+个人直播相结合的"唠嗑式"解说风格为球迷带来了沉浸式的观赛体验，直播间热度不断走高。在同年 4 月篮网和凯尔特人首轮第一战中，塔图姆完成压哨绝杀带领凯尔特人迎来开门红，徐静雨在解说过程中狂吼了近半分钟，在全网引发热议甚至争议。有网友因为其标志性"啊啊啊啊啊啊"的语言表达称其解说为"咆哮式"解说。部分解说员和受众表达了对这种"咆哮式"解说的不满，认为其解说缺乏专业性，哗众取宠。解说员王兆丰在微博上表达了对徐静雨解说的不认可，认为徐静雨的解说拉低了解说行业的标准。知名篮球评论员苏群则表示："现在是多媒体和自媒体时代，百花齐放，做好自己的事就可以了。都是很优秀的评论员，各自在不同的平台非常努力。至于风格不同，也是多媒体时代的特色，当年央视一桌两人的时代，一去不复返啦。"② 部分球迷也表示："解说不分高低贵贱，每个人都有每个人的特色，没必要强求统一。""他的出现，似乎象征着权威的崩塌，也满足了人们的想象。人们喜欢看穷小子挑战大师，看环卫工狂虐大学教师的戏码。"③

从 2015 年开始接触自媒体，到 2019 年在虎扑、直播吧、哔哩哔哩、知

---

① 鲸鱼：《专业又有趣，冬奥赛事解说频上热搜》，"广电时评"微信公众号，2022 年 2 月 18 日，https://mp.weixin.qq.com/s/YVpGSFKAyZDBDbKn-m66Qw。

② 《体坛猪八戒·前辈观点！苏群回应徐静雨解说争议，杨毅阴阳怪气！》，搜狐网，2022 年 4 月 21 日，https://www.sohu.com/a/539773577_120915451。

③ 凌康：《我们该如何评价徐静雨？》，"保安评球"微信公众号，2021 年 1 月 2 日，https://mp.weixin.qq.com/s/MyfDVp97jocSSBH5xNlEjw。

乎等多个平台积累超高人气，及 2020 年入驻抖音平台进行短视频更新和直播收获大量粉丝，再到 2022 年进行直播解说，徐静雨逐渐形成了自己的语言风格。百视 TV 选择徐静雨正是因为他"在草根篮球评论这个领域坚持了多年，在球迷心中具有了一定的影响力"，同时源于双方在平台建设理念与价值观上趋同，能在服务球迷层面形成合力。百视 TV 的负责人表示，"徐静雨与球迷的互动做得相当出色，这符合我们做'陪看''宿舍篮球'的平台理念，'互动'是百视 TV 直播间的核心，我们希望更多的球迷能参与到这个过程当中去，而不是简简单单的'我说你听'"。徐静雨则表示，"我本身自己看球时候就话多，情绪也会随着比赛进程有明显起伏，我的解说风格其实就是我看球的状态＋个人直播的一种结合体"。①

对于草根球评人出身的徐静雨的"爆火"，虽然学界、业界和受众/用户见仁见智，莫衷一是，却为我们思考媒体深度融合环境下的体育解说及人才培养提供了一个典型案例。

（六）AI 手语解说增添人文情怀

体育解说通常是指通过语言描述比赛过程、阐释竞赛规则、分析场上局势的一种新闻传播活动，有一个特殊人群却无法听到体育解说的声音。北京冬奥会和卡塔尔世界杯期间，AI 手语解说的出现让处于无声世界中的特殊人群也能"听"到精彩赛事，为听力受损群体提供了观赛新路径，为赛事转播增添了人文情怀。

2022 年 2 月 5 日晚，央视频 AI 手语解说数字人"聆语"正式"上岗"，在 2 分 37 秒 348 的时间内用 232 个手语动作准确无误地完成了中国队首金的解说，提升了听障人士的观赛体验。北京冬奥会期间，"聆语"共完成手语手势 2000 个，服务人次超 216 万，实现金牌赛事 100%

---

① 刘金涛：《转播 NBA 又联手徐静雨解说，百视 TV 押中了宝!》，搜狐网，2022 年 6 月 10 日，https://www.sohu.com/a/555857837_ 415197。

覆盖，在行业首次大型赛事翻译中获得圆满成功①。此后，"聆语"又继续服务北京冬残奥会。"聆语"整合了多模态交互技术、3D 数字人建模、机器翻译、语音识别和自然语言理解等技术，手语表达能力接近真人。为提供更专业的手语解说服务，"聆语"基于《国家通用手语词典》的标准手语和深度的机器学习训练，以及针对体育、艺术等专业领域的优化补充，共掌握约 160 万个词语和语句。在冰雪赛事中，"聆语"学习了 1.5 万个体育和冰雪运动词语，能够快速迭代新词、热词，及时理解和更新比赛相关词语，"小栓子""谷爱凌"等都能准确表达②。

在卡塔尔世界杯中，作为持权转播商的咪咕视频为让更多听障人士感受赛事激情，专门打造了数智手语主播"弋瑭"，以及 AI 手语数字人"华同学"。它们共带来包括 1/4 决赛、半决赛和决赛在内的 10 场赛事（"弋瑭"6 场，"华同学"4 场）的专业、准确的手语解说，这是行业内首次实现世界杯实时赛事手语播报。中国移动咪咕专家团队通过提取2018 年世界杯 8 场比赛近 1000 分钟的语音解说文本，进行手语翻译词序列的语料标注，最终助力打破"无声的世界"。AI 手语解说首先要将解说语音转为高精准的驱动字幕，完成实时字幕转写，输出字幕流；其次通过中文语义蒸馏模型和 AI 手语分词快编算法将字母转换成适合手语表达的词汇序列，进而驱动手语动作，将字幕流转成手语视频流；最后根据字幕、手语、视频源流的时间戳信息实现音频解说、中英双语字幕及数字手语主播的"音""字""人"三位一体实时呈现③。

---

① 刘玮：《冬奥会完成手语手势 2000 个，央视频 AI 手语主播"聆语"出圈》，新浪网，2022年 2 月 25 日，https：//finance. sina. com. cn/jjxw/2022-02-25/doc-imcwipih5332974. shtml？cref=cj。

② 黄昂瑾：《行业首次 AI 手语赛事解说直播上线央视频，腾讯 3D 手语数智人"聆语"直播解说冰雪赛事》，搜狐网，2022 年 2 月 9 日，https：//www. sohu. com/a/528386484_362042。

③ 锵锵通信：《世界杯完美落幕，一起来看暖心的中国移动"黑科技"》，搜狐网，2022 年11 月 23 日，https：//sports. sohu. com/a/619310429_ 120740496。

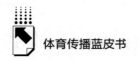
二 体育解说的形塑力量

传媒生态系统是指各种形态的媒介和各种业态的媒体与其生存的环境构成的动态平衡系统。能够对传媒生态系统造成重大影响的环境因素主要有技术环境、受众环境、政治环境、经济环境等①。作为赛事转播行业进行内容差异化竞争的"核心武器"，体育解说的媒介呈现既受到国家政策等宏观环境的影响，也受到媒体/平台、赛事IP、受众/用户、解说人才等赛事直播生态系统要素的影响。

（一）国家政策优化体育解说环境

传媒是一种"政治经济现象"②，会受到制度环境的深刻影响。体育解说作为赛事转播的关键要素，会受到国家相关规章制度的影响。

就体育规章制度而言，国务院于2014年、2018年、2019年先后印发《国务院关于加快发展体育产业促进体育消费的若干意见》（简称"46号文"）、《国务院办公厅关于加快发展体育竞赛表演产业的指导意见》和《体育强国建设纲要》，极大推动了我国体育赛事产业的发展。其中，"46号文"明确指出要"放宽赛事转播权限制，除奥运会、亚运会、世界杯足球赛外的其他国内外各类体育赛事，各电视台可直接购买或转让"；《国务院办公厅关于加快发展体育竞赛表演产业的指导意见》要求广电总局、版权局、司法部、体育总局负责"推进体育赛事制播分离"，"大力支持体育新媒体平台发展"，推动赛事转播权"公平、公正、公开流转"。2022年，国家体育总局又发布了《关于体育助力稳经济促消费激活力的工作方案》，指出要"加大赛事供给，加大转播力度，力争做到国内赛事应办尽办、应播尽播，把更多赛事呈现到人民群众面前"。同年

---

① 崔保国、陈媛媛：《2021~2022年中国传媒产业发展报告》，《传媒》2022年第16期，第9~15页。
② 崔保国、陈媛媛：《2021~2022年中国传媒产业发展报告》，《传媒》2022年第16期，第9~15页。

6 月修订通过的《中华人民共和国体育法》也对赛事版权保护做出规定："未经体育赛事活动组织者等相关权利人许可，不得以营利为目的采集或传播体育赛事活动现场图片、音视频等信息。"国家对赛事转播权的保护及其流转的重视，促进了赛事转播的市场化运作，为体育解说的发展营造了良好环境。

就新闻规章制度而言，2015 年国家新闻出版广电总局出台了《关于改进体育比赛广播电视报道和转播工作的通知》，规定"除奥运会、亚运会和世界杯足球赛（包括预选赛）外的其他国内外各类体育赛事，各电台电视台可以本着公平、公正、公开流转的原则直接购买或转让，实现体育赛事转播权有序竞争"，并要求"中央电视台在保证最大观众覆盖面的原则下，应就其他电台电视台的需要，通过协商转让特定区域内的转播权，确保重大国际体育赛事在中国境内的播出覆盖"。和 2000 年国家广播电影电视总局出台的通知相比，这一通知赋予了地方广播电视台和教育电视台购买奥运会、亚运会和世界杯足球赛之外所有赛事版权的权利，对广播电视的赛事转播及体育解说具有重要意义。

（二）赛事 IP 影响体育解说项目分布

"内容为先"不仅是媒体发展的基本法则，也是赛事产业的重要规律。其中，赛事 IP 的打造和传播始终是体育产业的核心内容，占据体育价值的核心地位。体育赛事 IP 是指具有一定商业价值的体育赛事的产权及其相关的衍生产品，主要包括门票销售权、赞助权、媒体转播权和特许衍生开发权四种权益[①]。其中，媒体转播权是具有广泛影响力的体育赛事的最核心资源，其归属和流转极大影响着赛事转播行业的发展及体育解说人才的分布。

北京冬奥会和卡塔尔世界杯为体育解说提供最佳展示舞台。根据国际奥委会和北京冬奥组委发布的消息，北京冬奥会是迄今为止收视率最高的冬奥

---

① 艾瑞咨询：《2022 年中国体育赛事 IP 商业化研究报告》，澎湃，2022 年 9 月 19 日，https：//www.thepaper.cn/newsDetail_ forward_ 19961276。

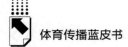

会：通过广播电视和数字平台收看北京冬奥会的人数高达20.1亿，与平昌冬奥会相比增长5%。① 冬奥会推动了CMG的体育解说队伍建设，也让商业平台会聚了众多解说人才。为全方位转播冬奥会赛事，央视于2017年至2018年举办了"一起说奥运"主持人大赛，选拔了孙思辰、席睿、孙鹏耀、高菡等一批优秀的年轻解说员。北京冬奥会时，他们和陈滢、于嘉等共同承担了解说15个分项赛事的任务。作为北京冬奥会持权转播商的咪咕视频则打造了一支超150人的史上最大规模"解说天团"。除王濛解说频频"出圈"外，导演英达的冰球解说、从面包师转型为职业滑雪选手并上演"一个人的冬奥会"的张家豪的故事也感动了万千网友。世界杯是全球水平最高、规模最大的足球赛，从观赛人数和转播覆盖率来看影响力巨大。2018年俄罗斯世界杯时，全世界约有35.72亿人次通过官方渠道收看世界杯赛事，平均每场观看人次为1.91亿，其中中国是世界杯观众最多的国家，高达6.557亿人次，占总数的18.4%。② 2022年卡塔尔世界杯期间，央视体育客户端各项数据持续走高，全程64场比赛观看量超1.2亿次③。因为受众规模大、市场价值高且比赛高度集中，拥有赛事直播权益的CMG及咪咕、抖音均调兵遣将，极大调动了足球解说力量。

成熟的职业赛事体系造就足球和篮球解说人才队伍。足球是体育产业最大的单一项目，是"世界第17大经济体"④，也是世界上最受欢迎的体育运动，在全球拥有超过35亿球迷。艾瑞咨询发布的《2022中国足球球迷行为洞察白皮书》显示，中国足球球迷规模接近2亿人，其中有定期观看足球比赛习惯的球迷数量约3000万，付费观赛人群超过1400万，近六成球迷每

① 威玛尔·桑卡：《超20亿！打破历史纪录！》，丁雨晴译，新浪网，2022年10月22日，https://finance.sina.com.cn/wm/2022-10-22/doc-imqmmthc1729481.shtml。
② 肆克足球：《世界杯收视报告：中国超6.5亿人次，居世界之首》，百度百家号，2021年12月21日，https://baijiahao.baidu.com/s?id=1620832014268501157。
③ 杨屾：《央视体育客户端"卡塔尔世界杯"观看量超1.2亿次》，中青在线，2022年12月21日，http://news.cyol.com/gb/articles/2022-12/21/content_EAvw4pcaNq.html。
④ 和静钧：《足球产业堪称世界第17大经济体》，搜狐网，2010年6月26日，https://business.sohu.com/20100626/n273095780.shtml。

周观看 1 次以上比赛。就赛事偏好而言，中国球迷最喜欢观看的是国家联赛（95.4%），然后是世界性大赛（87.5%）、洲际联赛（87.0%）、洲际杯赛（82.1%）。其中，世界杯、世俱杯、奥运会足球的球迷选择率分别为99.7%、33.7%和28.0%；日常关注的足球赛事依次为欧冠（98.0%）、英超（82.2%）、西甲（57.1%）、亚冠（38.2%）、德甲（36.9%）、意甲（34.0%）、中超（32.2%）、法甲（20.6%）等；欧洲杯（97.7%）、亚洲杯（49.7%）、美洲杯（33.7%）等洲际杯赛也深受青睐①。正如 20 世纪90 年代中国足球职业联赛造就"八千足记"盛景一样，世界杯、欧冠、欧洲足球五大联赛等一系列高水平足球赛事在造就庞大足球产业和球迷市场的同时培育了众多知名足球解说员。篮球被称为"世界第二大球类运动"，全球球迷数量约 22 亿②。在中国，篮球已成为最受欢迎运动，2021 年 12 月发布的《中国篮球运动发展报告》显示，我国有一般篮球人口1.25 亿人，核心篮球人口约 7610 万人，篮球运动认可度居三大球之首③。《2018 中国篮球产业白皮书》显示，NBA 的受关注度排名第一；奥运会篮球赛、CBA 和 FIBA 世界杯，构成中国篮球爱好者关注的第二阵营；CUBA（中国大学生篮球联赛）拥有 10.9%的受关注比例；再后是欧洲篮球冠军联赛、NCAA（美国大学生篮球联赛）④。由此，篮球成为我国解说人才储备较为充足的运动项目。继足球、篮球之后，最受我国观众欢迎的赛事依次是羽毛球、乒乓球、游泳、台球、网球、赛车、棒球、排球、田径、电竞、拳击、冰雪项目和高尔夫等⑤。就平时观赛而言，NBA、欧冠、英超是最受我

---

① 艾瑞咨询：《2022 中国足球球迷行为洞察白皮书》，界面新闻，2022 年 6 月 10 日，https：//www.jiemian.com/article/7578698.html。
② 《全球十大受欢迎体育项目出炉　足球第一篮球第三乒乓球第七》，华奥星空，2020 年 6 月18 日，https：//www.sports.cn/hykx/2020/0618/333768.html。
③ 《一图读懂〈中国篮球运动发展报告〉》，"中国篮球协会"微信公众号，2021 年 12 月 21日，https：//mp.weixin.qq.com/s/4galDnNf1ZJvatFPrU0WtA。
④ 山丘：《一文读懂中国篮球产业白皮书：5 个关键词洞悉篮球 8 大趋势》，腾讯体育，2018年 11 月 7 日，https：//sports.qq.com/a/20181107/002165.htm。
⑤ 艾瑞咨询：《2016 年中国互联网体育用户洞察报告》，界面新闻，2016 年 6 月 22 日，https：//www.jiemian.com/article/707055_ xianguo.html。

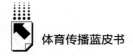
国观众关注的三大国际体育赛事。受北京冬奥会影响，冰雪赛事转播及解说也日益受到关注。

（三）媒介格局决定体育解说规模

传媒也是一种技术创新现象[1]，每一次技术革命都会造就大批新行动者[2]。传媒业在纵向上经历了报纸—广播—电视—网络—移动网络的媒介变迁，从横向上可分为内嵌于社会体制的主流媒体体系和市场化运行的网络数字媒体体系[3]。主流媒体和商业平台的组织逻辑和行为目标虽相去甚远，但彼此很难取代，共同构成了受众/用户接触体育信息的媒介环境。就赛事直播而言，主流媒体与商业平台的融合可以助力优质赛事找到精准用户，其中体育解说是赛事转播进行差异化内容生产并吸引用户的关键，正如《2022 年中国体育赛事 IP 商业化研究报告》显示的那样，伴随解说的赛事直播（61.71%）是核心赛事内容供给中用户最关心的方面[4]。2022 年的赛事直播及体育解说领域中既有互联网大厂的"战略撤退"，又有视频平台的"奋勇争先"，说明赛事直播依然是媒体/平台竞相争夺的优质内容，也体现了媒介格局及运营策略的改变。

主流媒体与商业平台融合传播提高赛事和解说影响力。自 2018 年以来，CMG 对奥运会和世界杯的直播版权都采取了分销策略，还在商业平台设置了央视解说线路，在推动媒体融合的同时促进了赛事运营的差异化竞争及体育解说的模式创新。其中，CMG 除了在 CCTV-5、CCTV-5+、CCTV-16 直播赛事外，还在央视网、央视影音、央视体育、央视频等新媒体端直播赛

① 崔保国、陈媛媛：《2021~2022 年中国传媒产业发展报告》，《传媒》2022 年第 16 期，第 9~15 页。
② 王辰瑶：《"新闻真实"为什么重要？——重思数字新闻学研究中"古老的新问题"》，《新闻界》2021 年第 8 期，第 4~11 页。
③ 崔保国、陈媛媛：《2021~2022 年中国传媒产业发展报告》，《传媒》2022 年第 16 期，第 9~15 页。
④ 艾瑞咨询：《2022 年中国体育赛事 IP 商业化研究报告》，澎湃，2022 年 9 月 19 日，https://www.thepaper.cn/newsDetail_forward_19961276。

事。央视频自 2021 年 4 月上线体育频道以来，以东京奥运会、北京冬奥会、卡塔尔世界杯为契机，积极探索"移动端直播+会员定制服务"模式，提升了客户端下载量、用户活跃度和社会影响力。中国移动咪咕则依托咪咕视频、魔百盒和视频彩铃积极打造"大小屏联动+长短视频+全场景体验"，重视组建专业多元解说团队。无论是北京冬奥会直播时央视和咪咕的"两强相争"，还是卡塔尔世界杯直播时央视、咪咕和抖音的"三国演义"，都极大调动了解说资源，推动了体育赛事的"破圈"传播。

长中短视频平台积极介入搅动体育解说江湖。进入 21 世纪后，伴随流媒体技术的发展，网络视频在世界范围内兴起，国内视频平台也迅速成长起来。其中，2009 年 1 月 7 日、2013 年 12 月 4 日、2019 年 6 月 6 日，工信部先后发放 3G、4G、5G 牌照，极大推动了移动视频行业的发展。经历多轮洗牌，爱奇艺、腾讯、优酷在长视频领域三足鼎立；抖音、快手稳居短视频行业第一梯队；西瓜视频等中视频正在成为视频赛道新风口。为争夺用户，快速发展的视频平台意识到优质内容及其差异化生产的重要性，纷纷将目光投向体育赛道。2014 年"46 号文"的发布则为互联网公司布局赛事版权市场提供了重要契机：先是腾讯体育、乐视体育、PP 体育竞相争夺版权；再是咪咕、优酷进军体育赛事直播赛道；夏奥会、美洲杯、欧洲杯、冬奥会、世界杯的接连举办推动快手、抖音等短视频平台，西瓜视频等中视频平台积极介入赛事版权市场。视频平台的积极介入带来了新的内容生产传播方式，影响了赛事版权市场的走向，也推动了体育解说模式的创新。

（四）受众需求促使解说风格多元化

赛事版权迁移和解说模式创新，不仅是媒介变迁的结果，也是用户选择的结果。在体育强国、健康中国战略指引下，我国体育人口已从 2015 年的 4 亿人增至 2020 年的 4.35 亿人，体育用户消费（包括参与型和观赏型消费）也呈增长趋势。就屏幕前观赛而言，受众/用户正在从广播电视端向移动端迁移。2018 年俄罗斯世界杯期间，电视端用户从 55.7% 降至 40.8%，

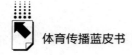
互联网设备的用户使用率处于增长状态，同时用户大量从 PC 端向移动端迁移，手机和平板的设备使用率有将近一倍的增长，其中手机的使用率从 43.8%升至 81.1%①。2020 东京奥运会时，大小屏联动使观众收获更为舒适的观赛体验，移动端成为奥运赛事的主流"窗口"；半数左右的 18~40 岁观众使用移动端观赛，使用有线电视和 IPTV 观赛的观众数量随着年龄的增加而增多，使用投屏观赛的较少②。体育用户的增加及向移动端迁移，是视频平台积极介入赛事版权市场并注重体育解说的重要原因。

体育解说风格多元化是体育受众/用户需求个性化的体现。体育解说是影响用户选择观赛渠道的主要因素。《2016 年中国互联网体育用户洞察报告》显示，35.7%的用户会因为解说因素选择观赛平台③；2018 年俄罗斯世界杯时，45.7%的球迷会因为有"喜欢的解说"选择网络观赛平台（因为有"喜欢的解说"选择央视影音的球迷占 45.3%)④。用户/受众"不是一个均质的整体，而是多样化的集合"⑤，对赛事解说风格的偏好也呈现多元化特征，譬如专业/技术分析、幽默有趣、内容丰富全面、激情有气势、中立/客观理性、犀利/一针见血、权威/大咖解说、搞笑娱乐化、亲切沉稳等；相比于男性，女性对评论互动、解说等投入更多的注意力⑥。2018 年俄罗斯世界杯时，球迷对明星解说包容度高，对专业解说员要求严格，其中 49.2%的球迷认为娱乐明星参与解说值得尝试，33.7%的球迷乐

① 艾瑞咨询：《2018 年世界杯转播平台洞察报告》，搜狐网，2018 年 7 月 31 日，https：//www. sohu. com/a/244332243_ 445326。
② 艾瑞咨询：《2021 年东京奥运会用户研究报告》，澎湃，2021 年 8 月 30 日，https：//www. thepaper. cn/newsDetail_ forward_ 14253900。
③ 艾瑞咨询：《2016 年中国互联网体育用户洞察报告》，艾瑞网，2016 年 6 月 7 日，https：//report. iresearch. cn/report_ pdf. aspx？id=2597。
④ 艾瑞咨询：《2018 年中国世界杯球迷观赛数据解读》，艾媒网，2018 年 6 月 20 日，https：//www. iimedia. cn/c400/61645. html。
⑤ 朱巧燕：《受众主体性：科学传播的多元模式》，《科技传播》2022 年第 22 期，第 46~48 页。
⑥ 艾瑞咨询：《2016 年中国互联网体育用户洞察报告》，艾瑞网，2016 年 6 月 7 日，https：//report. iresearch. cn/report_ pdf. aspx？id=2597。

于看到体育和娱乐的结合，47.3%的球迷认为解说员的专业程度需要加强。[①] 2020东京奥运会时，56.66%的观众对平台"解说专业性强"表示满意，有些观众认为解说业余会降低平台使用的满意度；垂类爱好者希望通过解说了解相关运动的最新趋势与动态，希望进行更专业的技术分析[②]。可见，优质解说是体育内容布局的核心资源，是媒体和平台提升观赛体验的重中之重。

（五）市场竞争推动解说人才不断提升自己

随着网络媒体的迅速崛起、赛事版权的公开流转以及解说渠道的增多和解说门槛的降低，体育解说队伍的规模逐渐扩大、风格日益多元、流动愈发频繁。近年来，因版权费用高昂和获利模式单一，我国赛事版权大多采用"分销"模式。在台网同播和全网同播形势下，为满足受众需求，新媒体平台不仅提供全场次直播，还提供多线路解说，从而加大了对解说评论人才的需求。譬如，2016—2017赛季，共有7家新媒体平台直播CBA联赛，拥有将近50人的解说及嘉宾队伍。咪咕视频自2020—2021赛季开始，在CBA转播中每场至少提供三路解说信号，至少需要3名解说员。随着解说场次的增加和对解说专业性要求的提升，越来越多的运动员、教练员、裁判员和年轻解说员走进演播室或直播间；西安体育学院、广州体育学院、武汉体育学院、上海体育大学、北京体育大学、成都体育学院等也相继开办播音与主持艺术专业，着重培养体育解说人才。值得注意的是，随着新媒体平台纷纷进入赛事版权市场且向解说人才提供的待遇优厚，传统主流媒体的体育解说人才流失严重。2014年以来，仅从央视离职的知名解说员就有刘建宏（2014年）、段暄（2015年）、申方剑（2016年）、杨健（2021年）等。作为英超解说第一人的詹俊也于2012年从ESPN转入国内新媒体平台，先后在新浪

---

① 艾瑞咨询：《2018年中国世界杯球迷观赛数据解读》，艾媒网，2018年6月20日，https：//www.iimedia.cn/c400/61645.html。

② 艾瑞咨询：《2021年东京奥运会用户研究报告》，澎湃，2021年8月30日，https：//www.thepaper.cn/newsDetail_forward_14253900。

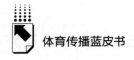

体育、PPTV 第一体育、乐视体育、PP 体育、咪咕视频解说英超等赛事。同样从 ESPN 回归的苏东也先后担任腾讯体育、乐视体育、PP 体育、爱奇艺体育的解说员和制片人。张路、苏群、杨毅等解说嘉宾的"主战场"也从传统媒体迁移至商业平台。

为获得更好的解说机会、实现更大的人生价值，体育解说员及嘉宾也在与时俱进，注重提升市场竞争力。媒体人天生有着"成名的想象"，并以此作为职业荣誉感与社会地位的一种精神支撑。"所谓的'成名'，即成为著名的新闻从业者，或者是获取专业或职业的名望。这种名望包含了特定历史时期社会对新闻从业者角色的期待，以及评判新闻从业者及其成就的标准和价值观念。这里所说的'想象'，就是通过话语和实践对这些理念的表述。'成名的想象'因此是一种话语实践，即新闻从业者将专业理念沉淀于新闻实践，并通过社会实践加以阐述；它是理念与实践活动、个体与同行的群体、个人与社会制度之间的一个结合点。"[1] 正是基于这样一种"成名的想象"，自 1951 年上海人民广播电台转播中苏篮球赛事以来，从事体育解说工作的媒体人努力提升新闻传播素养、体育知识储备和语言表达能力，并涌现出张之、宋世雄、王泰兴、孙正平、金宝成、黄健翔、贺炜、陈滢、于嘉、杨健、詹俊、苏东，以及张路、徐济成、苏群、杨毅等知名解说员和解说嘉宾。近些年来，名望获得的逻辑和媒体人的心态已悄然改变，但"成名的想象"依然激励着解说群体不断提升专业素养。譬如，"成名"已久的苏群如今依然活跃在体育解说领域并勤于笔耕，他在和北京体育大学师生交流时表示，"在解说行业中如果没有冲动的话，你就不适合干这个工作。你必须有马上要表达的欲望，比赛一结束你就有写一篇文章、发一条状态的欲望，写完才过瘾，这才叫新闻冲动。一件事情发生，我是第一个发表出来的，你必须是从我这里听说的，甚至产生一种虚荣心，这种虚荣心就是做新闻的本能。我觉得这是我这么

---

① 陆晔、潘忠党：《成名的想象：社会转型过程中新闻从业者的专业主义话语建构》，《新闻学研究》2002 年第 71 期，第 17~59 页。

多年一直保持工作动力的原因"。① 苏东于 2022 年授课时也屡次强调知识储备的重要性："解说员应该更多的是一个涉猎广泛的知识分子，让解说员和解说员最后拉开距离的就是知识的积累。内功越深，对于比赛的理解就越深。"② 此外，基于赛事版权的流动性和赛事运营压力，商业平台已很少招聘专职解说，大多采用场次合同制签约解说，而专业素养和市场价值是影响签约和薪酬的关键。有些直播平台还会设置升降淘汰机制。为此，解说员和解说嘉宾都非常重视提升自身素养并打造个性化风格。对此，苏群曾表示，"每个人的表达风格都是不一样的，以内容为王，且有自己的特色是最重要的，同时需要引发一些人的共鸣，让他们从潜意识里去赞同你的说法"。③

① 薛文婷、李晶主编《媒介融合时代的体育解说实践与思考——与知名解说员面对面》，中国传媒大学出版社，2023，第 31、33 页。
② 薛文婷、李晶主编《媒介融合时代的体育解说实践与思考——与知名解说员面对面》，中国传媒大学出版社，2023，第 31、33 页。
③ 薛文婷、李晶主编《媒介融合时代的体育解说实践与思考——与知名解说员面对面》，中国传媒大学出版社，2023，第 49、54 页。

B.9
数字化体育新消费观察报告

蒋盛裕　石磊*

摘　要： 随着体育消费的数字化转型和互联网技术的发展，体育新消费发展迅速，形成了"（用户需求）人—（健身内容）货—（消费场景）场"的体育新消费闭环，表现为消费群体的线上社群化、消费渠道多元化、消费行为日常化和娱乐化的特征，但也显现了数字鸿沟制约、数据泄露危机、消费结构单一等问题。针对上述情况，可以从理解消费者需求，充分挖掘潜在用户；优化数据收集逻辑，加强数据监管；充分调动健身资源，提升消费内容质量三个方面进行破局。

关键词： 体育新消费　媒介　数字技术

　　以短视频、直播、小程序等为代表的新的数字技术和媒介形态为人们的体育消费行为带来了媒介化实践的新路径。具有想象化、叙事化、社交化特征的社交平台、可穿戴设备等成为支撑体育消费日常化的关键因素。体育供给端在技术支持、政策扶持、资源供给的时代背景下，通过搭建体育新消费场景，提供了高质量的体育消费和健身内容，并不断优化体育消费体验。

---

* 蒋盛裕，成都体育学院新闻与传播学院博士研究生，研究方向为体育新闻与传播；石磊，成都体育学院新闻与传播学院院长、西南交通大学新媒体与文化研究中心主任，教授、博士生导师，研究方向为文艺与传媒文化。

一 数字化体育新消费兴起的背景

体育新消费，是将体育消费中的实体消费与虚拟消费、物质消费与精神消费有机融合的体育消费活动。数字传播媒介是驱动体育新消费发展的重要科技力量：一是它成为体育消费信息和健身经验的主要获取途径；二是凭借数字技术所搭建的体育新消费场景打通了物理空间和虚拟世界，颠覆了传统的体育消费环境。体育新消费中的线上健身服务、健身直播、App 健身会员等依靠数字技术的消费形式，已全面渗入人们的日常健身活动，体育消费向智能化、数字化转向，改变了大众的体育消费观念，更新了传统的体育消费逻辑。

（一）线上平台为体育新消费提供技术支撑

线上平台为体育消费内容的市场流通提供了媒介渠道。虎扑、直播吧、Keep 等线上平台在体育新消费的推广和发展中扮演着连接体育消费者与体育供给端的重要角色，同时，线上平台在体育消费场景的布局过程中，打造了体育新消费经济形态，并对体育新消费服务跟进、资源整合以及消费者反馈等提供软硬件支持。体育新消费的发展离不开庞大的消费者基数，体育供给端需要借助线上渠道的流量优势触及消费者。2022 年 3 月抖音发布的报告显示，2021 年，健身视频数量同比增长 134%，创作者数量同比增长 39%；健身类主播涨粉同比增加 208%，直播收入同比增加 141%[①]。健身平台的粉丝和视频数量的增长，为体育新消费的迅速发展提供了强劲驱动力。

直播平台、短视频、微博等线上平台的入场，使得体育媒介消费进入大众视野。一方面，直播和短视频平台具有庞大的用户基础，借助平台流量，吸引更多的网民参与到体育消费中，推动体育消费场景的大众化和生活化。

[①] 《抖音发布运动健身报告：从 1903 万次"加油"里看见昂扬精神》，光明网，2022 年 3 月 31 日，https：//it. gmw. cn/2022－03－31/content_ 35625778. htm。

2022 年 4 月 28 日，以国家体育总局群体司和中华全国体育总会群体部为主体所开展的"全民健身线上运动会"，五个月时间内，全网总曝光量超 56.2 亿次，浏览量超 15.5 亿次，社交媒体上的总阅读量超 4.2 亿次，短视频平台有关话题视频累计播放量超过 11.2 亿次，在电视、网站、客户端等不同类型媒体中的总曝光量超过 40 亿次①，增加了体育消费群体数量，推动了体育新消费的蓬勃发展。

另一方面，直播和短视频平台利用自身流量基础，吸引健身博主入驻线上平台，打造"云健身"计划，提升体育新消费的影响力。2020 年，抖音推出"抖音健身房"活动，2021 年 12 月，发起了"DOU 动计划"，以大森为代表的冰雪运动类自媒体创作者在平台发布了大量与北京冬奥会相关的内容，他们从专业的角度解析冰雪运动，使大众能够更好了解和欣赏冰雪运动，助力北京冬奥会宣传。

（二）多项政策推动全民健身

目前，我国公众已有较强的自主健身意识，同时，国家出台多部相关政策，鼓励全民健身，加强体育强国建设。

一是倡导体育新消费，鼓励体育产业的数字化转型。2021 年 8 月，国务院强调推进体育产业数字化转型，鼓励体育企业"上云用数赋智"，推动数据赋能全产业链协同转型。

二是调动各方资源，激发更大规模群众的健身热情。2020 年 10 月，国务院提出推进群众居家健身，倡导各地区充分利用新媒体手段进行线上健身教学。鼓励运动员等体育领域的专业人士参与其中，来帮助普及健身知识、为群众的科学健身提供专业指导，进而带动全民健身。

三是完善基础健身设施，培育基层体育组织。2022 年 3 月，国务院对社区居民的健身设施和基层组织提出要求，强调健全全民健身组织网络，巩

---

① 《全民健身线上运动会的创新与突破》，国家体育总局官网，2022 年 10 月 17 日，https：//www. sport. gov. cn/n20001280/n20001265/n20067533/c24825263/content. html。

固和加强社区居民的健身基础，并推动更多竞技体育成果全民共享。将全民健身公共服务纳入社区服务体系，加强基层体育组织与社区的紧密联系。

四是明确责任主体，规范健身活动。2019 年 9 月，《国务院办公厅关于印发体育强国建设纲要的通知》中提到，到 2035 年，形成政府主导有力、社会规范有序、市场充满活力、人民积极参与、社会组织健康发展、公共服务完善、与基本实现现代化相适应的体育发展新格局，体育治理体系和治理能力实现现代化。[①]

国家一系列相关政策的出台，为全民健身的发展指引了方向。信息技术的发展为线上健身提供了技术手段，大量的健身 App 应运而生，线上健身渗透率逐年增长，据 MCN 行业数据分析，2020 年我国线上健身渗透率为42.7%，2021 年为 45.5%[②]。

（三）民众参与体育新消费积极性提高

纵观当下的体育消费市场，民众已从过去的"需求消费"转为追求"品质消费"，具体而言，体育消费者在购买体育相关服务时，开始注重审美、品牌等无形体验。

一是随着中国经济的稳步发展，国人的消费需求呈现多元化趋势，融合了大数据、移动设备、定位系统、社交媒体和传感器等新技术的体育新消费提高了民众体育消费体验。

二是消费者通过购买带有 IP 性质的体育消费品，体现自我个性和品位，并在消费过程中建立与产品相关的文化认同。体育产品通过对产品风格的阐释，引发年轻人的情感共鸣，而体育消费者则通过购买或认可产品的文化价值，进行自我风格和态度的确认与表达。从注重产品的实用价值，到倾向于关注消费过程中的无形体验，体育消费者观念转变的背后是服务品质在消费

---

① 《国务院办公厅关于印发体育强国建设纲要的通知》，中华人民共和国中央人民政府官网，2019 年 9 月 2 日，https：//www.gov.cn/zhengce/content/2019-09/02/content_ 5426485.htm。
② 《2021 年中国健身行业及线上健身行业现状分析，线上健身市场占比持续提升「图」》，华经情报网，2022 年 3 月 2 日，https：//www.huaon.com/channel/trend/787853.html。

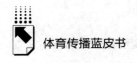

过程中逐渐受到重视。

三是相比实物型体育消费，近年来我国大众健身服务型、活动型消费增势迅猛，消费占比大幅提升。虽然我国线上健身起步较晚，但发展极快，据统计，2021 年中国线上健身市场规模达到 3701 亿元，预计 2026 年增至 9000 亿元①，尤其是国家大力推广居家健身，全国各地开始兴起线上健身的热潮，相关部门搭建体育新消费场景，使更多民众参与体育新消费。以青岛市"观'健'战疫·居家健身示范"线上健身活动为例，其在初期通过社交平台与居民进行线上互动，扩大了活动影响范围，并充分利用媒体资源进行活动宣传，青岛市体育局联合观海新闻举办 3 场线上视频直播，观看人数突破 30 万，浏览量超 40 万②，激发了市民参与健身活动的热情。

二 数字化体育新消费重构"人—货—场"

中高收入青年已成为体育消费市场中的主要力量，体育消费内容供给端凭借大数据、传感器等数字技术，提供基于用户需求的个性化健身消费内容，并调整体育场景资源，实现线上平台与线下场所的共融相通，形成了"（用户需求）人—（健身内容）货—（消费场景）场"的体育新消费闭环。

（一）人：中高收入青年群体成为体育新消费主力

随着健身直播的火热，多个线上健身平台及运动 App 开始涉足和争夺体育消费市场，体育消费群体规模不断扩大。据统计，"中高收入青年"是体育消费市场的主要力量，而一线城市中的体育消费群体有较强的消费能力，在体育领域的平均消费较高。在 2022 年体育消费的主要类别中，软件/App 会员

---

① 《线上健身助力全民健康（新知）》，人民网，2022 年 5 月 20 日，http：//opinion. people. com. cn/n1/2022/0520/c1003-32425662. html。

② 《"云上"运动一起抗疫》，国家体育总局官网，2022 年 3 月 30 日，https：//www. sport. gov. cn/n20001280/n20001265/n20066978/c24144237/content. html。

排名第6，较2021年上升了3个百分点，排名上升了2个名次①；从消费倾向来看，中高收入的体育消费群体对于软件/App、体育培训等服务类消费的重视程度呈上升趋势，他们有自主健身意识，同时注重健身知识的获取。

经济因素是一线城市的中高收入青年成为体育新消费市场重要力量的主要原因，他们可支配收入高。据国家统计局的数据，2020年我国人均教育文化娱乐消费支出2032元，其中城镇居民人均支出2592元，农村居民人均支出1309元，月收入一万元以下的受访者人均体育消费仅为1401元，月收入一万至两万元的受访者人均体育消费3544元，月收入两万元以上的受访者人均体育消费6713元②，可以看出，我国城乡居民在体育消费支出方面存在较大差距。以跑步运动为例，近年来，城市马拉松遍地开花，可穿戴设备以及跑步软件的发展，推动了跑步运动在群众中的普及，使其成为一项流行运动，据统计，参与跑步运动的用户数量占总体健身人群的26%，而发达城市的中青年群体是该项运动的核心用户③，中高收入群体具有较强的经济实力，他们在月均花销为2000元及以上的线上跑步消费者中占比25%④，跑步不再只是人们强身健体的手段，超过半数的跑步者认可跑步的社交作用，同时，在跑步App及社交平台分享相关动态成为展示生活品位的重要方式。

（二）货：体育消费内容以用户需求为主导

青年用户作为运动健身爱好者主力，一跃成为体育新消费场景中最受关注的群体，其消费倾向和偏好推动着体育新消费的变革与发展。体育供给端为迎合市场需要，结合数字技术，提供符合健身用户需求的产品。

---

① 《CSGF：2022年大众健身行为与消费研究报告》，中文互联网数据资讯网，2022年11月24日，http://www.199it.com/archives/1525684.html。

② 《CSGF：2022年大众健身行为与消费研究报告》，中文互联网数据资讯网，2022年11月24日，http://www.199it.com/archives/1525684.html。

③ 《〈2022中国跑步运动行业大报告〉：跑步人群占比运动健身行业总用户26%》，人民网，2022年11月28日，http://ent.people.com.cn/n1/2022/1128/c1012-32576064.html。

④ 《〈2022中国跑步运动行业大报告〉：跑步人群占比运动健身行业总用户26%》，人民网，2022年11月28日，http://ent.people.com.cn/n1/2022/1128/c1012-32576064.html。

一是输出高质量健身内容。相比于健身博主所提倡的、具有高度相似性的科学健身理念、健身规律和健身模式，体育领域专业人士的入场，为体育新消费场景中的高质量健身内容输出提供了业务保障。以抖音为例，其发布的《抖音健身手册》，展示了 13 位全国冠军、资深教练、营养管理师等创作者制作的"微教程"视频，并围绕塑形、增肌、减重等健身领域的热点问题答疑解惑。抖音通过签约不同体育项目的冠军运动员，确立了"冠军课程"这一招牌，在"冠军健身课"系列直播中苏炳添、武大靖、吕小军等高水平体育明星，从专业人士的角度向人们提供了科学健身方法，与传统健身模式相比，"云健身"结合了短视频和直播的方式，使大众能够更便利地获得优质的健身内容，并能够通过直播回看等方式回溯视频内容，从而吸引更多的体育健身爱好者。

二是迎合体育消费者的个性化健身需要。据 2022 年发布的《抖音运动健身报告》统计，最受欢迎的运动项目前 10 名为篮球、足球、女性单人室内健身、钓鱼、运动健身知识、乒乓球、拳击格斗、减肥餐教程、羽毛球及瑜伽。除篮球、健身等常规运动外，以钓鱼为首的休闲运动也成为大多数健身爱好者的选择[①]，线上平台丰富的健身视频内容满足了不同人群的健身需要，使更多用户参与到体育新消费中。

（三）场：体育消费场景的数字化转型

随着媒介技术的更新迭代，体育消费行为已向互联网偏移，大数据、虚拟现实等数字技术为虚拟健身提供了硬件支持。具有交互属性的线上平台为传统运动场所带来了数字化转型的发展机遇。

一是实现线上平台与线下健身资源的共通共融。以健身 App "极限之路"为例，该软件为以 KOC/教练为基础的服务类产品制定行业标准，实现体育健身消费流程的透明化，并整合供应商，联合各大机构，使监管更规

[①] 《抖音发布运动健身报告：从 1903 万次"加油"里看见昂扬精神》，光明网，2022 年 3 月 31 日，https：//it. gmw. cn/2022−03/31/content_ 35625778. htm。

范。同时，该软件与全国超过 70% 的极限运动俱乐部和 200 多家滑雪场合作，实现了平台与供应商间的资源共享，不仅为线下俱乐部和滑雪场带去了客户流量，也助力了极限运动的宣传和普及。

二是智慧体育场馆提供智能化健身服务。体育场馆是体育事业发展的重要载体，集健身、社交、娱乐等功能为一体的智慧体育场馆为传统体育场所的转型提供了方向，同时民众能够更便捷地享受健身服务，提高了体育场馆的使用率，进而为体育新消费的发展注入活力。2020 年，国务院办公厅明确推进"互联网+健身"，提高全民健身公共服务智能化、信息化、数字化水平。以成都市为例，成都市运用大数据、物联网技术建设了江滩公园、菁蓉湖数字体育公园、世界大运公园等智能化的体育场所，并凭借数字智能化技术发布了"运动成都·体育生活地图"和"体育锻炼适宜指数"，实现远程异地个人体质数据监测、健康信息采集、运动行为状态观测，从而提供科学的健身指导服务，实现体育管理和服务水平的智能化提升。"智慧健身馆"的交互性和感知性，将原本冰冷单调的运动场所，变成了能够连接"人"和"场"的"有机体"，全方位满足了人们的体育消费需要。

三 数字化体育新消费的特征

（一）体育新消费群体的线上社群化

随着体育新消费场景的搭建与大众体育新消费观念的形成，体育新消费逐渐演变为"运动科技辅助"或"线上社群"模式，前者以健身镜、跑步手表等运动科技为载体，辅助大众进行健身活动。以健身镜为例，目前我国市场上的相关品牌有 FITURE、咕咚、Mirror 等，包含了舞蹈、瑜伽、力量塑形等课程[①]。后者则表现为健身公司对私域流量的挖掘、对个性化健身的

---

① 《2022 年中国在线健身行业市场现状及发展趋势分析　存在诸多痛点尚未成为国民健身趋势》，前瞻产业研究院官网，2022 年 9 月 5 日，https：//bg. qianzhan. com/trends/detail/506/220905-0252ef01. html。

满足以及对长期健身消费群体的培养，如消费群体邀请微信好友健身打卡、健身主播建立 KOL 微信群、消费群体购买健身 App 会员等。各类平台型健身 App 通过健身动态分享或官方发起的挑战搭建线上健身社群；业务型健身 App，如超级猩猩、乐刻等调动其线下健身房资源，通过教练带动、举办熟人圈打卡活动搭建兴趣社团。此外，哔哩哔哩、小红书等社交平台着眼于"私域流量"，通过举办陌生人健身打卡活动，建立各类线上健身群，试图培养长期线上跟练的用户。

私域流量的挖掘提高了健身 App 的变现能力。以 Keep 为例，自 2020 年疫情起，平均月度订阅会员数量持续增加。2021 年平均月活跃用户达到 3440 万人，发帖、点赞、评论等在线互动总数达到 17 亿次，其在线健身模式得到了用户认可，培养了具有高黏性特点的在线健身群体。从 2019~2020 年 Keep 的各项收入增值情况来看，会员订阅及线上付费内容收入增长了 123%。2020 年会员订阅及线上付费内容收入达 3.38 亿元。再从 2019~2020 年 Keep 收入结构的变化来看，居家健身的火热带动了线上健身的风潮，会员订阅及线上付费内容的收入占比由 2019 年的 22.8% 提升至 2020 年的 30.5%。占比提升了 7.7 个百分点，可以看出，在线健身人数的攀升促进了在线健身收入的增长[1]。

（二）体育新消费渠道多元化

体育新消费的传播模式以平台联动为主，利用多渠道进行消费推广，通过线上展示、小店橱窗、直播带货等形式精准投放广告，并发起社会热点话题挑战吸引用户关注，增加平台流量，从而提高体育消费场景中的带货转化率。渠道上，健身从业者等长尾 KOL 以平台为主，注重短视频平台，其合作方式主要是在日常视频上挂链接进行宣传，同时紧跟时事热点，如"抖音全民健身节""618 好物节"等，用户若产生购买意愿，可通过直播小窗

---

① 《2022 年中国在线健身行业市场现状及发展趋势分析　存在诸多痛点尚未成为国民健身趋势》，前瞻产业研究院官网，2022 年 9 月 5 日，https：//bg. qianzhan. com/trends/detail/506/220905-0252ef01. html。

立即购买体育产品。像李宁、安踏等头部运动品牌则在社交平台上积极制造话题，在"体育明星"与"运动用品"之间制造关联，注重用户的消费转化，如安踏签约中国滑雪运动员谷爱凌为代言人，推出同款户外运动装备，并与小红书平台合作，制造热点话题"今日份运动女孩"，吸引用户关注和获取流量，提高用户的购买意愿。

在内容上，与平面媒体、电视等传统广告渠道不同的是，体育新消费场景强调打造健身理念，并在传统的健身环境中，穿插饮食健康、合理使用器材等话题，从而推荐相关商品。同时，根据不同线上平台的特性进行内容的个性化分发，App 上的健身消费内容注重满足客户需要，通过用户自测、个人信息填写等方式，着重构建私人定制的私域平台；微信小程序则是发掘高黏性用户的重要渠道，从线下活动展示，到线上会员注册，通过小程序平台打造线上线下销售渠道，使用户切身体验体育消费产品，从而产生信任感。体育新消费场景融合了信任感、个性化、在场感，提高了体育消费产品在大众中的渗透率，培养具有高度品牌意识的体育消费用户。

（三）体育消费行为日常化和娱乐化

体育新消费的日常化和娱乐化是将体育消费与日常休闲和明星效应进行高效融合，从而降低参与体育运动的门槛，扩大体育新消费的影响力，提高民众进行体育运动和体育消费的积极性。一方面，以飞盘、露营、霹雳舞为代表的休闲运动不断推动体育消费用户数量的增长，2020 年，霹雳舞成为巴黎奥运会比赛项目之一，进一步推动了霹雳舞和街舞的发展，以成都市为例，在 2022 年，已有超过 10 万名青少年在市内 500 多家街舞培训机构接受相关指导[①]。近年来，具有社交性质且门槛较低的飞盘运动获得了一波关注流量，飞盘作为发迹于欧美国家的小众活动，在社交平台的传播下，迅速发展成一项网红运动，2022 年 8 月，国内举办了首届全国性质的飞盘联赛，

---

① 《新消费时代，体育如何拥抱变局》，中国青年网，2022 年 9 月 1 日，https：//consume. youth.cn/yw/202209/t20220901_ 13967002.htm。

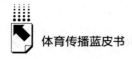

据统计，国内俱乐部总数已超过 200 家①，体育新消费以民众对于社交、玩耍和场地便利的运动需求为出发点，使体育运动成为人们生活中的一部分，推进了体育运动的日常化，使更多民众参与到体育新消费中。

另一方面，线上平台签约演艺明星，通过健身直播吸引粉丝。越来越多的明星艺人在直播、短视频平台中分享健身经验并与平台签订合作协议，为平台带来了粉丝流量，明星艺人如刘畊宏、陈妍希、张蓝心、李若彤、辰亦儒等都在线上平台注册了账户，开通健身直播或分享相关视频，而线上平台也积极与明星艺人达成跨界合作，为体育消费群体向年轻化、大众化发展提供了新动力。以抖音平台为例，其平台中整合了大量的明星资源，演艺明星的知名度和号召力能够带动更多人加入健身风潮，真正做到触及大众，为全民健身造势。2022 年 4 月，演艺明星刘畊宏开始跳操直播，一个月时间内，其抖音账号粉丝数量已突破 6000 万，累计收获超过 6300 万个赞②，而抖音也借助这波热度，在 2022 年 4 月 25 日推出"抖音全民健身计划"，联合陈妍希、李若彤、辰亦儒、张蓝心等演艺明星进行直播，明星在直播中的健身行为引起了粉丝的效仿，并引发了大量网民的健身操跟跳行为，增加了线上健身平台的用户黏性。

四　数字化体育新消费存在的问题及优化建议

（一）体育新消费存在的问题

1. 数字鸿沟制约体育消费潜力的开发

体育新消费场景主要依托数字技术，部分具有体育消费需求和消费能力的中老年群体被排除出市场。据统计，抖音平台上运动健身视频的主要观看

---

① 《野蛮生长的飞盘俱乐部："大多数熬不过 3 个月""洗盘"后还能火过这个冬天吗?》，每经网，2022 年 8 月 4 日，https：//www.nbd.com.cn/articles/2022-08-04/2391562.html。

② 懒熊体育：《刘畊宏现象级出圈，健身直播为何在抖音打开局面?》，网易，2022 年 5 月 6 日，https：//www.163.com/dy/article/H6M65ELK052989GA.html。

者为"00后"，占总人数的30%；24至30岁用户及31至40岁用户占比相同，均为28%；41岁及以上的中老年用户则占总数的14%①。对于线上健身消费市场而言，中老年群体遇到一些技术困难，据国家国民体质监测中心统计数据，老年群体通过查看相关资料来获取健身指导的比例仅为14.0%②。由于中老年群体的新媒介使用场景较少，可使用的移动终端硬件水平较低，因此他们在体育新消费场景中的体验较差。

因此，在体育新消费群体的挖掘中，应当注重中老年群体的运动需求，充分调动和发挥其消费热情，从而有效提高消费转化率。中老年消费群体之所以消费能力不足，除了因为数字鸿沟之外，还有体育供给端方面的原因，一是体育供给端的宣传力度和能力不足，没有吸引到不同年龄阶段的受众；二是体育供给端在定位体育消费群体时缺少大局意识，只关注中青年群体的偏好，忽视了其他阶层的消费群体。

2. 用户数据泄露可能引发信任危机

体育供给端为了提供个性化用户体验和提高服务质量，在大量收集用户个人数据的同时，产生了关于用户隐私与信息安全的滋生问题。2018年，在由Under Armour体育公司开发的饮食、健身辅助应用程序My Fitness Pal上大约1.5亿用户的个人数据遭到泄露，遭泄露的用户信息主要包括App用户名、密码和个人电子邮箱地址，这引发了用户对体育公司的信任危机，进一步影响了Under Armour体育公司的经济效益，其股票价格在消息发布后的当天下跌4.6%③，极大降低了用户对于该公司的好感。

在体育新消费场景中，体育消费者为了获得更符合自我需求的消费体验，在消费时需要输入个人信息，如预定线上赛事时会涉及年龄、账户等个

---

① 《抖音发布运动健身报告：从1903万次"加油"里看见昂扬精神》，光明网，2022年3月31日，https://it.gmw.cn/2022-03-31/content_35625778.htm。

② 《国家国民体质监测中心发布〈2020年全民健身活动状况调查公报〉》，国家体育总局官网，2022年6月7日，https://www.sport.gov.cn/n315/n329/c24335053/content.html。

③ 《1.5亿用户资料泄露！美体育用品巨头手机应用程序遭黑客入侵》，新华网，2018年3月31日，http://us.xinhuanet.com/2018-03-31/c_129841509.htm。

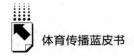

人信息，健身辅助类 App 涉及用户的健康数据。从体育供给端角度而言，收集的用户信息越精准，提供的服务就越有针对性，从而保证消费服务质量，但用户数据泄露事件将影响品牌形象，大大降低用户的信任程度和购买意愿，使大量的用户流失，并使该体育供给端被驱逐出体育消费市场。

3. 体育消费结构单一

从体育消费者的消费结构来看，实物型消费占据了主要比重，根据 CSGF 统计，92% 的受访者在过去一年购买了运动鞋服、器材和功能饮料等。以深圳为例，2020 年深圳市人均体育消费 3175.4 元，其中实物型消费占比高达 57.2%，其他省份统计的实物型体育消费占比也在 40% 至 60%，体育消费者在健身用具的选择上偏向于实体物品，尚未在社会层面上形成购买健身 App 会员、为健身知识付费等消费观念，体育供给端在线上健身场景的搭建与健身知识结构的设计等方面缺乏一定的吸引力，使得体育消费群体不会为其买单。

体育消费者的消费观念体现了其参与消费时需要达到的目标，在当下的体育消费市场中，体育消费构成单一，未能给予受众足够的选择面向，国家统计局数据显示，在 2021 年全国体育产业总规模的构成情况中，体育用品及相关产品制造占总体规模的 43.5%，而体育传媒与信息服务、体育教育与培训分占总体规模的 3.4% 和 7.3%。可以看出，相比于信息服务、体育培训等"无形产品"，体育消费者优先选择鞋服、器械等实体运动装备，而单一的体育消费结构也将使市场缺乏活力。

（二）体育新消费优化建议

1. 理解消费者需求，充分挖掘潜在用户

要扩大体育消费群体、释放消费潜力，需要从两个方面着手：一是精准把握消费者需求，二是降低技术准入门槛。如今，不同消费文化的差异以及技术发展的不平衡，导致消费者的需求变得个性化、移动化，个体间以及群体间都存在较大的分歧。因此，体育新消费的发展需要借助互联网技术，打造出与消费者需求相适配的消费场景。消费供给端应当通过大数据、传感器

等数字技术收集不同类型的用户信息，并对数据进行充分解读，从而对消费者的需求有更深刻的认识，为体育供给端理解目标消费群体的心声和设计内容传播策略等提供参考。

除了要精准掌握消费者的需求外，还需要降低数字技术的学习成本。通过简化 App 操作流程，提供可视化智能平台使用手册、语音提示、人工服务等，不断优化技术操作流程，降低消费服务的复杂程度，从而吸引中老年人等"技术弱势群体"参与到体育新消费中。同时应当深挖中老年人的健身需求，量身定制健身技术，如美国 The Exercise Coach 使用人工智能技术识别老年用户身体限制，并制定相应的健身计划，挪威的创业公司 Motitech，通过特制的动感单车等满足老年人的特殊运动需求[①]，并根据用户反馈的使用意见改进健身技术。

2. 优化数据收集逻辑，加强数据监管

如何利用数字技术让体育消费过程更人性化，同时保障用户的数据安全，是互联网时代体育供给端需要解决的问题，为此，可以从数据收集以及数据监管两个方面进行思考。一方面，使用数据技术的初衷应当是精准识别目标消费群体，用户所填写的身体素质、运动能力等健身相关信息以及用户浏览记录、金融账户等信息应当被分类保存，体育供给端切忌盲目追求信息的丰富程度，应合理使用用户数据。

另一方面，保障数据安全是底线问题，也是赢得消费者信任的关键因素。由于体育新消费场景中涉及的消费内容类型较多，包含了健身场馆、运动装备、健康养护等方面，因此，应当从技术应用、平台建设以及政府监管三个方面着手保证数据安全。首先，改进技术手段，通过采用区块链、数据加密技术等，改进数据保存技术，保障用户数据安全。其次，根据数据安全等级，对用户信息进行分级，并以此建立"数据中心"，从而实施针对性监管。最后，以政府为主体，发挥政府在监管过程中的主导作用，同时企业提

---

① 《老年人体育健身市场迎来曙光》，光明网，2022 年 5 月 9 日，https：//lady. gmw. cn/2022-05/09/content_ 35720582. htm。

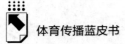
高数据安全意识，两者协同合作，强化体育新消费场景中的数据安全管理，从而建立起体育消费者的信任感。

3. 充分调动健身资源，提升消费内容质量

体育新消费场景并非只是搭建线上平台，信息技术同样为传统健身行业带来了数字化转型的契机，应当整合健身场馆、社区设施、公园等大量的优质健身资源，实现线上线下的融合与发展，要想实现这一目标，可从两个方面入手：消费场景布局和用户观念引导。从消费场景布局入手，打通线上线下的媒介渠道，通过智能手机、可穿戴设备等移动终端建立一体化技术生态，为体育消费者的使用提供便利，使体育运动过程更加智能化。同时，利用微博、小红书、抖音等平台，根据消费者定位建立相应的网络社群，并根据消费者体验进一步改进体育消费场景中的不足之处，提高用户黏性。

除此之外，充分激活体育新消费活力，需要引导大众体育消费观念从追求实物用品转向注重健身参与和服务。一方面，体育供给端应当借助传播媒介，传递科学健身观并提供高质量消费内容，使人们愿意为饮食辅助、运动建议和私人教练等健身服务买单。另一方面，加快线下公共设施的建设，降低健身设备使用的经济门槛，同时在车站、商城、广场等人流密集区域设立共享健身场馆，让大众能够低成本体验相关健身内容，从而潜移默化影响其消费观念的转变，推进体育新消费的大众化。

B.10
我国乡村体育传播的路径、问题及对策*

张 华 陈玥凝 肖国庆**

摘 要: 中国乡村以其独特地域环境和历史底蕴形成了丰富的体育文化。在经济基础与政策等条件的支持下,乡村体育在新时期得到了前所未有的发展。后疫情时代,乡村体育呈现新特征,新媒体与乡村体育、体育文化间形成了密切的互动关系。在此过程中,乡村体育在促进对外传播的同时,将对乡村本土体育话语体系的形成与传播起到引领作用。

关键词: 乡村体育 新媒体传播 乡村振兴

一 引言

自 2016 年中共中央、国务院印发《"健康中国 2030"规划纲要》以来,"健康中国"逐渐成为国家在整体战略层面的统筹谋划。2016 年 8 月,习近平总书记在全国卫生与健康大会上指出,"要把人民健康放在优先发展的战略地位,以普及健康生活、优化健康服务、完善健康保障、建设健康环

---

* 本文系国家社科基金项目"乡村治理视阈下西部农村青年新媒体政治参与和政治信任互动机制研究"(项目编号:21BXW067)的研究成果。

** 张华,兰州大学新闻与传播学院副教授、博士生导师;主要聚焦媒介理论、网络社群、传播与社会治理等研究方向,在《新闻大学》《现代传播》《国际新闻界》等核心期刊上发表论文十余篇;主持马克思主义理论研究和建设工程重大项目、国家社科基金重大项目子课题、国家社科基金一般项目、中国博士后科学基金面上资助项目多项。陈玥凝、肖国庆,兰州大学新闻与传播学院硕士研究生。

境、发展健康产业为重点，加快推进健康中国建设"①。党的十九大报告更是鲜明指出，"人民健康是民族昌盛和国家富强的重要标志，要实施健康中国战略，倡导健康文明生活方式"②。在处于历史交汇期的党的二十大上，习近平总书记再次强调，"要广泛开展全民健身活动，加强青少年体育工作，促进群众体育和竞技体育全面发展，加快建设体育强国"③。从全面建成小康社会，到基本实现社会主义现代化，再到全面建成社会主义现代化强国，"健康中国"战略已然成为"两个一百年"奋斗目标的必然要求，而发展体育事业正是保障并实施"健康中国"战略的一大重要抓手。

在乡村振兴的大背景下，体育同样迎来了新的发展机遇。《中华人民共和国乡村振兴促进法》明确规定，各级人民政府应当采取措施来丰富农民文化体育生活，健全完善乡村公共文化体育设施网络和服务运行机制，鼓励开展形式多样的农民群众性文化体育活动④。乡村以其文化层面的乡土特质孕育出更具民间属性的体育资源，除身体锻炼的功能之外，乡村体育还具有地域性、民俗性和群体性的特质，因而成为乡村振兴中不可被忽视的文化力量。《中共中央　国务院关于做好2022年全面推进乡村振兴重点工作的意见》具体指出，要整合文化惠民活动资源，支持农民自发组织开展村歌、"村晚"、广场舞、趣味运动会等体现农耕农趣农味的文化体育活动⑤。虽然国家层面的政策有所倾斜，但乡村体育的发展不尽如人意，民间传统体育文化的传播也迫在眉睫。基于此，本文聚焦体育助推乡村振

---

① 《"健康中国2030"规划纲要》，中华人民共和国中央人民政府官网，2016年10月25日，https：//www.gov.cn/zhengce/2016-10/25/content_5124174.htm。

② 习近平：《决胜全面建成小康社会　夺取新时代中国特色社会主义伟大胜利——在中国共产党第十九次全国代表大会上的报告》，人民出版社，2017。

③ 习近平：《高举中国特色社会主义伟大旗帜　为全面建设社会主义现代化国家而团结奋斗——在中国共产党第二十次全国代表大会上的报告》，人民出版社，2022。

④ 《中华人民共和国乡村振兴促进法》，中华人民共和国中央人民政府官网，2021年4月30日，https：//www.gov.cn/xinwen/2021-04/30/content_5604050.htm。

⑤ 《中共中央　国务院关于做好2022年全面推进乡村振兴重点工作的意见》，中华人民共和国中央人民政府官网，2022年2月22日，https：//www.gov.cn/zhengle/2022-02/22/content_5675035.htm。

兴的路径，探讨乡村体育在发展过程中的问题，从乡村体育传播的层面给予一些对策。

二 乡村体育传播与乡村振兴

乡村体育是指以村落聚集地周边的自然环境及人文环境为场所、以农民为主体、以健康和休闲为主要功能的非生产性娱乐健身活动，是群众体育事业的重要分支。乡村体育发展与乡村振兴之间是相互促进的关系：一方面，乡村振兴涉及文化复兴，这为乡村体育的发展提供了机遇；另一方面，乡村体育反哺乡村公共事业和文化产业的发展，从而推动乡村振兴的进程。2017年，农业部、国家体育总局联合印发《关于进一步加强农民体育工作的指导意见》，强调农民体育工作是推进"三农"事业发展的重要任务，是实现农业农村现代化和助推实施乡村振兴战略的坚实基础保障，各级农业、体育部门要丰富农民群众身边的健身活动，着力补齐农民体育健身公共服务体系短板，有效推动农民体育蓬勃发展。[1] 到 2022 年，《关于推进"十四五"农民体育高质量发展的指导意见》明确指出，发展农民体育是全面推进乡村振兴、建设体育强国和健康中国的重要任务。[2] 乡村体育与健康中国、乡村振兴等国家战略的发展要求高度契合，不仅能够提高农民的身体素质和生活质量，而且在发掘乡村的经济资源、文化资源、生态文明资源等方面具有十分重要的作用[3]。

（一）类型民俗化：乡村体育传播的文化命脉

清华大学体育产业发展研究中心发布的《2021 年中国乡村体育发展报

---

[1] 《关于进一步加强农民体育工作的指导意见》，国家体育总局官网，2017 年 12 月 24 日，https：//www. sport. gov. cn/gdnps/html/zhengce/coment. jsp？id＝25528919。

[2] 《农业农村部 体育总局 国家乡村振兴局关于推进"十四五"农民体育高质量发展的指导意见》，中华人民共和国农业农村部官网，2022 年 6 月 21 日，www. moa. gov. cn/govpublic/ncshsycjs/202206/t20220622_ 6403066. htm。

[3] 郭修金、代向伟、杨向军等：《乡村体育文化振兴的价值追求、现实困境与路径选择》，《沈阳体育学院学报》2021 年第 6 期，第 1~7+33 页。

告》指出，不少地区利用当地文化资源，开展丰富多彩的特色乡村体育活动，如安徽的五禽戏、福建的毽球和龙舟、广东的太极拳、贵州的赛马、内蒙古的摔跤、青海的民族舞等，其中中部地区具有多样的民俗资源，中部地区在开展乡村特色体育活动方面略胜一筹。这正体现了我国乡村体育活动具有较强的民俗性，这种民俗性是乡村体育特色化传播的重要基础①。

《关于推进"十四五"农民体育高质量发展的指导意见》指出，要深入挖掘乡村体育文化内涵，加强传统体育项目保护利用和传承，总结提炼传统体育项目的文化特征，形成各具特色的精神内核和文化标识，打造"一地一品、一村一项"农民文体特色品牌②。近年来，广东省开展了多种形式的体育文化活动，如佛山市南海区西樵镇的"南海狮团诞"活动、广州市从化区的"南粤古驿道徒步活动"、清远市连山壮族瑶族自治县的"抢花炮"活动等，聚焦广东本地的传统文化体育项目，既让广大农民在体育健身中感受到传统乡村风貌的重现，又展示现代乡村的精神文明建设成果③。除此之外，湖南省益阳市南县的"农民稻田趣味运动会"、福建省龙岩市上杭县的"柚子运动会"、湖北省襄阳市保康县的"清凉马拉松"等都将乡村体育活动与当地民俗进行融合，这不仅满足了农民对文体活动的需求，更将传统民俗融入体育健身之中，让传统民俗与体育健身都焕发出崭新的生命力。

（二）赛事基层化：乡村体育传播的群众基础

《关于推进"十四五"农民体育高质量发展的指导意见》指出，要实施最美乡村体育赛事打造行动，围绕推动乡村全面振兴，着力打造农民

---

① 清华大学体育产业发展研究中心：《清华体育产业研究｜2021年中国乡村体育发展报告》，"清华体育产业研究中心"微信公众号，2022年3月31日，https：//mp. weixin. qq. com/s/1kVGLqeUOYwxGsyGP8H9eg。

② 《农业农村部 体育总局 国家乡村振兴局关于推进"十四五"农民体育高质量发展的指导意见》，中华人民共和国农业农村部官网，2022年6月21日，www. moa. gov. cn/govpublic/ncshsycjs/202206/t20220622_ 6403066. htm。

③ 《广东乡村体育｜"乡村体育+"模式助力广东乡村文化振兴》，广东省体育局官网，2022年4月21日，http：//tyj. gd. gov. cn/tyxw_ zyxw/content/post_ 3915706. html。

喜闻乐见、农业特色突出、农村广泛普及的体育健身赛事品牌，提升农民体育健身活动的参与率、知名度、影响力，支持各地组织开展农民趣味运动赛事①。从《2021年中国乡村体育发展报告》的统计数据来看，全国各地区定期开展体育活动的差距不大，东北地区举办参与人数较多的体育赛事更加频繁②。其中，贵州省黔东南苗族侗族自治州台江县的台盘村多年来坚持举办"村BA"民间业余篮球赛事，此赛事是苗族"吃新节"的一项特色活动，其组织者和参与者均为当地村民。比赛在村内场地进行，中场休息时村民们会表演当地少数民族的特色歌舞，获胜者的奖品是当地土特产。"村BA"在参与度及群众认可度高的篮球赛事的基础上，借助当地村民普遍拥有的篮球运动兴趣，营造出浓厚的乡村篮球氛围。江苏省徐州市沛县的八堡村因为"村界杯"足球赛引发热议。从正月初一到正月初七，当地村民自发组织起足球队伍举办贺岁球赛，吸引了附近大批村民前去围观③。除此之外，甘肃省临夏回族自治州广河县的全县农村篮球比赛、河南省平顶山市大营镇的"篮球夜市"、辽宁省丹东市沙里寨镇的"中港杯"篮球争霸赛等民间体育赛事相继"出圈"，成为乡村体育文化融入乡村日常生活的一个侧面。

（三）设施专业化：乡村体育传播的服务末梢

《2021年中国乡村体育发展报告》指出，在受访乡村中，半数以上拥有篮球场和广场舞场地，建设健身步道的也近半数，能够满足如散步、跳广场舞、打篮球、跑步等日常性的体育健身需求；且83.42%的村民抵达以上体

① 《农业农村部 体育总局 国家乡村振兴局关于推进"十四五"农民体育高质量发展的指导意见》，中华人民共和国农业农村部官网，2022年6月21日，www. moa. gov. cn/govpublic/ncshsycjs/202206/t20220622_ 6403066. htm。
② 《农业农村部 体育总局 国家乡村振兴局关于推进"十四五"农民体育高质量发展的指导意见》，中华人民共和国农业农村部官网，2022年6月21日，www. moa. gov. cn/govpublic/ncshsycjs/202206/t20220622_ 6403066. htm。
③ 郑明鸿：《坚持数十年的"村BA"，在告诉我们什么?》，光明网，2022年11月9日，https：//m. gmw. cn/baijia/2022−11/09/1303189919. html。

育场所的时间在 30 分钟以内①。江西省萍乡市莲花县的海潭村在 2022 年修建了免费游泳池，既满足了村民对高质量体育锻炼活动的需要，又为安全事故高发的"野泳"问题提供了解决的途径。广东省中山市小榄镇大力推进基层体育设施建设，已建成国家毽球训练基地、省龙狮武术训练基地、省拔河训练基地、少年游泳训练基地等专业场馆，使乡村体育的理念真正落地。除了体育设施的普及外，社会体育指导员也逐渐下沉到乡村。《关于推进"十四五"农民体育高质量发展的指导意见》明确要求，要选拔一批农民体育健身骨干、发展一批农民体育积极分子、培养一批农村社会体育指导员，打造一支懂体育、爱健身、会组织的农民体育工作队伍②。河南省安阳市汤阴县的韩庄镇以广场舞为抓手，所组建的广场舞教练队伍组织起基层的日常健身活动，在乡村体育基础设施建设的基础上，此广场舞活动提升了村民群体在体育锻炼中的获得感和满足感，促进了社会和谐和邻里和睦。

随着科技的发展，乡村体育的形式也实现了极大丰富。浙江省杭州市萧山区的梅林村是国家首批未来乡村建设试点村，该村以数字化为支撑，建设起数字跑道、游步道、无人健身房以及智能化的太阳能健身器材等，打造了示范性、标杆性的乡村体育新图景。此外，随着互联网使用的普及、智能设备的便利化以及政策支持下体育指导的落实，村民群体的体育知识和健康理念不断提升，并通过乡村体育的诸多形式来实现健身目的，这一变化也促进了乡村体育的快速发展和乡村健身公共服务水平的提升。

（四）项目产业化：乡村体育传播的发展走向

《中华人民共和国乡村振兴促进法》明确要求，要建设特色鲜明、优

---

① 清华大学体育产业发展研究中心：《清华体育产业研究丨2021 年中国乡村发展报告》，清华体育产业研究中心微信公众号，2022 年 3 月 31 日，https：mp. weixin qq. com/s/IKVGL qeUOYwxGsyGP8H9eg。

② 《农业农村部 体育总局 国家乡村振兴局关于推进"十四五"农民体育高质量发展的指导意见》，中华人民共和国农业农村部官网，2022 年 6 月 21 日，www. moa. gov. cn/govpublic/ ncsksycjs/202206/t20220622_ 6403066. htm。

势突出的农业文化展示区、文化产业特色村落，发展乡村特色文化体育产业①。乡村体育产业是乡村经济发展过程中的一大热点。《"十四五"体育发展规划》指出，要推动体育元素融入乡村振兴战略，推动体育与旅游、健康、养老等产业融合发展，带动村民就业创收②。"乡村体育+"的模式加快了乡村体育与社会事业和农业产业融合发展的步伐，释放了乡村体育在乡村振兴进程中的活力。《关于推进"十四五"农民体育高质量发展的指导意见》强调，到 2025 年，要基本形成农体文体智体深度融合、多元融合的发展格局③。浙江省丽水市庆元县的荷地镇依托高山台地优势，建设起"浙西南亚高原运动基地"，带动了当地旅游、民俗和餐饮等多个行业的发展。湖北省荆门市京山市的文峰村着力打造"网球村"的旅游招牌，在村内建设网球场、网球特色民宿、网球墙等，成为近郊游的一大热门选址。"乡村体育+旅游"不仅打造出具有特色的农业休闲体验地，更激发了乡村发展的内生动力，使体育产业赋能乡村振兴。

三　现阶段我国乡村体育发展的问题

《2021 年乡村体育发展报告》指出，当前我国乡村体育发展在基础设施建设、日常活动组织等方面已经取得了一定成绩。但本文认为我国乡村体育的发展仍然面临较多阻碍，在场地设备、内容创新、特色发掘、配套服务等方面依旧有较大的提升空间。

（一）公共体育资源供给不足

我国乡村体育发展面临的一个现实困境是乡村公共体育服务供给不足。

---

① 《中华人民共和国乡村振兴促进法》，中华人民共和国中央人民政府官网，2021 年 4 月 30 日，https：//www. gov. cn/xinwen/2021-04/30/content_ 5604050. htm。

② 《"十四五"体育发展规划》，国家体育总局官网，2021 年 10 月 25 日，https：//www. sport. gov. cn/2fs/n4977/c23655706/content. html。

③ 《农业农村部 体育总局 国家乡村振兴局关于推进"十四五"农民体育高质量发展的指导意见》，中华人民共和国农业农村部官网，2022 年 6 月 21 日，www. moa. gov. cn/govpublic/ncshsycjs/202206/t20220622_ 6403066. htm。

在城乡二元结构之下，村民群体的需求与乡村体育设施供给之间的矛盾突出。《"十四五"体育发展规划》提出，"十四五"期间，我国人均体育场地面积要达到 2.6 平方米，而根据 2020 年全国体育场地统计调查数据，全国体育场地中属于村委会的面积为 5.85 亿平方米，同时根据国家统计局相关数据，2020 年全国乡村人口数量为 50992 万人，据此计算，乡村人均体育场地面积仅为 1.15 平方米，同"十四五"目标还有不小的距离[①]。体育基础设施、体育运动项目开展的规划用地、体育产业从业人才、体育体验技术等要素发展不协调，乡村体育发展不充分[②]。

当前乡村公共体育服务"自上而下"的供给方式无法充分满足村民日益增长的体育个性化需求，乡村体育基础设施供给因而呈现有效供给不足、供给针对性不强的现象。除此之外，社会中大量体育资本对于体育产业的投融资主要集中在城市的体育用品制造、赛事组织和传媒信息服务等领域，对于广大乡村体育的投资明显较为缺乏。

（二）体育观念尚未完全跟进

由于地区差异及经济差异，体育观念的更新同样以城市为中心，乡村地区人民群众的体育意识较淡薄，对体育健身的必要性认识不足。在农业生产压力、生活习惯与环境、文体经费等条件的限制下，大部分乡村地区体育健康知识的普及度较低。这也导致了村民参与体育活动的积极性较低，参与意愿较差。

乡村体育文化活动的开展，必须以村民自发自觉参与为前提，其健身意识及体育素养是起决定性作用的内因。从当前村民的体育健身意识和体育素养的状况来看，其健身意识薄弱、体育素养亟待提升。《中华人

---

① 《〈"十四五"体育发展规划〉：到 2035 年我国将建成社会主义现代化体育强国》，中华人民共和国中央人民政府官网，2021 年 10 月 28 日，https：//www.gov.cn/xinwen/2021-10/28/content_ 5647240. htm。

② 赵红红、丁云霞：《体育产业助推乡村振兴的路径选择——基于江浙 4 个乡村的典型调查》，《浙江体育科学》2022 年第 6 期，第 33~37+55 页。

民共和国体育法》规定，在乡村当中，居委会、村委会、社区组织等应当结合实际组织开展全民健身活动①。政府部门从顶层设计的维度出发，督促乡村相关部门履行职责，做好引导，提升村民对体育活动的关注和参与，带动乡村体育文化深化与传承。同时，可在赛事的组织与举办当中发力，策划开展集氛围性、娱乐性、表演性、观赏性于一体的农村体育活动来吸引村民"愿参与、能参与、乐参与"，充分发掘乡村体育在乡村振兴中的潜力。

（三）缺乏专业人才下放

人才作为产业当中最活跃的因素，是乡村体育发展的灵魂所在。但目前乡村体育发展严重缺乏专业人才及人才团队，乡村体育社会指导员与管理人员缺乏。随着村民体育需求的丰富升级，乡村体育社会专业人才不足的制约性就更为凸显。

我国现阶段乡村体育赛事以村民自发组织参与为主，虽然能够在一定程度上调动村民的参与热情，但在赛事组织、体育安全、体育多样化等方面均存在缺陷与隐患。目前，我国的农村青年在总体上仍然处于外流状态，可用人才及团队较为稀缺。人才的缺失可能导致很多体育项目因缺乏专业人员的介绍与指导而无法展开，在一定程度上造成了农村体育基础设施建设同质化与单一化，也会造成运动安全保障率较低，从而阻碍新型体育走入乡村②。

（四）乡村体育宣传力度不足

《2021年中国乡村体育发展报告》显示，各区域均有超过一半的受访乡村设有体育锻炼宣传渠道并定期宣传，显示出各地基层对此项工作都较为重视，

---

① 《中华人民共和国体育法》，中华人民共和国中央人民政府官网，2022年6月25日，https://www.gov.cn/xinwen/2022-06/25/content_5697693.htm。

② 刘如、彭响、谭志刚等：《新时代乡村体育振兴的内在需求、现实困境与实现路径》，《河北体育学院学报》2019年第5期，第30~34页。

进行了认真落实。此外，进行定期体育宣传的地区中有 91.7% 的村民具有较强的健身观念，而没有定期宣传的地区中仅有 56.4% 的村民有此认知。这充分体现了宣传手段在乡村体育发展当中的意义①。民间体育及其赛事的推广和传承离不开媒体的宣传和报道，但纵观当前主流媒体，及各类门户网站、短视频平台等，关于乡村体育的传播内容仍然较少，类型也较为单一，因此未来进一步加强乡村体育锻炼宣传具有重要的实践意义与现实价值。

四　乡村体育传播的发展价值

（一）提高乡村体育影响力

1. 新媒体传播是乡村体育赛事知名度提升的关键所在

随着媒介技术的不断成熟和发展，新媒体平台传播速度快、覆盖面广、互动性强等特点进一步凸显。抖音、客户端、新闻网站等网络平台发挥较强的传播时效作用。乡村体育影响力的扩大离不开媒体的广泛宣传引导，借助新媒体进行传播可以将其影响扩展到最大化。这在贵州台江"美丽乡村"篮球赛的传播当中得到充分体现，相关宣传报道使"美丽乡村"篮球赛在台江历史上民间自发组织的活动中得到的关注最多，并迅速引爆全网，受到社会各界的广泛关注。

2. 促进体育产业发展及经济盈利

借助于"村 BA"网络宣传，作为奖品的接地气的本地"黄牛、香羊、小香猪、西瓜"等农特产品也受到关注。"村 BA"不仅带火了当地的篮球文化，也带动了当地农特产业发展，对乡村经济发展起到积极促进作用。浙江省丽水市缙云县北山村依据国家和省市有关乡村振兴的政策，打造农村电商，开辟了"互联网+村落体育"的新业态，全村 500 余人从事体育户外用

---

① 清华大学体育产业发展研究中心：《清华体育产业研究 | 2021 年中国乡村发展报告》，"清华体育产业研究中心"微信公众号，2022 年 3 月 31 日，https：//mp. weixin. qq. com/s/IKV GLqeUOYwxGsyGP8H9eg。

品电商服务，促进了当地村民就业和乡村体育产业发展。

除此之外，乡村体育传播可以助力打造民间体育赛事品牌，开发民间体育旅游，充分挖掘民间体育本身的价值，实现市场利益最大化，促进乡村振兴和民间体育的发展。

（二）构建大众体育话语体系

1. 引发群体情绪共振

村落内部的村民大多是具有相似生活环境、文化价值观念，及处于同一社会圈层的群体。在"村BA""村界杯"等类似乡村赛事当中，村民群体聚集于同一物理场景，容易进入基于情绪感染的沉浸式状态。在这样的状态下，体育赛事不仅作为乡村生活的一个主要议题，更是调动情感、引发群体情绪共振的有力方式。在"村BA"的传播过程中，村民对于篮球比赛的情感反应经由沉浸式媒介技术在网络空间进行传播，使得公众对于"村BA"的认知程度不断加深，引发更大范围的情绪共振。

新媒体时代下对乡村体育内容的传播，植根于乡村环境下大众的现实生活，它既承载着人们对置身于其中的乡村生活的理性认知，也承载着受众对新时代美好生活需求满足的情感渴望和诉求。它可以有效促使受众产生共同或相似情感，核心目标之一，便是借助媒介技术提升乡村美好生活的传播力，形成文化自信意义上乡村美好生活的心理与感官共鸣[①]。

2. 厚植民族体育文化根基

民族传统体育文化是我国悠久历史发展的产物，它来自民间、扎根于民间、服务于民间，新媒体对乡村体育文化的传播，有助于筑牢民族体育文化根基。新媒体对乡村民族体育文化的传播有助于活跃乡村文化，是提升赛事吸引力、号召乡村内外人员参与的重要手段之一。如徐州"村界杯"足球赛事，在经过新媒体宣传提升知名度后，吸引大量乡村之外的省队队员前来

---

① 霍艺珊、肖燕怜：《体育符号在新疆乡村文化传播中的价值构建》，《视听》2022年第6期，第37~40页。

参赛，这种方式使人们更贴近乡村生活与乡村文化。新媒体将体育赛事的交流功能进一步扩大，使其成为促进文化交流与交融的平台，活跃了乡村的文化活动。

此外，新媒体能够带动不同乡村体育文化之间的延伸和联结，文化的联结正是人类社会发展和变迁的推动力。在乡村体育传播的发展推动下，不同村落体育文化相互影响、相互渗透，能够促进文化群体在认知、观念等方面的提升，对乡村体育与民族体育文化的维系和发展起到积极作用。

五　我国乡村体育传播的发展推进路径

（一）培养乡村体育赛事人才

2021年2月，中共中央办公厅、国务院办公厅印发的《关于加快推进乡村人才振兴的意见》提出："乡村振兴，关键在人"，指出要"加强乡村文化旅游体育人才队伍建设。推动文化旅游体育人才下乡服务。完善文化和旅游、广播电视、网络视听等专业人才扶持政策，培养一批乡村文艺社团、创作团队、文化志愿者、非遗传承人和乡村旅游示范者。鼓励运动员、教练员、体育专业师生、体育科研人员参与乡村体育指导志愿服务"[1]。体育事业与乡村文化建设离不开具有丰富体育经验与管理能力的人才，因此乡村地区应建立健全人才培养机制，一方面为乡村体育建设培养更多的专业人才，另一方面吸纳更多的人才加入并留住现有的体育人才[2]。

新版《体育法》及《体育赛事活动管理办法》同样强调专业人才的重

---

[1] 《关于加快推进乡村人才振兴的意见》，中华人民共和国中央人民政府官网，2021年2月23日，https：//www.gov.cn/zhengce/2021-02/23/content_5588496.htm。

[2] 丰文宇：《"体育强国"视域下体育乡村文化建设困境及策略探析》，《当代体育科技》2021年第27期，第152~154页。

要性，通过立法的方式鼓励有条件的高等院校设置体育产业相关专业。通过良好的教育机制实现对专业人才的培养以及对人才团队的建设，是推动传统民间体育、乡村体育扎实发展、对外传播的重要步骤，对促进我国乡村体育的进步意义重大[①]。

（二）加强乡村体育宣传

在新媒体时代，宣传对于推动乡村体育发展和建设具有不可或缺的作用。应加强与各类媒体平台的对接，构建"电视+广播+报纸+网站+微信公众号+抖音号"的立体式、全方位的宣传路径，报道乡村举办的大型体育健身赛事，提高乡村体育赛事的知名度，打造赛事品牌。与此同时，要充分利用互联网时代的碎片化传播特点，利用自媒体平台，创新推广与宣传模式，借助短视频、图文等媒体形式扩大传播范围和提高传播效果。也要结合当今县级融媒体等的发展趋势，将体育与网络传播充分结合，在借助外界媒体资源的同时调动乡村媒体自有资源，深化乡村体育传播，获取乡村内部与外界人群的关注与支持。

随着物质生活的不断改善，乡村文体需求持续高涨，群众广泛参与体育运动，这有助于提高相关运动的普及率，也能够满足村民的精神文化需求，从而以体育促进乡村振兴[②]。

（三）多产业协同发展促进乡村体育传播

乡村体育赛事不仅具有传统体育特质，更是集娱乐、休闲、民俗于一身的文化活动，具有较强的群众性、娱乐性、参与性，存在同旅游业、商业、养老产业等产业共同发展的趋势。乡村体育产业在旅游方面的价值受到国家旅游部门的重视，乡村体育产业与其他产业联动发展也成为其传播与发展的有效手段。

---

① 万义、李珂：《乡村振兴战略下农村体育治理的现实困境、理论逻辑与实现路径》，《成都体育学院学报》2022 年第 5 期，第 21~26 页。

② 刘金辉、王恒志、季嘉东：《丰收节，体育助力乡村焕发别样活力》，百度百家号，2022 年 9 月 23 日，https://baijiahao.baidu.com/s? id=1744728554475900533&wfr=spider&for=pc。

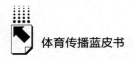

因此，在乡村体育传播中，注重思维革新，加强"以赛促旅""以赛促商"，不仅有利于提升体育赛事的群众基础以及知名度、提高体育赛事的影响力和感召力，也能丰富当地文旅业态，提升其他相关产业、产品的竞争力。让乡村体育产业进一步融入乡村振兴的环节当中，有助于建设体育强国和健康中国。

六　结语

2022 年，党的二十大号召要实现中国式现代化和打造农业强国，建设宜居宜业和美乡村①。习近平总书记强调，"乡村振兴，既要塑形，也要铸魂"②。乡村体育文化振兴既是实现目标的重要一环，也是关键和薄弱环节之一。大力发展乡村体育，对于推进村民"强身健体，铸魂壮魄"，推动广大乡村"志智双扶、文体同行"，加强乡村人才振兴中"青年变能手，能手变先进，先进变'头雁'"的"人才三变"建设，全面实现农业农村农民现代化等，都至关重要。

在体育强国建设新征程中，乡村体育大有可为，也必将大有作为。事物重大发展变革和创新都是经济发展转型和社会变迁的体现，彰显了社会发展和生活变化带来的新诉求和新表达。乡村体育应将自身发展融入乡村振兴、体育强国等目标的建设当中，顺应新时代，迎接新浪潮。

---

① 习近平：《高举中国特色社会主义伟大旗帜　为全面建设社会主义现代化国家而团结奋斗——在中国共产党第二十次全国代表大会上的报告》，人民出版社，2022。
② 习近平：《坚持把解决好"三农"问题作为全党工作重中之重，举全党全社会之力推动乡村振兴》，《求是》2022 年第 7 期。

媒介技术篇

Media Technology in Sport Communication

B.11

5G 时代"云奥运"的传播
创新与理论意蕴

张 盛　李淑美*

摘　要： 近年来，以"云计算"为代表的新兴数字技术重塑奥运传播的媒介生态与实践逻辑。本文揭示"云奥运"在技术、文化和政治三个维度的话语内涵。基于奥运数字化传播的业态、生态和形态分析框架，本文对 2022 年北京冬奥会进行个案研究，提出 5G 时代奥运数字化传播的三大理论意蕴，"云传播"以深度媒介化的技术形态重构了奥运数字化传播的多主体关系和赛事呈现的时空形态，数字媒介在重新定义交往方式的过程中发掘出丰富的空间营造价值，突破奥运传播的传统场景成为"云奥运"创新实践的重要维度，云计算等技术在重塑传播机制、法则、模式和场

---

* 张盛，上海体育大学教授、博士生导师，上海市习近平新时代中国特色社会主义思想研究中心特聘研究员，国家社科基金重大项目"新时代体育全媒体传播格局构建研究"首席专家，中国体育科学学会体育新闻传播分会副主任委员，上海高水平地方高校"体育文化传播与人文传承"创新团队学术带头人；李淑美，上海体育大学博士研究生。

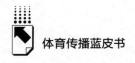

景的同时，在深层次上重构了奥运会作为媒介仪式的内在逻辑，使其成为探索新叙事机理的实践场域。

关键词： 云传播　5G　北京冬奥会　数字化传播

随着传播技术的日新月异，现代体育呈现高度媒介化的特征，奥运会的影响力日益依赖于传媒的呈现、运作和包装。在电视与体育缔结"姻缘"后，媒介化奥运愈发成为一种具有重要文化和政治价值的大众传播现象。数字技术的发展和迭代更新，推动着奥林匹克文化在国家间流动，并与举办国的本土文化进行交融，不断孕育新的变革动力。近年来，以"云计算"为代表的新兴数字技术重塑奥运传播的媒介生态与实践逻辑，对体育文化传播产生了深远的影响。

一　"云奥运"的三重话语维度

"云计算"作为一种新兴数字技术在奥运数字化传播中的应用与发展是一个动态的过程，受到学术界和实践领域的广泛关注，学界和业界从技术、文化和政治等维度对"云奥运"的内涵与愿景提出了构想和评估。

（一）技术维度："云端"共享中的新传播范式

20 世纪 90 年代，计算机网络呈现爆炸式增长。1996 年，"云计算"（Cloud Computing）这一术语首次出现在 Compaq 公司的内部文件中，并伴随 2006 年亚马逊发布的云计算平台 Amazon Web Service 而得到推广①。2011 年，美国国家标准与技术研究院（NIST）对云计算的技术内涵进行了具体而明确的定义：云计算是一种能够通过网络以便利的、按需付费的方式获取

---

① 王雄：《云计算的历史和优势》，《计算机与网络》2019 年第 2 期，第 44 页。

计算资源(包括网络、服务器、存储、应用和服务等)并提高其可用性的模式,这些资源来自一个共享的、可配置的资源池,并能够以最省力和无人干预的方式获取和释放①。我国较早关注"云技术"的传播学学者李卫东认为,云计算是信息技术发展历程中最具革命性的重大进展,形成了一种新型的信息传播模式——"云传播",它以"云服务"为媒介,以"共享"和"开放"为机制,其传播过程主要在云端完成,在云传播时代,人类传播与社会治理呈现云端化、平台化、泛在化、社交化和智慧化等发展趋势,将对传统媒体与新兴媒体的融合产生深远影响②。

奥运数字化传播是一个不断推动前沿技术创新应用的领域,奥运传播"云化"及其依托的数字化技术经历了一个逐步发展的过程,我国主流媒体始终走在传播创新实践的前列。2012 年伦敦奥运会期间,中国网络电视台构建"一云多屏"的传播体系,形成了网络、手机、iPad、IPTV、移动电视五大新媒体终端全面覆盖、全面发力的传播格局③,云传播实现了媒介组织内容存储的"云化",基于云计算的信息资源存储由"终端"转移到"云端"④,推动了数据共享的技术升级。2016 年里约奥运会期间,云计算被首次应用于奥运赛事组织,里约奥运会的志愿者管理及其认证和人力资源系统都托管在"私有云"中。此外,4K、VR 和可穿戴智能设备等技术也在里约奥运会中亮相,为受众带来了新的观赛体验。

里约奥运会结束后,国际奥委会决定将奥运技术架构向"云"上迁移,这意味着"云传播"中的所有信息传播节点全部上"云"。2017 年,阿里巴巴赢得了与亚马逊的竞争,成为奥林匹克"云服务"和"电子商务平台

---

① 焦茹彬:《关于互联网新一代变革——云计算的探讨》,《科技信息》2012 年第 6 期,第 264 页。

② 李卫东:《云传播时代:人类传播与治理的云端化、平台化、泛在化、社交化和智慧化革命》,科学出版社,2019,第 9~21 页。

③ 邢立双:《"一云多屏"在 CNTV 奥运报道实践中的应用》,《现代传播(中国传媒大学学报)》2012 年第 10 期,第 80~82 页。

④ 李卫东、张昆:《"云传播":人类信息传播的革命》,《图书情报工作网刊》2011 年第 10 期,第 48~55 页。

服务"的官方合作伙伴。2018 年，奥林匹克广播服务公司（OBS）与阿里云合作开发转播云平台 OBS Cloud，并在 2020 东京奥运会中首次投入使用。东京奥运会由于受到新冠疫情的影响，5G、4K/8K 超高清技术、AI 等智能化技术在赛事传播中得到广泛应用，尤其是专业化媒体以更加开放和积极的姿态采用新技术，加大向多元化平台的内容投放，通过分散授权等方式进行多角度的奥运传播①。2022 年北京冬奥会则实现了核心系统全面上"云"的壮举。国际奥委会首席信息技术官 Ilario Corna 指出，"当我们看到可以在云端做些什么的时候，我们非常确信云服务可以帮助我们朝着数字化转型的目标迈进。2022 年北京冬奥会所有核心系统运行都在云端，云传输更灵活、可持续，而且成本更低，它符合国际奥委会《奥林匹克 2020+5 议程》的目标，即降低奥运会的成本"②。

（二）文化维度：互动场景中的新连接机制

自现代奥林匹克运动诞生以来，不同的传播技术以各自特有的方式标记媒体和奥运会的关系，国际奥委会和举办国抓住每一次赛事传播的机会，采纳和运用创新性的媒介技术连接更为广泛的受众。数字电视技术极大地推动了奥运会的全球传播，可以对划时代的体育竞赛进行现场直播，进而吸引数亿名观众屏息驻足，这样的媒介事件也集中展现了新兴的电子媒介的潜力。随着新兴技术的孕育与发展，2008 年北京奥运会成为第一届真正意义上的互联网奥运会，互联网媒体等首次作为独立转播机构，与传统媒体一起被纳入奥运会转播体系，为奥林匹克运动连接全球受众提供了新选项。随着 3G 时代到来和在 Web 2.0 技术加持下，在 2012 年伦敦奥运会期间，数字化传播革命进一步改变了由电视主导的大众传播格局，使单向传播转向更加注重

---

① 夏天一：《融媒体语境下大型综合性体育赛事的转播实践分析——中央广播电视总台东京奥运会转播解读》，《新闻论坛》2021 年第 6 期，第 41~43 页。

② "Beijing 2022 cloud technology sets new bar for Olympic Games, says IOC official," Official Website of the Chinese Olympic Committee, 2022-03-31, http：//en. olympic. cn/news/olympic_ news/2022-03-31/2360191. html.

体验的交互式传播,"云计算、人工智能等技术创新成果不断丰富着体育传播的形式与内容,体育特有的速度与激情在移动场景和智能传播中得到新的匹配与跃升"①,多屏收视开始打造新的奥运叙事和媒介文化。

数字媒介的发展给文化的表达、呈现和流动带来全新的方式和可能,使文化传播的空间更广阔、主体更多元、互动更多样。随着 4G 技术的普及,多平台联动、全渠道覆盖的融媒体生产模式愈发成熟。在 2016 年里约奥运会中,"两微一端"和融合互动平台成为主流媒体奥运报道的标配,云计算、4K、AI、VR 等新兴智能技术与奥运传播的结合愈加紧密,我国主流媒体建立的"中央厨房"式全媒体平台,通过再语境化的信息重组提高报道的广度和深度,"延伸"受众对世界的"感知阈",受众不再是传播过程中的"旁观者"②,而是主动寻求连接的"参与者"。受新冠疫情影响的东京奥运会大胆运用"云传播"技术,重构奥运传播的场景,探索创新性的奥运报道策略,有效推动了传统媒体与新兴媒体的深度融合发展③,其注重场景营造和重构互动连接的传播机制创新在 2022 年北京冬奥会中得到进一步强化和凸显。北京冬奥会期间,OBS Cloud 进行了重大升级,"云直播"被作为标准服务引入给持权转播商,国际奥委会认为,观众在"云"的帮助下将有一个全新的体验,这样可以吸引年轻一代,创造一个新的粉丝群体,让他们了解不同的运动,进而真正发展体育社区④。

(三)政治维度:共生传播中的新叙事机理

艾伦·古特曼(Allen Guttmann)指出,1896 年在雅典举办的现代奥运

---

① 张盛:《生态、渠道、内容:电视体育传播的迭代与创新》,《上海体育学院学报》2019 年第 6 期,第 23~28 页。

② 史安斌、张耀钟:《虚拟/增强现实技术的兴起与传统新闻业的转向》,《新闻记者》2016 年第 1 期,第 34~41 页。

③ 郝红霞、严三九:《基于场景视角的央视东京奥运会融合报道策略探析》,《中国广播电视学刊》2021 年第 10 期,第 123~126 页。

④ "Beijing 2022 cloud technology sets new bar for Olympic Games," Official Website of the Chinese Olympic Committee, 2022-03-31, http://en.olympic.cn/news/olympic_ news/2022-03-31/2360191.html.

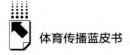
会本身便具有政治性，世界上最伟大的体育盛事一直被各个国家视作以不同方式推进自身利益的手段①。20 世纪以来的历史表明，奥运会作为现代社会的一种政治和文化现象，不可避免地受到国际政治的影响，同时展示出主办国和参与国的政治愿景，并成为世界各国展示综合实力和表达政治诉求的公共舞台。奥运会上视听技术的发展令人目眩，奥运叙事逐渐成为一种让全球共享体育的方式②。随着数字新媒体技术改变奥运会传播的互动形式和运行机制，全球体育的传播格局进入由数字媒介推动的增量变革阶段，多元传播主体的激活和重组使由电视媒介主导、以媒介事件为表征的宏大叙事转向了更加凸显个性化的微观叙事。在 2010 年温哥华冬奥会上，奥林匹克大家庭首次在 Facebook 和 Twitter 等社交网络上亮相。2012 年伦敦奥运会上社交网络得到巩固，首次创建运动员中心，展现了奥运会平台上运动员的个性化形象。2016 年里约奥运会的传播凭借多元化的传播渠道和更具"社交"属性的媒介展现方式，进一步凸显了运动员的个体形象和人格魅力③，以赛事为平台、以运动员为媒介，在数字技术驱动的全球文化共生传播中，感觉与情感等传播要素的价值不断得到彰显。

对中国而言，从 2008 年北京奥运会到 2022 年北京冬奥会，每一届奥运会都成为国际社会观察我国经济、社会、政治和文化发展的窗口。当百年圆梦的北京奥运会"借助电视媒体无远弗届的影响力，让全世界的观众第一次在同一时间将目光投向这个位于东方的文明古国"④，互联网也成为世界了解中国的一扇窗口，"展示一个充满生机、活力和愿意与全世界共同建设一个持久繁荣、共同和平的世界的中国"⑤。时隔 10 余年后，全球暴发的新

① Grix. Jonathan. , "Sport Politics and the Olympics, " *Political Studies Review* , 2013, 11（1）：15-25.

② 周榕、吕诗俊、张德胜：《"展示政治"视域下平昌冬奥会政治传播的考察与启示》，《武汉体育学院学报》2021 年第 11 期，第 27~33 页。

③ 林小榆、李新欣：《跨文化传播视域下奥运会运动员的国家形象塑造——以 2016 里约奥运会中国运动员为例》，《北京体育大学学报》2018 年第 2 期，第 40~45 页。

④ 常江：《中国电视史：1958—2008》，北京大学出版社，2018，第 381 页。

⑤ 新华网：《互联网是世界了解北京奥运重要的渠道》，搜狐网，2007 年 9 月 11 日，http：//2008. sohu. com/20070911/n252082636. shtml。

冠疫情将人类社会生活从工业时代形成的基于现实空间的生活方式，强行切换到信息时代基于网络空间的新生活方式，2020 东京奥运会成为世界最新科技展示的集会，"云传播"带来了赛博空间中跨文化交流的新图景，使奥运会再次成为一个基于全球知识和本土性知识交流互动的跨文化空间①，而百年变局和世纪疫情叠加之下的北京冬奥会以人类命运共同体理念讲述中国与世界的故事，旨在"把国际传播与国内传播场域融为一体，实现全球同心的传播基调"。②

二 "云奥运"：北京冬奥会数字化传播的实践创新

2022 年北京冬奥会实现了历史性的迁移，在奥运史上首次由云计算替代传统 IT 承载奥运会的组织和运营，实现三大核心系统全面"上"云，成为史上第一个"云奥运"。以云计算为核心的数字技术的崛起，为奥运传播注入了前所未有的数字化基因，从源头策划端助力全媒体传播，促进深度媒介化，重塑了奥运传播的业态、生态和形态，是奥运传播史上又一个里程碑事件。

（一）业态：内容生产、编辑与分发的"云化"

2022 年北京冬奥会实现了基于全球云基础设施对赛事画面的传输，实现了"云上转播"的重大技术创新，这是继 1964 年卫星电视转播奥运会以来的又一次技术突破，"云奥运"重新定义了奥运赛事内容的数字化生产、编辑与分发模式。

1. 内容生产的轻量化

为了做好新冠疫情防控工作，实现《奥林匹克 2020+5 议程》提出的降

---

① 张毓强、庞敏：《现代奥运会国际传播价值的再审视》，《武汉体育学院学报》2022 年第 1 期，第 13~19 页。

② 钟新、蒋贤成：《全球同心、多级对话、情感共鸣——北京 2022 冬奥会"云端"国际传播的基调、路径与愿景》，《成都体育学院学报》2022 年第 1 期，第 14~20 页。

低办赛成本的目标，"云上转播"以"共享"和"开放"为机制，形成全球响应、全球覆盖、全球制作的传播模式，大幅度降低赛事转播服务成本，并提高了转播团队的制作效率。资金问题一直是主流媒体转型全媒体时面临的巨大挑战，相比于"做文字"新闻时所需的"一支笔，一个本"，"做视频"对资金有更大的需求。传统转播以现场制作为主，在奥运会开始前，电视广播机构需要将昂贵且笨重的转播设备搬运至赛事现场，庞大的制作团队需要在现场对专门的、高成本的国际电信电路进行复杂的线路布置，并在转播车上完成导播、制作、剪辑、编辑字幕等工作，但是"云上转播"只需要几个不到 2 斤重的 5G"云转播"背包，几台轻便摄像机，几位摄像师以及一台能够上网的笔记本电脑即可启动赛事转播流程[1]，这有效使奥运赛事制播环节的设备和人员轻量化，极大地降低了成本。

2. 内容编辑与分发的智能化

在新冠疫情的影响下，能够进入奥运会现场的媒体名额缩减，刺激了对更远程、更灵活、更有效、更虚拟的"云上"编辑与分发的需求。2022 年北京冬奥会追求全场景、全视域、全角度的赛事呈现，面对媒体对"云上"内容存储、分类、管理与分发的功能需求，"云上转播"帮助记者通过远程在线的转播和内容剪辑开展编辑工作。"Content+"短视频处理平台就是基于云技术实现内容编辑与分发智能化操作，运用 AI 技术对赛事视频内容进行自动化分析、索引、搜索、编译、突出亮点等，对关键节点数据实施自动剪辑入库，并为用户提供精彩的视频回看，进而在"云端"高效地生产和发布相关赛事的短视频[2]。目前，在渠道端绝大部分媒体已经实现多平台传播，但是在源头策划端还缺乏全媒体的制作意识和操作，虚拟的"云上"编辑与分发为源头端的全媒体策划提供了一定的启示。

---

① 刘苏雅：《"一个人顶得上一支队伍"，5G 云转播平台让赛事转播轻量化》，北京日报客户端，2022 年 1 月 21 日，https：//ie. bjd. com. cn/5b165687a010550e5ddc0e6a/contentApp/606e7398e4b0b87b675b4bb7/AP61eac664e4b06028eb1e7742. html？isshare = 1&contentType = 0&isBjh = 0。

② Barry Owen：《揭秘北京 2022 冬奥会背后的技术》，澎湃，2022 年 4 月 14 日，https：//www. thepaper. cn/newsDetail_ forward_ 17590838。

（二）形态：数字虚拟技术带来的体验式传播

2022 年北京冬奥会的举办时间距离东京奥运会结束仅半年左右，但凭借科技含量十足的数字化传播打破了人们对奥运审美疲劳的预见，为受众带来了精彩纷呈的收视体验。在云计算、5G、4K/8K、AI 等数字技术的支撑下，北京冬奥会的数字化传播呈现了沉浸式、虚拟化和交互式的特征。

1. 释放数据潜能支撑沉浸式的观赛体验

作为首个全面"上云"的全球性赛事盛宴，北京冬奥会数字化传播缩短了闭环管理的赛事与屏幕前的观众之间的距离，"云上转播"时延低、带宽高，既能更好地应对开幕式、热门赛事等流量高峰期，又能适用于 4K/8K 超高清内容的转播，更有利于 AR、3D 建模、AI 算法等技术的应用。北京冬奥会期间的短道速滑、冰壶等比赛项目通过多角度智能合成技术，将多阵列视频组合成全景动态画面，提供多维度的自由观看视角，观众可以在屏幕上自由选择观赛角度和观赛时刻①。"云传播"的核心优势之一是可以释放人类生产和传播的巨大潜能，在"云传播"模式下信息生产和传播的空间和时间属性被极大扩展，通过数据发掘进一步展现极限项目本身的刺激性魅力，提高观众沉浸式的观赛体验。

2. 虚拟与现实的交互传播

2020 东京奥运会举办期间，"虚拟演播厅"进入大众视野，在 2022 年北京冬奥会时，"虚拟演播厅"得到了全面升级，拓展了技术的应用场景。Discovery 频道为观众设计了一个沉浸式体验的虚拟演播室——Cube 演播室，开创性地突破了虚拟演播室的技术边界，营造了一个完整的虚拟世界。在闭环内的国际奥委会主席巴赫，通过阿里云聚（Cloud ME）与中外记者"会面"，在云上算力、延时和空间编码能力被改善后，Cloud ME 使传播交互的技术实现方式进一步升级，这为未来基于虚拟场景构建的沉浸式传播拓展了

---

① 《百年奥运史上第一个"云奥运"要来了！北京冬奥会都有哪些数字创新？》，腾讯网，2022 年 1 月 12 日，https://new.qq.com/omn/20220112/20220112A09E5I00.html。

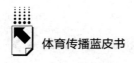

想象空间。云技术和数字技术相结合使虚拟与现实的交互传播新型业态不断涌现，结合虚拟媒介技术，重新定义了互动场景中的连接机制，重构了受众对虚拟与现实的感知，进一步支持媒介机构在全媒体转型的业态实践中进行创新。

（三）生态：智能化传播催生媒介新格局

2022 年北京冬奥会成为首届"云奥运"，通过"云传播"将赛事传递给全球数十亿观众，创造冬奥会史上的高收视率，是奥运会向更高层次的数字化转型迈进和我国传媒业深化媒体融合的双重驱动使然。在特殊环境的挑战下，国际奥委会积极顺应技术变革，与深入推进媒体融合战略的我国媒体共同把握了奥运传播生态云端化、平台化和智慧化的发展趋势。

1. 智能化技术重构奥运传播平台

随着数字社会的崛起，我国政府在社会治理中积极拥抱数字化、移动化和智能化等趋势，并在基础设施和技术研发等领域进行持续投入。2022 年北京冬奥会被认为是历届冬奥会中转播基础设施最好的一届奥运会，众多自主研发、领先世界的数字技术，如云服务和人工智能等在奥运数字化传播中得到创新应用，这得益于我国自 2015 年以来在移动通信技术领域所作的前瞻性布局和创新性发展[①]。以"云计算"为代表的新兴数字技术为奥运文化的表达、呈现和流动带来了全新的面貌，它将传媒产品生产和传播核心要素进行组合，以实现信息技术在经济、社会生活各部分的扩散应用，为奥运数字化传播的迭代升级提供了一个全新的基础设施系统，为全球体育受众创造了一个泛在可及的数字社区，在"云生态"中通过释放数据的流动性，推动我国媒介融合向纵深发展。

2. 技术创新开创国际合作新局面

世纪疫情叠加百年变局，凸显了构建人类命运共同体的弥足珍贵的价

---

① 李良荣、辛艳艳：《从 2G 到 5G：技术驱动下的中国传媒业变革》，《新闻大学》2020 年第 7 期，第 51~66+123 页。

值，具有团结、友爱精神的奥运会是促进世界各国"一起向未来"的关键性仪式手段。2022 年北京冬奥会以实现奥运的卓越传播为目标，以不断迭代的数字技术创新与应用为依托，为场内与场外、海内与海外的受众搭建了"脱域"在场的时空，为国内与国外的媒体合作提供了契机。中央广播电视总台与国际奥委会和 OBS 积极推动数字化传播创新，不断深化专业领域合作。此外，新兴媒体在海外开辟了传播的新进路，抖音海外版 TikTok 与国外媒体达成实质性的合作，进一步开拓了我国媒体的对外传播格局，体现了我国对外传播的新途径和新策略，展示出 5G 时代奥运传播国际合作的新生态。以"云计算"为代表的新兴数字技术所建构的生态系统，按照空间粒度，注定要延伸到全球的"云生态"。因此，我国媒体与各国际媒体应借助开放性的数字技术，进一步形成复杂多变的生态关系网络。

三　"云传播"时代奥运数字化传播的理论意蕴

新一代数字技术的发展推动了"云传播"时代的到来，北京冬奥会的实践创新表明，"云奥运"为我们从理论层面认识未来奥运的数字化传播开阔了视野，提供了多方位的理论启示。

（一）5G 时代奥运的深度媒介化

克洛茨在对现代媒介理论的建构中将媒介化视作一个与个体化和全球化并列的元过程，并认为媒介化是"人类活动的、持续的文明进程的一部分"①。现代奥运会的历史也是竞技运动媒介化发展的历史，从奥运会百年演进的历史脉络来看，奥运会不仅因传递与传播而存在，而且就存在于传递与传播之中。21 世纪初由欧陆学者推动兴起的媒介化研究聚焦传播技术与社会变迁之间长时段的互动关系，对政治、宗教、文化乃至体育等具体社会领域的媒

---

① 〔丹麦〕施蒂格·夏瓦：《文化与社会的媒介化》，刘君、李鑫、漆俊邑译，复旦大学出版社，2018，第 16 页。

介化过程展开了分析，拓展了人们对于媒介及其作用于社会并产生影响的方式的认识。从前媒介化社会到媒介化社会，媒介的功能经历了从"工具"到"中介"的转变，"以媒介为中介的社会交往与互动被视为现代性的表现之一"①。在媒介化社会中，媒介不再是一种物质性的工具或客观存在的中介实体，它在生产和生活实践中通过无处不在的运作，成为一种内在的社会逻辑和制度（institution）。从早期的模拟电视到如今互联互通的数字电视，都极大地推动了现代体育的媒介化进程，被影像塑造的竞技体育甚至成了一种大众文化的霸权。作为全球最大的体育赛事，奥运会能够将五大洲的数十亿人聚集在电视机前，使他们围绕着体育理念进行交流②，本是一个地方性事件的奥运会，但因媒介的作用成为一个全球性的事件，这充分体现了媒介的制度化属性，它既是一种独立自洽的制度，同时与其他制度相互作用而存在③。因此，奥运会是媒介与观赏性竞技运动联姻的制度化产物。

随着 5G 时代的来临，体育的媒介化迈向了深度媒介化阶段，"以互联网与智能算法为代表的数字媒介作为一种新的结构社会的力量，其作用于社会的方式与以往任何一种'旧'媒介不同，它下沉为整个社会的'操作系统'"④。北京冬奥会的数字化实践表明，以云计算为核心的数字技术改变了奥运传播与运营的整体操作系统，重塑媒介化奥运的业态、生态与形态。正如 OBS 首席执行官 Yiannis Exarcho 所指出的，"北京冬奥会将为奥运转播的沉浸式和虚拟化的未来，提供令人难以置信的兴奋一瞥，我们探索了创新的奥运会制作方式，同时将进一步吸引全球观众"⑤。作为"云端"共享中

---

① 潘忠党：《"玩转我的 iPhone，搞掂我的世界！"——探讨新传媒技术应用中的"中介化"和"驯化"》，《苏州大学学报》（哲学社会科学版）2014 年第 4 期，第 153~162 页。

② Tomlinson A., "Olympic spectacle: Opening ceremonies and some paradoxes of globalization," *Media, Culture & Society*, 1996, 18 (4): 583~602.

③ 顾烨烨、莫少群：《媒介化研究：理论溯源与研究路径》，《全球传媒学刊》2022 年第 2 期，第 143~162 页。

④ 喻国明、耿晓梦：《"深度媒介化"：媒介业的生态格局、价值重心与核心资源》，《新闻与传播研究》2021 年第 12 期，第 76~91+127~128 页。

⑤ "Beijing 2022: Historic Olympic Winter Games on and off the field," Official Website of International Olympic Committee, 2022-02-21, https://olympics.com/ioc/news/beijing-2022-historic-olympic-winter-games-on-and-off-the-field.

的新传播范式,"云传播"以连接一切的技术形态,升级了数字化时代体育媒介化的方式,根本性地重构着奥运数字化传播中的多主体关系和赛事呈现的时空形态,使被传统媒介主导的奥运传播以新的传播机制、法则和模式重构自身业态和架构,并成为奥运数字化传播中基础的建构性力量。

(二)场景视域下的奥运数字化传播

智能化技术推动数字传播进入场景时代,在全球重大体育赛事等高价值内容领域,场景已成为确立传播目标、制定传播策略和评估传播效果的关键要素。在新冠疫情导致的流动性减缓和停滞中,数字媒介在重新定义社会关系和交往方式的过程中发掘出丰富的空间营造价值,突破奥运传播的传统场景成为"云奥运"创新实践的重要维度。在此,场景已超越了一般意义上的物理环境和传播语境,它是由云计算和云平台等技术驱动传播实践而形成的行动情境,这种场景要素的价值在于其超越物理空间限定,以嵌入式的媒介化传播连接自然环境和人类身体的潜力[1]。尤其在移动互联的技术生态下,场景强调用户行为的时空感、整体性和关联性,表现为对用户生活状态和体验细节的关注[2],具有将平台和内容进行有效连接的内在属性。在北京冬奥会同屏全息的视频云服务中,全球实时传输(Real-Time Communication)网络技术和具有超高清画质的全息影像实现了数字技术、媒介和空间的深度融合,使千里之外的人们能跨越物理空间,为受众营造极具真实感的场景。

媒介化体育是高度依赖场景的传播内容,传播技术标记着不同时代背景下场景的尺度。大众传播时代以媒介为中心的逻辑,衍化出对历史进行现场直播的媒介事件,塑造了"天涯共此时"的媒介奇观。从这个意义上,2008年北京奥运会创造了全球电视转播业的收视奇迹。在此之后的伦敦奥运会和里约奥运会显现了分众传播时代去中心化的媒介逻辑,奥运受众从传

① Jensen K. B. , " Definitive and sensitizing conceptualizations of mediatization," *Communication Theory* , 2013, 23 (3): 203-222.
② 彭兰:《场景:移动时代媒体的新要素》,《新闻记者》2015 年第 3 期,第 20~27 页。

统电视的大屏向数字媒体的多屏分化和转移，奥运的数字化传播和营销日益将受众消费内容和技术的场景作为重要考量因素。这种虚拟的文化场景是在数字技术重构的时空逻辑下被孕育和塑造的，并从物理时空延展至虚拟时空，它在改变个人、群体和组织之间的互动关系的同时，重构了奥运叙事的规则及其文化表征，北京冬奥会的"云传播"实践就展现了这一时空逻辑的新特征。正如国际奥委会电视和营销服务首席执行官 Timo Lumme 所言，在转播内容小时数、数字媒体和线上直播数据等方面创历史新高的北京冬奥会，把握了新一代全球体育受众对传播关系属性的需求，"在传统媒体与社交媒体之间形成了很有意义的历史转换"①。如果把 2008 年北京奥运会作为展现"天涯共此时"大众传播时空逻辑的盛典，那么 2022 年北京冬奥会就成为一场因技术推动云端共聚而显示出"天涯若比邻"时空逻辑的媒介盛会。这种时空逻辑的转换表明，奥运数字化传播中的场景并不局限于表征事物共在的空间维度，还涉及时间的向度。如厄里在论述全球化的复杂性时所指出的那样，"新的技术和组织创新使人们能够进行长距离的通信和旅行，从而把时间'压缩'了""这些技术创新和社会组织创新共同作用，戏剧性地重组和压缩了人和地域之间的时空维度"②。奥运会作为表征全球化演变趋势的重要文化事件，数字媒介对其场景塑造的技术逻辑和文化价值值得学界进行更多关注。

（三）媒介仪式中的奥运话语重构

媒介化奥运提供了一个可被不断述说，并常说常新的经典叙事，即如何通过全球合作的体育竞技建设一个更美好的世界。在这个宏伟的事业中，传播或者由不同话语主体构成的表达和言说成为一个重要的维度。循此维度，

---

① 《北京冬奥组委：北京冬奥会首次实现 8K 视频技术转播》，网易，2022 年 2 月 16 日，https：//www. 163. com/dy/article/H0BUGAQ60514R9KQ. html。
② 〔英〕约翰·厄里：《全球复杂性》，李冠福译，北京师范大学出版社，2009，第 1 页。

奥林匹克在中国的传播被视为一个外来的现代性观念被建构和认知的过程①，个体与国家在不同的节点都是话语生产的主体。在可持续发展的话语范式下，媒介化社会中的全球奥林匹克运动隐喻着人类在建构一个全新社会过程中遭遇的现代性困境，而奥运赛事体系作为奥林匹克运动的焦点和传播的核心逻辑，构造着奥林匹克价值认同的场域，并不断强化参与者的情感共鸣，奥林匹克组织体系及各利益相关方则是诉说和表达这些价值的话语主体②。和任何一个组织一样，现代奥林匹克运动在其创始之初就非常重视对自身的话语构建，在 1894 年举行的第一届奥林匹克大会上，顾拜旦就在演讲中感谢新闻界的支持，他表示："我们是革新者，这就是为什么一向支持革新的新闻界理解并帮助我们——顺便说一下，我衷心感谢媒体。"③ 利用媒体进行话语塑造，是提升奥林匹克运动早期影响力的重要途径，虽然这一途径会不可避免地带来体育政治化的后果，但正如顾拜旦在 1936 年指出的："今天，政治渗透到所有问题之中，人们怎能期待体育甚至奥林匹克主义不受其影响呢？"④ 在此之后，随着大众传媒与奥林匹克运动的进一步结合，体育的仪式化过程更被视为造就体育影响力的重要源头⑤，因为媒体在将竞技赛事呈现为一种严肃事业的同时，通过营造有仪式感的战斗氛围，赋予竞技赛事以强大的感染力和吸引力。以奥运会为代表，全球综合性体育赛事作为一种媒介仪式，与大众传媒建构了一种结构性的促动关系，即不仅是一种基于体育赛事的传播内容生产机制，而且是一种有助于促进全球交流的文化

① 郭晴、卢兴、赵琬莹等：《观念的建构：奥林匹克在中国的传播》，《武汉体育学院学报》2022 年第 2 期，第 27~35+78 页。

② 徐笑菡、贺幸辉：《可持续发展模式下奥林匹克运动媒介化的新转向》，《北京体育大学学报》2022 年第 1 期，第 135~147 页。

③ de Coubertin P. ，"Speech by Baron Pierre de Coubertin at the Paris Congress Held at the Sorbonne 16th- 23rd JUNE 1894，" 2013 - 07 - 19，http：//library. la84. org/OlympicInformationCenter/OlympicReview/1969/ore22/ore22n. pdf.

④ 国际奥林匹克委员会：《国际奥林匹克委员会一百年：1894-1994：思想-主席-成就》（第三卷），刘北剑等译，中国奥林匹克出版社，1998，第 105 页。

⑤ 刘桂海：《体育政治化研究》，上海社会科学院出版社，2015，第 36 页。

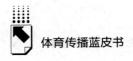

沟通机制①。

云计算在重塑传播机制、法则、模式和场景的同时，在深层次上重构奥运会作为媒介仪式的内在逻辑，"云奥运"成为一个探索新叙事机理的实践场域。2022年北京冬奥会与东京奥运会提出的"情同与共"一脉相承，展现了奥运叙事在国际政治和世界局势变动背景下的话语变迁。在世纪疫情凸显人类命运休戚与共的世界局势下，北京冬奥会以深厚的人文底蕴和宏大的全球视野推动文明交流互鉴，技术层面通过"云传播"打造沉浸式和立体化的传播格局，在话语层面则将"讲故事"作为一种国际传播的媒介化实践，通过讲述中华文化故事，讲述中国与世界携手发展的故事，促进全球受众心灵互通，从而为人类守望相助、共生共荣贡献独特的智慧与思想，增强"天涯若比邻"的人类命运共同体意识。这一诉诸故事的策略是在信息冗余时代提升国际传播力的有效途径，但与此同时必须意识到，当前全球体育的传播格局已进入由数字媒介推动的增量变革阶段，尤其是在人工智能媒体兴起的背景下，随着仪式化事件被多元化的媒介实践转化为焦点事件，并不断生成意义空间，把握基于数字媒介的传播逻辑进行话语建构就显得格外重要，依循多元互动场景中的连接机制和共生传播中的叙事机理，努力实现"宏大与微末、理性与情感、主体与客体的互融"②，将为"云传播"时代奥运话语的重构提供理想的范式。

四　结论

"云奥运"是新兴数字技术在体育传播融合转型中被广泛应用的重要结点，值得被反复审视分析，从而为新型体育全媒体传播模式的搭建提供借鉴。我国媒体的融合转型具有三个阶段的特征，即第一阶段的"你是你，

---

① 张毓强、庞敏：《现代奥运会国际传播价值的再审视》，《武汉体育学院学报》2022年第1期，第13~19页。

② 姜红、印心悦：《"讲故事"：一种政治传播的媒介化实践》，《现代传播（中国传媒大学学报）》2019年第1期，第37~41页。

我是我";第二阶段的"你中有我,我中有你";第三阶段的"你就是我,我就是你"。目前,我国主流媒体在体育传播中所尝试进行的全媒体格局构建转型正处在第一阶段向第二阶段的过渡期,已经在全终端覆盖和全平台共享的发行模式上进行全方位的突破,但是在深度媒介化、数字化传播等方面还亟须进一步拓展和建构。北京冬奥会传播中出现的以"云计算"为代表的新兴数字技术,进一步打破了终端依赖、渠道依赖和平台依赖,在业态、形态和生态三个层面为体育传播媒介融合转型的深度推进提供了新方法、新手段和新思路。

B.12
2022年卡塔尔世界杯融媒体传播观察

唐建军*

摘　要： 四年一届的足球世界杯传播史描绘了一幅幅波澜壮阔的世界足球运动的发展画面，展示了一代代叱咤风云的足球明星，从球王贝利、马拉多纳到梅西和 C 罗的更迭，让人们清晰地看到了不同时代的体育传媒的发展以及世界杯报道风格的演变。本文从中国媒体的视角，对 2022 年卡塔尔世界杯赛事的传播特征进行考察和描述。

关键词： 世界杯　融媒体传播　体育传播

2022 年卡塔尔世界杯足球赛结束了，又一个四年轮回，再次给了我们一个近距离观察和思考媒体中的世界杯的机会。作为世界上最高规格、最高竞技水平、最高知名度的足球比赛，四年一届的世界杯足球赛与奥运会并称为全球两大顶级体育赛事[1]。每届世界杯足球赛不仅是一场球迷的狂欢盛宴，而且是一个世界体育媒体合作与竞争的舞台。来自世界各地的体育记者、观众、球迷借助不同的传播手段，使用不同的语言，从不同的视角，在各类媒体和平台上生动形象地讲述着一届届足球世界杯的体育故事。

---

* 唐建军，上海体育大学新闻与传播学院副教授、硕士研究生导师，澳大利亚堪培拉大学访问学者，国际英文学术期刊 *The International Journal of Sport Communication* 编委。主要研究方向为中英文国际体育新闻报道、纪录片理论与实践、新媒体实务等，参编国外英文学术著作 *Routledge Handbook of Sport Communication*。

① 薛文婷、李倩雯：《〈人民日报〉世界杯报道中的中国叙事及背后话语》，《北京体育大学学报》2016 年第 10 期，第 31~37 页。

四年一届的足球世界杯传播史为我们描绘了一幅幅波澜壮阔的世界足球运动的发展画面,展示了一代代叱咤风云的足球明星,从球王贝利到马拉多纳,一直到今天的梅西和C罗的更迭,让我们清晰地看到了不同时代的体育传媒的发展以及世界杯报道风格的演变。本文试图从中国媒体的视角,对刚刚过去的2022年卡塔尔世界杯足球赛的传播特色进行较为宏观的考察和描述。在进入正题之前,作为卡塔尔世界杯传播的背景,有必要对过去二十年我国媒体世界杯报道的关键信息进行简要梳理。

一 从韩日世界杯到卡塔尔世界杯

从2002年的韩日世界杯到2022年的卡塔尔世界杯,时间跨度整整20年之久,历经6届世界杯。2002年的韩日世界杯是世界杯足球赛事首次落户亚洲,也是截至目前中国男子足球队唯一的一次世界杯之旅。尽管小组赛一场未赢,一球未进,被小组赛对手哥斯达黎加、土耳其和巴西打入9球,但这次世界杯在中国足球史上的地位是空前的。二十年之后的2022年,世界杯足球赛再次来到亚洲国家,从东亚转移到西亚。虽然中国足球自韩日世界杯之后,已经连续冲击5届世界杯都折戟沉沙,但中国球迷关注世界杯赛事以及中国各行各业以各种形式参与世界杯的热情从未减弱。卡塔尔世界杯在交通、场馆、通信等基建事务上均有来自中国的投资,中资企业的赞助广告在世界杯赛场上也随处可见,正如著名的央视新闻节目主持人白岩松所调侃的:"中国除了足球队没去,其他的都去了。"

从我国媒体参与世界杯足球传播的视角来看,从2002年韩日世界杯到2022年卡塔尔世界杯的二十年,我们见证了中国媒体和媒体人从PC(个人电脑)互联网到移动互联网的更迭和洗牌。

2002年韩日世界杯,正值中国互联网发展的门户网站时期,以新浪、搜狐、网易为代表的门户网站最早确立了行业地位,其中,新浪体育投入大量资金,获得中国足协授权的"中国之队全球唯一互联网合作伙伴"的称号,首次全方位报道世界杯。

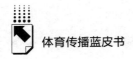

2002 年韩日世界杯时，一方面，以央视为代表的电视机构媒体仍然是国内世界杯赛事转播的"绝对主力"，央视对世界杯比赛的转播为 21 世纪初的中国球迷带来了难忘的观赛体验。另一方面，以《体坛周报》《足球》《南方体育》《21 世纪体育》《体育快报》为代表的体育专业报纸，不得不面对极为惨烈的竞争局面，譬如，为争夺垄断性采访资源，《体坛周报》当时以 150 万元的天价从《足球》报成功"挖走"著名体育记者李响。

2006 年德国世界杯恰逢"中国博客年"，当充满激情的世界杯与互联网博客时代不期而遇，一个与众不同的"博客世界杯"由此诞生。成千上万的记者、明星、草根等，都以博客为载体，报道、记录、评论甚至吐槽该届世界杯，创造了大量关于世界杯的原创内容。据 CNNIC 发布的世界杯报告，在 2006 年德国世界杯期间共计超过 25 万名网友使用新浪博客撰写世界杯博文，总计发布博文约 110 万篇，新浪网民在世界杯期间的新闻跟帖也高达 230 万条。

2010 年南非世界杯时，中国体育传播悄然进入更开放、更便捷、更具有社交互动属性的微博时代，世界杯传播实现了从"博客世界杯"到"微博世界杯"的华丽转身。据报道，南非世界杯揭幕战期间，新浪微博上聊球的总微博数超过了 50 万条，而在进球瞬间微博博主们每秒甚至发送了 1000 条微博[①]。

2014 年被称为中国移动互联网世界杯元年。4G 技术作为一种初步成熟的通信技术正式走入寻常百姓家，这也使观众在手机等移动设备端观看世界杯赛事直播成为可能，球迷从此拥有了更多的观看体育赛事的选择权。

拥有国际足联各项赛事在中国大陆独家全媒体版权的央视，从 2014 年巴西世界杯的版权垄断走向开放合作，以移动运营商为背景的咪咕视频和视频网站优酷，均获得 2018 年俄罗斯世界杯全部 64 场赛事的直播和点播权。在此基础上，2018 年成为真正意义上的网络新媒体直播世界杯元年，俄罗斯世界杯

---

① TechWeb：《50 万条微博力挺世界杯揭幕战》，至顶网，2010 年 6 月 13 日，http：//net. zhiding. cn/network_ security_ zone/2010/0613/1777624. shtml。

在中国世界杯转播史上具有划时代的标识意义。

2022年卡塔尔世界杯时，中国体育传媒市场在历经四年的重新洗牌之后，以乐视体育、腾讯体育、优酷体育、爱奇艺体育等为主要构成的互联网体育传播生态开始发生新的变化，卡塔尔世界杯期间，抖音获得央视的进行世界杯赛事转播的授权，代表短视频媒体平台正式入局大型体育赛事传播，进一步改变了中国体育赛事传播的业界构成。卡塔尔世界杯期间，包括电视、报纸在内的中国传统媒体与新媒体进入深度融合的较为成熟的发展时期，卡塔尔世界杯的传播实践，在很大程度上就是中国传媒的全媒体融合效果在足球世界杯上的一次真刀真枪的大检阅。

二　2022年卡塔尔世界杯的融媒体传播

推动传统媒体与新媒体的融合发展是近十年我国传媒业的一项重点工程，也是媒体的一次重要改革。党的十八大以后，习近平总书记在几个不同时期、不同场合发表的重要讲话和论述，为自上而下的融媒体改革奠定了基调，指明了发展方向。2013年8月19日全国宣传思想工作会议上，习近平总书记就指出，"加快传统媒体和新兴媒体融合发展，充分运用新技术新应用创新媒体传播方式，占领信息传播制高点"。[1] 2014年8月，中央全面深化改革领导小组第四次会议审议通过了《关于推动传统媒体和新兴媒体融合发展的指导意见》，习近平总书记指出，"推动传统媒体和新兴媒体融合发展，要遵循新闻传播规律和新兴媒体发展规律，强化互联网思维，坚持传统媒体和新兴媒体优势互补、一体发展，坚持先进技术为支撑、内容建设为根本，推动传统媒体和新兴媒体在内容、渠道、平台、经营、管理等方面的深度融合[2]"。2019年1月，在中央政治局就全媒体时代和媒体融合发展举

---

[1] 《关于媒体融合发展，习近平总书记这样说》，求是网，2019年3月16日，http：//www. qstheory. cn/2019-03/16/c_1124242592. htm。

[2] 《关于媒体融合发展，习近平总书记这样说》，求是网，2019年3月16日，http：//www. qstheory. cn/2019-03/16/c_1124242592. htm。

行第十二次集体学习时，习近平总书记强调，"推动媒体融合发展、建设全媒体成为我们面临的一项紧迫课题"。① 2020 年 11 月，党的十九届五中全会审议通过的《中共中央关于制定国民经济和社会发展第十四个五年规划和二〇三五年远景目标的建议》提出要"推进媒体深度融合，实施全媒体传播工程，做强新型主流媒体"，这标志着我国媒体深度融合发展从顶层设计进入全面落实的新阶段。

目前，从央媒到省级媒体，再到地市级媒体，将近十年的媒体融合已经进入纵深发展、深度融合的相对成熟时期，虽然还存在诸多问题，但取得的成绩是非常显著的，也涌现了不少优秀的融媒体产品和经典案例，例如上海的看看新闻 Knews、话匣子、阿基米德、澎湃新闻、界面等。本文将从以下几个不同方面，简要分析中国媒体关于 2022 年卡塔尔世界杯的融合传播特色。

（一）网台互动，大小屏融合，构建立体式全媒体世界杯传播矩阵

纵观足球世界杯转播史，电视媒体都是观众收看世界杯赛事最主要的渠道之一。随着移动互联网时代的到来，观众收看赛事的渠道日益多元，但主打"大屏观赛"的电视媒体，特别是有赛事直播版权加持的电视媒体，在世界杯、奥运会等大型体育赛事转播报道中仍然处于优势地位。每逢世界杯，包括中央广播电视总台在内的电视媒体都会迎来新一轮的收视高峰。中央广播电视总台作为国家级电视媒体，在足球世界杯、奥运会等大型体育赛事的版权方面享有特殊地位。与以往每届世界杯一样，央视拥有 2022 年卡塔尔世界杯中国大陆境内所有赛事的电视和新媒体版权。另外，通过版权分销，中国移动咪咕视频、抖音、上海五星体育频道、广东体育频道、广州南都市频道和广州竞赛频道也获得赛事的转播权。除了咪咕视频和抖音外，其他四个获得授权的转播机构都是地方电视机构媒体。四年一轮回的世界杯

---

① 《人民日报客户端：读懂媒体融合这篇大文章，习近平这三句话很关键》，求是网，2019 年 3 月 27 日，http://www.qstheory.cn/2019-03/27/c_1124282788.htm。

对于体育媒体而言是一个难得的收视黄金期，然而高昂的世界杯版权购买费对于多数体育媒体而言成了难以迈过的"门槛"。

当前的电视媒体正处于与新媒体深度融合的发展阶段，构建全媒体传播格局和全媒体传播体系、实施全媒体传播工程，正是实现媒体深度融合的必由之路和重要课题。2022年卡塔尔世界杯期间，央视、上海五星体育频道、广东体育频道等世界杯电视转播商，在网台互动、大小屏融合、构建立体式全媒体世界杯传播矩阵方面，交出了一张相当不错的答卷。

央视的全媒体世界杯传播矩阵涵盖总台旗下的多个传统电视频道，例如CCTV-1、CCTV-2、CCTV-5、CCTV-5+、CCTV-13、CCTV-16等，还有央视频、央视网、央视体育、央视新闻等新媒体平台以及广播频率。其中CCTV-5，是世界杯赛事报道的主频道，对56场赛事进行直播；CCTV-16奥林匹克频道以4K超高清模式历史首次参与世界杯赛事转播。另外，全媒体世界杯传播矩阵中的央视频，是中央广播电视总台基于5G+4K/8K+AI等新技术推出的综合性视听新媒体旗舰平台，也是中国首个国家级5G新媒体平台，其影响力排名在央视所有新媒体中是最高的。卡塔尔世界杯揭幕战当晚，央视频推出了年轻态、破次元、沉浸式原创融媒体节目《央视频之夜》，带给观众别样的视听享受。

上海五星体育频道是除央视体育频道之外，国内最有影响力的省级体育电视频道。在卡塔尔世界杯期间，上海五星体育频道打造了以电视端赛事直播为核心的全媒体世界杯传播矩阵。赛事解说凸显海派特色，9人解说团队由著名的首席体育评论员唐蒙领衔。另外，制作团队在电视端精心制作、创新推出多档卡塔尔世界杯特色栏目，例如《星耀卡塔尔》栏目通过"赛搏世界杯""五星战术板""王牌对王牌"三个板块，从不同角度完整呈现64场世界杯精彩赛事。另外，卡塔尔世界杯期间，每天19点的王牌栏目《体育新闻》扩容至60分钟，增设《热力卡塔尔》世界杯报道特别板块，通过"每日一问""世界杯视角""风情卡塔尔""舌战世界杯"等板块，及时、全面向观众展示这场盛宴。五星体育还倾力打造2022《我们的世界杯》电竞世界杯赛事，邀请观众以电竞的方式与五星体育共襄盛举。

上海五星体育频道的世界杯赛事转播收获了非常可观的收视率。根据"五星体育互动"微信公众号提供的数据，自 11 月 20 日卡塔尔世界杯揭幕战打响，首周五星体育在上海地区的全天收视率已提升至 0.64%，比赛时段的收视率更是触及 1.87%，这些数据是平日里的 260%。卡塔尔世界杯期间的单周全天平均收视率已经超过了东京奥运会。五星体育转播的世界杯前 15 场比赛中有 13 场收视率超过 2%，其中，德国队 VS 日本队、突尼斯队 VS 澳大利亚队两场收视率最高，单场收视率为 2.75%。33 场比赛市场份额超过 10%，B 组第三轮伊朗队与美国队的较量市场份额达到 25%，排名第一，英格兰队与美国队的比赛排名第二，市场份额为 23%①。

在卡塔尔世界杯期间，五星体育充分利用新媒体资源，通过图片、文字、音频、视频等多种形式，在多平台多渠道进行传播。2022 年 11 月 20 日至 12 月 19 日，"五星体育"微信公众号共发布 56 条推文，其中世界杯相关的共 49 条，是卡塔尔世界杯期间公众号渠道的主要传播账号，内容主要涉及赛前预告、赛后比分、比赛实时动态、场外故事等。"五星体育互动"微信公众号共发布 55 条推文，其中世界杯相关的有 20 条，与"五星体育"微信公众号的内容互相补充。同时，比赛中，五星体育在微博发布实时赛况，第一时间将消息触达观众，更具实效性。

（二）世界杯短视频，短视频世界杯

正如 2006 年的"博客世界杯"、2010 年的"微博世界杯"，如果我们用一个短语高度概括 2022 年卡塔尔世界杯在中国的传播特色的话，"短视频世界杯"无疑是最合适的。短视频是移动互联网时代碎片化信息传播的最佳载体，也是当今传统媒体与新媒体深度融合发展重点打造的领域，近几年几乎所有的主流媒体都实施"借船出海"战略，在抖音、快手、微信视频号等短视频平台，创建自己的短视频账号。传统媒体记者、编辑，无论你是来

---

① 《收视率爆表！世界杯还得看五星体育》，"五星体育互动"微信公众号，2022 年 12 月 14 日，https://mp.weixin.qq.com/s/xISjMmz64zOUpQMvbWdgIw。

自广电媒体，还是出自报纸等平面媒体，熟练拍摄、剪辑短视频已经成为必备技能，如果哪位记者还不会使用"剪映"这一当前最主流的短视频剪辑软件，肯定就严重落伍了。

短视频与长视频各有自己的传播优势。长视频一般有相对完整的叙事，比如传统的电视新闻，往往有配音、采访、记者出镜，讲究镜头的构图和运动以及全景、中景、近景、特写等不同景别的组合，但在短视频时代，这些规则都已变得可有可无。短视频重点不在叙事，而在于视觉冲击、细节强化、情绪表达和心理共鸣，它的特色在于点而不在于面。

短视频与激烈对抗的世界杯足球赛事不谋而合。在世界杯每日四场比赛快节奏的热点转换中，观众并不是只需要层次分明、结构严谨、逻辑清晰的完整叙事，相反，关于比赛中的进球集锦，精彩过人、漂亮的射门，神奇的扑救，大牌球星比赛中的一招一式、一笑一颦，进球后的疯狂庆祝，场内观众山呼海啸般的呐喊助威以及失利后的眼泪和痛苦表情等的短视频往往成为社交媒体的最爱，这些内容的短视频在世界杯短视频中所占比例非常高，因为它们能最大程度上调动球迷的观赛情绪，赋予他们更多的情绪价值和心理共鸣。

卡塔尔世界杯期间，《梅西夺冠小碎步》短视频，配上东方神曲《早安隆回》，立刻点燃全网，得到了网民的疯狂转发和评论，成为世界杯期间抖音平台最火爆的短视频之一。这个短视频，让我们看到了一代巨星温暖而感人的一面，那是梅西与身患癌症的小男孩的约定，是散发着人性光辉的体育精神。意想不到的是，这个短视频也带火了那首《早安隆回》，使之在万众瞩目的卡塔尔世界杯期间，迅速风靡整个网络，成为2022年末最火的一首歌曲。爱屋及乌，《早安隆回》又产生连锁反应，一夜之间，湖南邵阳那个名不见经传、默默无闻的隆回县，春节前后成为众多网民纷纷旅游打卡的网红点。

在所有的短视频平台中，抖音的影响力无疑是最大的，而拥有世界杯赛事转播权的抖音，毫无疑问成为世界杯最重要的短视频传播平台。根据2022年12月21日抖音平台发布的2022世界杯观赛报告，世界杯期间，抖音世界杯官方账号发布 2200+条短视频，累计获赞约 2000 万个，获得播放量 1127 亿次，获得粉丝 179 万人。FIFA 国际足联官方账号累计获赞 2578 万，并收获127 万名粉丝。11 月 14 日至 12 月 19 日，抖音打造站内外世界杯热点 5237个，累计消费 1510 亿元，累计上榜热点 2997 个，累计热点播放 814 亿次。

上海五星体育频道也把短视频作为自己全媒体传播矩阵的重要组成部分，全天候在抖音、快手、微博、微信视频号四个平台发布短视频。短视频的内容除了比较常见的赛前前瞻、赛况总结等外，还关注网络热点话题。针对四个平台的不同特性，五星体育对短视频内容做出调整。抖音平台拥有卡塔尔世界杯赛事节目版权，因此五星体育将赛场精彩片段集中输出在抖音上，从 11 月 20 日至 12 月 19 日，"五星体育"抖音账号共发布 487 条视频，其中世界杯相关的共 420 条，新增播放量达 7000 万次。《每日一问》等带有互动性质的节目视频主要集中在微信视频号上。

对于央视来说，其最主要的短视频传播平台是央视频。央视频拥有所有世界杯赛事的新媒体转播权，在整个世界杯期间，它以"长直播+短视频"的形式，打造垂直类融合传播矩阵，助力赛事报道的信息延伸和即时传播。另外，央视频还首次创新推出了"竖屏观赛"直播功能，为球迷带来革命性的观赛体验。

（三）自媒体网红博主，独领风骚世界杯

每届世界杯足球赛都堪称中国记者，特别是中国体育记者的一次盛会和节日，虽然中国队成绩不佳，但中国媒体和民众对世界杯情有独钟：2002年，中国申请采访世界杯的媒体达到了 73 家，仅次于日本和韩国 2 个东道主；2010 年，前往南非报道世界杯的中国记者超过 500 人[①]。这种情况在2022 年之前的任何一届世界杯都是如此。

2022 年卡塔尔世界杯，以上情况发生了翻天覆地的变化，除去央视、

---

① 薛文婷、李倩雯：《〈人民日报〉世界杯报道中的中国叙事及背后话语》，《北京体育大学学报》2016 年第 10 期，第 31~37 页。

新华社和中新社，国内其他传统媒体派往前线的记者仅20人左右，阵容庞大的京媒没有一个记者获准前往多哈①。取而代之的是以抖音网红博主、哔哩哔哩UP主为代表的知名体育自媒体博主，他们摇身一变成了世界杯舞台上源源不断的原创内容生产者和输出者。除了全球新冠疫情的影响外，更重要的影响因素在于当前的媒体环境已经今非昔比。移动互联网时代，媒体记者与自媒体博主的身份边界逐渐模糊，记者的工作面临巨大的挑战。在抖音、快手、B站、微博等新媒体平台，大量的优质自媒体博主拥有庞大的粉丝团队，他们自带流量，并能够实现商业变现，成为当前流量经济的最大受益者。

以活跃在世界杯现场的自媒体网红博主"巢巢巢Even"为例。"巢巢巢Even"是拥有59万名粉丝的知名哔哩哔哩体育类UP主，2016年世界杯预选赛亚洲区12强赛上国足在西安主场0：1不敌叙利亚，当初身为乐视体育记者的她，因采访愤怒的观众"退钱哥"而走红互联网，"退钱姐"也成了她走红网络的符号标签。卡塔尔世界杯期间，"巢巢巢Even"以Vlog的形式，从第一视角，带领大家进入卡塔尔世界杯现场，使大家感受到世界杯的火爆气氛，其中记录了阿根廷从小组赛到1/8决赛，到1/4决赛、半决赛，最后进入决赛的历程。Vlog中的她声情并茂，激动之时，也会声嘶力竭。在Vlog中也经常出现她与现场球迷热情互动的场面。另外，有一个小细节，Vlog中的她会时常提到"蒙牛"的名字，可见，流量加持的"巢巢巢Even"是有代言使命在身的。除了"巢巢巢Even"，当年接受采访的"退钱哥"——"何胜0423"，也以哔哩哔哩知名UP主的身份出现在卡塔尔世界杯现场。另外，还有"汉青书半霍去病""dudumassa"等。

除了以上知名哔哩哔哩UP主外，卡塔尔世界杯赛场内还有一些抖音网红博主，比如"山羊君""董老厮""依帆足球"等。他们都以Vlog短视频的形式，与网民和粉丝分享了自己在世界杯赛场的见闻，给无法到现场观球

① 《抖音网红、B站UP主们抢滩登陆世界杯》，凤凰网，2022年12月8日，http：//sports.ifeng.com/c/8LZb4SJqs67。

的球迷带来身临其境之感。这些自媒体网红博主有一个共同特点：视频内容专注于体育，特别是足球这一垂直领域。他们在卡塔尔世界杯舞台独领风骚，成为该届世界杯的一道靓丽的风景。除了亲临世界杯现场参与赛事传播的自媒体博主以外，还有一批特色鲜明的足球自媒体博主通过过硬的专业知识和独特观赛视角诠释这场足球盛宴，例如，武汉体育学院"湖北名师工作室"在哔哩哔哩精心打造了《德胜说球》系列节目等。

移动互联网短视频时代自媒体网红博主的崛起，也给正处于深度融合发展时期的传统媒体很多启发和思考，那就是传统媒体要打造或培植自己短视频时代的偶像 IP。最近几年，广电媒体 MCN 虽然有喜有忧，但不失为一种很好的创新尝试。实际上，卡塔尔世界杯几家转播平台的解说团队以及很多自制衍生节目，在很大程度上，都是借助名人自带的偶像 IP 来吸粉和带流量。例如，抖音邀请孙继海、谢晖、苏东、李毅、武磊等足球明星和专家，携手跨界解说白岩松、鹿晗、武大靖、许昕等，在抖音赛事直播间解说比赛。另外，范志毅、黄健翔、段暄、刘建宏等大咖级人物也在《DOU 来世界杯》《依然范志毅》《黄家足球班》《懂球大会》《宏哥侃球》《大咖侃球》《黄健翔谈》《白说·世界杯》《Hi 足球少年》等自制节目中亮相。同样，咪咕视频邀请了包括詹俊、宋世雄、张路等在内的堪称豪华的解说团队，并顺势推出了《鏖战世界波》《世界杯最强音》《詹前顾后》等多个衍生节目。

（四）高科技升级迭代，助力媒体深度融合和提供多元观赛体验

2022 年卡塔尔世界杯见证了高科技在赛事直播和用户观赛体验方面的升级迭代，5G、人工智能、元宇宙等科技热点在此届世界杯中得到了较为广泛的应用，有力推动了媒体的深度融合发展。如前所述，作为央视新媒体中最有影响力的 App，基于"5G+4K/8K+AI"的央视频本身就是高科技赋能融媒体传播的典型案例。卡塔尔世界杯期间，央视频首次创新推出了"竖屏观赛"直播功能。这种新的赛事传播形态采用"人工智能+音视频技术"进行制作，以更少的切换、更多的慢动作、更丰富的细节，让观众在

沉浸体验中获得"实时获得感"。另外，央视频此次对世界杯的报道还包括AI智能剪辑、虚拟主播、赛事数据中心等智能媒体创新融合的新科技、新应用、新场景。

上海五星体育频道在世界杯赛事转播中，也对元宇宙进行了积极探索，推出虚拟主播"伍小星"，与演播室真人解说和嘉宾进行实时交互。中国移动旗下的咪咕视频在卡塔尔世界杯期间也开启了"元宇宙世界杯"模式，依托3D渲染，平台裸眼3D视频彩铃能让足球呈现"破屏而出"的效果，播放量超12亿次。

三　结语

综上，本文从我国媒体融合传播的视角，对2022年卡塔尔世界杯的赛事传播进行了较为宏观的梳理和观察，其主要特征表现在：网台互动，大小屏融合，全媒体世界杯传播矩阵的建构；短视频世界杯；自媒体网红主播独领风骚以及人工智能等高科技推动媒体深度融合、提升多元观赛体验等。四年一个轮回的世界杯足球赛，既是国际足坛最高竞技水平的展示，又是世界球迷的狂欢盛宴，更是体育传媒业的洗牌。四年之后的2026年世界杯将再次回到美洲大陆，那时的中国以及世界传媒又将发生什么样的变化，让我们拭目以待。

B.13 国产电子竞技游戏产品及赛事开发与海外传播[*]

孙笑非[**]

摘　要： 我国电竞游戏产业已完成起步动作，正进入高质量发展阶段。国家和地方出台的利好政策，在推动电竞游戏产业布局和产业链整合方面发挥了重要作用，各省区市发挥自身优势积极"跑马圈地"，推进相关项目落地。作为电竞产业发展的核心要素，优质的内容开发和赛事体系建设是保证产业规模不断扩大和可持续发展的重要因素。目前我国自研电竞产品数量、质量和赛事运营初具规模，但仍有较大提升空间。同时，各大电竞游戏厂商积极探索拓展海外市场的新路径，利用电竞来传播中华文化成为游戏"出海"的新议题。

关键词： 电竞产业　游戏赛事开发　电竞"出海"

　　经过十余年的发展，凝集了数字技术、竞技体育、娱乐文化等诸多要素的电子竞技已成为数字经济的重要组成部分，移动端电竞的兴起把我国电竞产业发展带入"快车道"，中国电竞在政府的引导下有序健康发展，在提升

---

* 本文系上海市哲学社会科学规划一般课题"'国际数字之都'建设背景下上海加快推进电竞产业发展路径机制研究"（项目编号：2021BWY010）阶段性成果。
** 孙笑非，上海体育大学艺术学院副教授，中国高等院校影视学会影视产业与管理专业委员会理事会理事，"电影产业与中国故事创新研究"上海市哲学社会科学创新研究基地研究员。主要研究方向为影视产业、互联网与新媒体文化研究。主持完成省部级项目3项，作为主要成员参与完成国家社科基金艺术学项目和省部级科研项目共8项。

城市创新力和影响力等多个方面扮演着越来越重要的角色。中国音数协电竞工委发布的《2022年中国电子竞技产业报告》显示，2022年中国电子竞技产业收入为1445.03亿元，其中电竞游戏收入为1178.02亿元，电竞用户约为4.88亿人①；从世界范围看，中国在全球电竞市场中处于核心地位，贡献了全球电竞赛事市场收益的约三分之一，是全球最大的电竞市场②。

电竞产业不仅是大数据、人工智能等技术的场景化应用，而且是数字经济领域新的增长点。电竞产业的飞速发展和电竞用户的更高需求，加速推动了国内游戏开发商推出一批自主研发的电竞内容和赛事体系，使中国从原来的"游戏进口国"逐渐转变为"游戏生产国"和"游戏输出国"，这不但给国内乃至国际相关行业带来了惊喜，也体现出优秀传统文化要素在中华文化语境中的创造性转化和创新性发展，在新时代焕发出更为自信的民族精神。随着中国的国际影响力不断提升，越来越多的外国人喜欢中国文化，越来越多的中国故事通过电竞这个"文化使者"走向世界舞台。

一　我国游戏电竞产业的政策扶持与城市文化软实力

自2003年11月18日国家体育总局正式批准将电子竞技列为第99个正式体育竞赛项目以来，国家与社会层面对电竞的竞技体育属性的认可度不断提高：2008年，国家体育总局将电子竞技改批为第78号正式体育竞赛项目；2016年9月6日，教育部公布《普通高等学校高等职业教育（专科）专业目录》，增补了"电子竞技运动与管理"专业；2018年雅加达亚运会将电子竞技纳为表演项目；2019年4月，人力资源和社会保障部发布的13个新职业中包括电竞竞技运营师和电子竞技员两个职业，电竞从业者获得官方认可；2020年12月16日，亚洲奥林匹克理事会宣布电子竞技项目成为亚

---

① 《〈2022年中国电子竞技产业报告〉发布》，中国新闻网，2023年2月17日，http://www.chinanews.com.cn/cj/2023/01-16/9936629.shtml。

② 企鹅有调、腾讯电竞、亚洲电子体育联合会：《2022年亚洲电竞运动行业发展报告》，网易，2022年9月26日，https://www.163.com/dy/article/HI75P80B05526SET.html。

洲运动会正式比赛项目；2021 年 2 月，人社部颁布了电子竞技员国家职业技能标准体系。可以看到，在最近几年中，国家部委、各省份人民政府纷纷出台了一大批游戏行业和电竞产业的相关政策文件。据不完全统计，自2000 年以来我国各级政府发布的涉及游戏行业的政策文件约为 150 份，其中 2010 年后发布的政策文件占八成以上。在相关政策频出的大背景下，越来越多的人开始重新审视电竞行业，电子竞技不再是"网瘾少年"的专属标签，而是作为正式体育比赛项目走上竞技化、职业化、产业化发展之路，成为影响一代人的新兴文化符号，电竞开始摆脱长久以来"精神鸦片"的污名，逐渐得到官方和大众的认可和支持，开始了超高速发展。

（一）我国电竞产业政策现状

2010 年以来，我国游戏产业初具规模，游戏从消费品转变为文化产业新兴业态，从中央到地方各级人民政府也开始转变对游戏行业的态度，发布的游戏产业政策中监管类文件的数量显著下降，而将游戏视为新兴产业的发展规划类政策明显增多。同时，政策文件不再一味将游戏视为荼毒未成年人的"电子鸦片"，而是关注到游戏本身的体育属性、经济属性和文化属性，力图挖掘其在消费、文旅、教育、地产等方面的深层潜力。2016 年至今，从中央部委到地方政府，包含"电竞"关键词、集中针对游戏文化产业的专项扶持类文件显著增多，将电竞作为文化产业发展的新焦点，推动电竞职业化、规范化发展，也由此带动相关产业，赋能城市文化进步。

在国家层面，2016 年国务院办公厅发布了《关于加快发展健身休闲产业的指导意见》，提出要推动极限运动、电子竞技、击剑、马术、高尔夫等时尚运动项目健康发展，培育相关专业培训市场；2017 年由文化部发布的《文化部"十三五"时期文化产业发展规划》提出推进产业结构升级，促进电子竞技、游戏直播等新业态发展；2018 年《国务院办公厅关于印发完善促进消费体制机制实施方案（2018—2020 年）的通知》中提出，要积极培育电竞运动等体育消费新业态；2020 年国务院发布的《关于印发北京、湖南、安徽自由贸易试验区总体方案及浙江自由贸易试验区扩展区域方案的通知》中强调，积极打造全球领先的 5G 视频和电子竞技产业基地；文化和旅游部于 2021 年 5 月颁布的《"十四五"文化产业发展规划》中也明确提出要加强对电竞酒店、电竞娱乐赛事等新业态新模式及综合性文化娱乐场所的引导、管理和服务，培育新型文化市场主体。中央部委发布的相关政策文件对于电竞行业发展无疑是重大利好，表明电竞发展进入国家文化战略层面，更重要的是，也进一步推动了各省份电竞政策的战略升级。在以上指导性政策文件基础上，各省份结合自身特点，发挥各自优势，纷纷出台相关落地政策，把电竞产业扶持细化到具体规划和详细方案上。

省份层面，据不完全统计，在过去的几年里北京、上海、广州、深圳 4 个一线城市共发布近 40 份鼓励电竞发展的政策性文件；天津、西安、成都、无锡、厦门、南京、苏州、郑州等城市也纷纷挖掘自身产业优势，出台政策推动电竞相关项目落地。以上海为例，自 2017 年在《关于加快本市文化创意产业创新发展的若干意见》中提出加快建设"全球电竞之都"的计划后，上海成为国内发布电竞政策文件数量最多的城市。作为中国电竞的中心，上海聚集了国内大量电竞企业和赛事，从市到区进一步对电竞产业给予鼓励和支持。2018 年以来，上海市出台了《关于促进上海动漫游戏产业发展的若干实施办法》《全力打响"上海文化"品牌　加快建成国际文化大都市三年行动计划（2018—2020 年）》《关于加快本市体育产业创新发展的若干意见》《关于促进上海电子竞技产业健康发展的若干意见》等一系列相关政策，闵行、徐汇、浦东、普陀和杨浦等区也发布了各自的更为具体的扶持方案，进一步夯实电竞基础。同时，率先提出打造"全球电竞之都"的上海也一直致力于建立相关的行业规范和标准，发布《上海市电子竞技运动员注册管理办法（试行）》、《电竞场馆建设规范》、《电竞场馆运营服务规范》、《电竞赛事通用授权规范》与《电子竞技直转播管理规范》等行业规范性文件，助力电竞产业规范化运转，在国内乃至国际起到引领示范作用。

随着各地电竞扶持政策的推出，中国电竞产业的发展得到进一步提速。目前的电竞产业相关扶持政策，大致都是通过政策规划和财政补贴来吸引电竞及相关行业入局，加速产业链融合。虽然各有特点，但大多数政策和指导

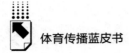
性文件都涉及了鼓励原创电竞产品和赛事开发的内容。《深圳市关于建设国际电竞之都的若干措施（征求意见稿）》中提出"加强电竞原创内容创作，对在深圳研发发行、上线满一年且具有较大影响力的电竞游戏产品，根据下载量、用户活跃度、衍生赛事规模等条件，给予最高 200 万元奖励。对被重大电竞赛事选用的游戏产品，给予最高 500 万元奖励"。北京市《海淀区关于支持数字文化产业发展的若干措施（电竞产业篇）》和上海市《静安区促进电竞产业发展的扶持政策》中均提出"对经国家主管部门批准，正式上线运营，达到一定影响力的原创游戏软件，按照不高于软件开发投资额的 30% 给予资助，支持金额不超过 500 万元人民币。对行业影响力大或被选为重大电竞赛事的游戏，原则上支持金额不超过 1000 万元人民币"，通过奖励鼓励企业开发具有中华优秀传统文化内涵的精品原创游戏。这些奖励政策无疑会推动游戏电竞企业对优秀电竞产品的开发和对赛事体系的建构，加速电竞产业的发展，打开本土和海外市场，提高城市与国家文化软实力。除对原创内容予以奖励外，政策文件中也大多提到了支持电竞场馆建设、完善电竞赛事生态、引进和培养人才、促进内容传播和衍生场景等层面问题，清晰指明了目前中国电竞产业发展的方向和整体规划布局。

（二）"都、城、镇"之争背后的电竞文化产业布局

电竞产业的高速发展，离不开合适的培育土壤，而电竞产业的价值不只局限于电竞游戏和赛事本身，当产业链的上中下游开始趋于完整和贯通时，其赋能旅游、地产、商业、数字、文化经济等相关产业增值部分加快了"电竞+"时代的到来，与电竞相加之后的相关产业给电竞带来的价值远超过电竞本身。也正因为如此，目前国内越来越多的城市加入了"电竞之都"和"电竞之城"的争夺，"电竞小镇"更是遍地开花。

2017 年，上海率先提出建设"全球电竞之都"的目标；2019 年，北京表示将建设具有国际影响力的"网络游戏创新发展之都"；2021 年，广州提出要打造电竞产业中心、"中国电竞直播之都"和"世界电竞名城"；2022 年，深圳发布《深圳市关于建设国际电竞之都的若干措施（征求意见

稿）》。除了北上广深四个一线城市外，海南发布"海六条"要建设"海南
国际电竞港"，重庆、长沙、武汉、杭州、成都、西安和银川等城市也在发
力，均提出"电竞之都"计划，而青岛、胶州、哈尔滨、保定也都部署建
设"北方电竞之都"。

以上海为例，电竞是上海全力打造"国际数字之都"战略部署中重要
的文化产业新业态之一。特别是自电竞被列入"十三五"文化产业发展规
划以来，上海积极探索建设"全球电竞之都"路径。2017 年中共上海市委、
上海市人民政府印发《关于加快本市文化创意产业创新发展的若干意见》
（简称"上海文创 50 条"），明确提出"加快全球电竞之都建设"的目标；
2019 年 6 月，为推动上海电子竞技产业有序健康发展、加快"全球电竞之
都"的建设，上海出台《关于促进上海电子竞技产业健康发展的若干意见》
（简称"上海电竞 20 条意见"），为上海电竞产业繁荣发展提供了政策导
向，明确上海将在"提升电竞内容创作和科研研发能力""搭建电竞赛事体
系""加强电竞媒体建设""优化电竞空间载体布局""做大做强电竞产业
主体""构建电竞人才培养体系""优化电竞产业发展环境""强化综合保
证支持""加强组织领导及顶层设计"九个方面全力支持电竞产业发展。
《上海市社会主义国际文化大都市建设"十四五"规划》中也明确提出，
"提高文化创意产业数字创造力，加快推动电竞游戏等数字文化领域发展，
力争在电竞领域形成世界级影响力"，"打造全球电竞之都，做强全球电竞
大会、上海电竞周等本土电竞赛事品牌，力争使电竞产业成为上海一张新
名片"。

在上海努力打造"国际数字之都""全球电竞之都""游戏创新之城"
的一系列政策举措支持下，上海游戏、电竞产业已步入快速发展轨道，在刺
激消费方面表现了出色的韧性与活力。2022 年上海网络游戏总销售收入达
到 1280.3 亿元，占全国网络游戏总销售收入的三分之一；2023 年上半年
上海网络游戏总销售收入超 630 亿元。海外市场方面，2022 年上海海外网
络游戏总销售收入为 36.2 亿美元，较 2021 年增速近 30%，是全国整体增
速的两倍。上海自主研发的网络游戏有《原神》《剑与远征》《无尽对决》

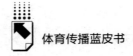
《球球大作战》等头部产品，销售收入约占全国网络游戏销售收入的30%，自主研发已为上海带来较为明显的规模贡献和增长贡献。在电竞领域中上海做了不少布局，2022年上海电竞市场规模达296.8亿元，目前全国80%以上的电竞企业、俱乐部、战队和直播平台在上海聚集，在全国每年500多个具有影响力的电竞赛事中，逾40%在上海举办。

上海游戏产业的快速发展，为国内的游戏行业树立了标杆，也在提升城市创新力、推进城市软实力建设方面扮演越来越重要的角色。上海游戏产业依托经济、政策、地缘等综合资源优势，呈现出良好的上升态势。随着产业影响力不断提升，游戏正在与科技、文创等产业实现创新融合，尝试拓展发展范围，商业模式日渐完整，在自身不断探索突破的同时，也为上海其他数字经济新业态起到了示范和引领作用，助力擘画上海"国际数字之都"的发展蓝图。值得注意的是，虽然上海先发优势明显，但北京、深圳以及周边省份也在出台相关产业扶持政策，尝试吸引游戏电竞企业和人才，上海的先发红利正在被稀释，也在被产业高速发展的业态所对冲。

电竞作为竞技体育的新兴模式，其依托于数字技术和互联网的天然属性，能够迅速吸纳年轻人群体，同时成为文化推广和文化交流的重要载体。在各省份布局电竞产业、构建产业链条的过程中，完备的赛事体系及相关IP在其中扮演了重要角色。电竞产业在上海、深圳、北京、广州一线城市的植根与壮大，得益于优渥的电竞土壤，包括优厚的扶持政策、丰富的配套基础设施、较高的城市消费水平、丰富的国际化都市资源、较强的电竞赛事承办能力和原创电竞内容制作能力等诸多方面的优势，使得其引进和举办赛事的过程更加从容。同时，城市通过融合电竞与文旅，将电竞与城市特色文化相结合，使赛事成为城市文化的重要宣传渠道。

除了"电竞之都""电竞之城"之外，各省份的"电竞小镇"建设也相应推进，成为各路资本"跑马圈地"的新战场。2017年前后，武汉江夏区、长沙宁乡市、安徽芜湖市、河南孟州市、杭州下城区、苏州太仓市、济南章丘区、重庆忠县等地，相继提出要发展"电竞小镇"。但作为新兴事物，"电竞小镇"包含文创、科技、体育、娱乐、旅游和地产等综合性内容，产业链结构较为复杂，截至目前很多电竞小镇获利模式并不明确，生存状态不容乐观，甚至有些项目在通过论证、审批后不了了之。与此同时，很多相关项目急于"上马"、尚未深耕，因此缺乏文化特色，同质化严重。对于电竞赛事的高度依赖，使很多"电竞小镇"处于"等米下锅"的尴尬状态，甚至很多相关项目已转向房地产开发。办赛能力与赛事需求的不匹配、地理位置与城市发展水平的限制、配套基础设施的不完备，使"电竞小镇"的现状与预想中的美好前景存在较大差异，各地耗巨资打造出的"电竞小镇"在"烧钱"之后，可能不了了之。

二 国产自研电竞产品与赛事运营

电子竞技产业之所以能够一直充满活力地高速发展，在很大程度上依赖于游戏研发部门的不断创新，持续产出优质电子竞技游戏。自主研发游戏是中国游戏市场的营收主体，2022 年国内实销收入为 2223.77 亿元，海外实际收入为 173.46 亿美元[①]。但由于缺乏爆款新品，2022 年电竞市场销售收入同比下降 15.96%，较 2021 年减少 223.79 亿元[②]。目前我国自主研发的电竞游戏产品，按照原创程度可以大致分为国外 IP 改编/移植和国内原创 IP 两大类。

（一）国外 IP 改编/移植类电竞游戏

由于剧情、角色、技能和世界观已经相对成熟，国外 IP 改编/移植类型游戏一直是国内游戏开发商不断深耕的类型。加上原作积攒的粉丝，只需要将其改编或改造后上线就能吸引用户，就能收获不错的成绩。

在国外 IP 引进、移植和改编方面，腾讯的战术类电竞游戏和射击"端改手"运作较为成功。由腾讯天美工作室群于 2015 年开发的一款国民级

---

① 《2022 中国游戏产业报告发布，中国游戏未来如何抓住机遇？》，中国新闻网，2023 年 2 月 14 日，https：//www.chinanews.com/cj/2023/02-14/9953321.shtml。

② 《2022 游戏产业详细数据》，网易，2023 年 2 月 15 日，https：//www.163.com/dy/article/HTIVKMS605148902.html。

MOBA 手游《王者荣耀》，移植于美国拳头公司于 2009 年开发的 MOBA 端游《英雄联盟》，上线后在市场和赛事方面获得巨大成功，常年登顶各大市场排行和赛事榜单。2022 年全球收入最高的手游中，《王者荣耀》以 22.23 亿美元的收入排名第一，同比增长 4.6 亿美元，创下了该游戏年收入的新纪录。与《王者荣耀》类似，《绝地求生》（PUBG）是由韩国 Krafton（前身为蓝洞）工作室开发的一款战术竞技型射击类沙盒游戏，主要运行于电脑端和游戏主机，在国内外有着超高人气。《绝地求生》在中国地区由腾讯进行独家代理运营，同时腾讯收购了蓝洞 10% 的股份，成为第二大股东。该游戏的手游版《绝地求生：刺激战场》由腾讯光子工作室群开发，由于没有获得国内游戏版号，《绝地求生：刺激战场》一直无法在游戏中开启内购系统，难以完成商业化变现。而其海外版本 PUBG Mobile 从 2018 年 4 月起，仅用不到 200 天总流水就突破了 1 亿美元。2019 年，腾讯在拿到游戏版号后，把《和平精英》作为正式产品进行上线，同时《绝地求生：刺激战场》宣布停服。2022 年全球收入最高的前 20 款手游中，PUBG Mobile 和《和平精英》在全球总收入 17.3 亿美元，排名第二。

同样，由美国电艺公司发行的端游《APEX 英雄》，将手游版开发交由旗下的重生工作室和腾讯的光子工作室群。2022 年 5 月上线之后，《APEX 英雄》手游即获得了当年苹果 App Store 和谷歌 Google Play 的年度游戏，同时获得了 TGA 最佳电竞游戏的提名。但可惜的是，《APEX 英雄》手游的大型赛事尚未面世，就宣布于 2023 年 5 月停服。

在移动端格斗类电竞方面，腾讯旗下魔方工作室群的《火影忍者》表现不俗。《火影忍者》是由万代南梦宫正版授权、腾讯游戏研发的唯一正版火影格斗手游。由于改编自日本同名高人气动漫，其巨大的粉丝群为《火影忍者》手游奠定了良好的群众基础，使其一度成为"国内日活最高的格斗手游"①。

---

① 芦文正：《〈火影忍者〉手游，为电竞行业的发展提供了新的可能》，澎湃，2021 年 6 月 18 日，https：//m. thepaper. cn/baijiahao_ 13203151。

（二）国内原创 IP 类电竞游戏

近几年在相关政策的扶持下，国内自主研发的电竞游戏不断推出，出现了《原神》《剑与远征》《决战！平安京》《永劫无间》《梦幻西游》等优秀产品，无论是在市场表现还是在赛事体系的建构上都可圈可点。

由上海米哈游网络科技股份有限公司制作发行的开放世界冒险游戏《原神》，近两年来在国内原创电竞游戏中表现非常亮眼，游戏上线当天就拿到了苹果 App Store 和谷歌 Google Play 商店全球手游市场总下载排名和畅销榜的第二位，在上市一个月后，更是拿到了全球移动市场畅销总榜的第一位。自 2020 年 9 月 28 日全球发售以来，《原神》的全球累计销售额已经超过了 40 亿美元，2022 年《原神》成为全球收入第三高的手游，仅次于腾讯的《王者荣耀》和《PUBG Mobile》①。

上海巨人网络科技有限公司在电竞赛道上另辟蹊径，避开火爆的 MOBA 和射击类型游戏，推出了休闲竞技类手游《球球大作战》。在游戏中，玩家扮演一个球球，通过操作努力吃掉比自己更小的球球，将自己不断变大来获得积分，最终积分高的玩家获得胜利。在休闲手游市场，《球球大作战》凭借多元的变现方式，占据了休闲游戏赛道的头部位置。《球球大作战》主要面向中轻度休闲竞技群体，同时重视职业化发展，官方赛事《球球大作战》职业联赛、塔坦杯精英挑战赛和全球总决赛建构起整个游戏竞技体系，在海内外电竞用户中有不少拥趸。

在网易的原创电竞游戏中，《永劫无间》和《梦幻西游》，在赛事体系和玩家关注度方面也取得了不错的成绩。这些游戏大多借鉴和植入了丰富的中国优秀文化元素，从传统文化取材，与传统文化及非物质文化遗产联动，创新游戏叙事中的文化传承方式，在游戏理念、世界观架构、人物形象塑造、视听觉造型等方面将"中国风"发扬光大，让传统文化唤起现代年轻

---

① 《〈原神〉总销售额突破 40 亿美元》，腾讯手游助手，2022 年 12 月 28 日，https://syzs.qq.com/blog/news/20221228A096LD00。

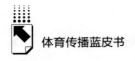

人的文化自豪感，共同加入对文化的创新传承中。

国产自研游戏的亮眼表现，是国家政策和市场需求共同作用的结果。但是基于诸多原因特别是受新冠疫情的影响，2022 年国内游戏厂商下架、停服游戏的消息频出，仅上半年腾讯就下架了约 30 款游戏，网易下架了近 10 款。这一方面是由于游戏厂商受游戏版号审批限制，新项目推进节奏缓慢；另一方面，受疫情影响，行业频繁裁员、缩减业务，使整个游戏电竞行业进入快速增长后泡沫消散的"阵痛期"。因此，游戏"出海"成为国产原创游戏的重要出路。

三　文化传播新载体：国产电竞的海外传播

随着我国互联网人口红利逐渐降低，电竞用户规模已经"见顶"，移动电竞游戏市场内卷严重，游戏版号申请困难，很多电竞企业把目光瞄向了海外，探索国际化发展道路，"数字文化出海力度加大"成为中国"2021 年文化产业十大特征"中的重要特征之一[①]。

游戏的参与者以青少年群体为主，游戏的社交属性影响着青年人的惯性行为逻辑，在诸多方面对青年人具有巨大的吸引力，在体现价值观和生活方式的同时，游戏逐渐影响现实生活中的方方面面，形成具有时代特点的文化样式，已经成为文化娱乐产业和青年文化的重要形态之一。文化属性是游戏电竞产品重要的"软实力"，把游戏作为新载体向海外玩家传递中华文化，是游戏"出海"的重要任务之一。上海米哈游出品的电竞游戏《原神》，融合戏曲文化而推出的唱段《神女劈观》由上海京剧院艺术家杨扬配音演唱，有 13 个语言版本，在全球 170 余个国家和地区发行，在哔哩哔哩的播放量已经超过 3000 万次，在 YouTube 上的播放量超过 800 万次[②]，引发国外网友的赞叹与模仿，成为文化"出海"的典型案例。已经有越来越多的国产游

---

① 北京大学文化产业研究院：《中国文化产业年度报告（2022）》，中国网，http：// creativity. china. com. cn/2022-01/08/content_ 41847162. htm。

② 《爆款游戏带火了"非遗文化"》，上观，2023 年 1 月 30 日，https：//sghexport. shobserver. com/ html/baijiahao/2023/01/30/951553. html。

戏产品在传承优秀传统文化领域践行社会责任，通过"国风""国潮"提升游戏文化"出海"的传播力，让中国出品的电竞游戏成为传播中华文化的新兴载体，为讲好中国故事和中国精彩作出积极贡献。

目前在电竞市场和用户中，影响力较大的产品可分为 PC 端游和移动手游两大类。在 PC 端游赛道上，中国的起步和发展相较于西方有所迟滞，产品竞争力无法与其抗衡，当下比较火爆的《英雄联盟》《CS：GO》《绝地求生》等电竞大作的游戏开发商都来自国外，而国内的 PC 端游开发多是通过 IP 授权或仿制再版针对国内玩家进行本土化定制，这样一来使得国内的游戏产品在一定程度上在国际流通中受阻。

与 PC 端游不同，中国在移动端手游这一赛道上与国外差距不大，其产品在世界手游头部电竞产品中占据一席之地。第 19 届杭州亚运会确定的 8 个正式比赛项目中，包含 6 个 PC 端项目与 2 个手游端项目，囊括 MOBA（多人在线对战竞技类）、体育模拟类（SPG）、策略卡牌类（CCG）等多个当下颇受欢迎的电子竞技品类①，其中《王者荣耀》、《和平精英》和《梦三国 2》均为国内自主研发的电竞产品。

对于游戏厂商来说，电竞"出海"的核心，是通过建构较为完善的赛事体系和赛制，吸引国外电竞用户参与到赛事中来，并通过电竞游戏产品传递中国优秀文化，完成文化传播；在此基础上，积极参与国际上电竞行业和产业有关标准的议程设置，融合上中下游产业链要素，争取在国际上拥有一席之地。目前的国产电竞游戏中，腾讯、沐瞳和网易的产品在海外市场的表现较为亮眼，游戏收入和赛事体系等都取得了不错的成绩，同时积累了丰富的经验，成为中国电竞"出海"的样本。

（一）腾讯：《王者荣耀》的国际化之路

作为中国最具竞争力和影响力的电竞品牌，腾讯电竞从 2010 年开始布

---

① 2022 年第 19 届亚运会组委会：《电子竞技》，杭州 2022 年第 19 届亚运会网站，2022 年 4 月 7 日，https：//www.hangzhou2022.cn/sssg/ssxm/202203/t20220330_ 46418.shtml。

局电竞业务，从电竞赛事、人才培养、电竞生态构建及商业价值挖掘等多个层面规划电竞产业整体发展。作为腾讯的拳头产品和中国现象级国产手游，《王者荣耀》在海外市场引起强烈反响，取得了不俗的成绩。

《王者荣耀》是腾讯旗下天美工作室群开发的一款 MOBA 类手游，2015年在国内发行以来，成为现象级游戏广受欢迎，之后推出国际版 *Arena of Valor*（以下简称 *AoV*）。2022 年 12 月，腾讯《王者荣耀》在全球 App Store 和 Google Play 中吸金近 2 亿美元，蝉联全球手游畅销榜冠军，其中海外市场收入占比为 5.6%①。

为了迎合欧美用户、满足欧美游戏玩家的文化和审美需求，*AoV* 舍弃了《王者荣耀》原有的中国故事背景及以中国历史人物命名的英雄人物，被改编为幻想题材，加入了诸多新英雄，这也体现了腾讯在《王者荣耀》大火的背景下进军海外市场的野心。2016 年底 *AoV* 上线，仅用一个月就登顶泰国游戏畅销榜，在越南的游戏榜单上也牢牢占据前三位。2017 年腾讯开始加大对欧美市场的投入，2018 年 *AoV* 荣登北美权威游戏媒体 IGN 的 "25 款史上最佳手游" 榜单，成为中国唯一一款入选该榜单的自主研发手游。在赛事体系建构方面，王者荣耀国际邀请赛（AoV International Championship）自 *AoV* 上线以来，已经建立起了一套多层次国际化的 "金字塔" 式赛事体系，在海外具有较高知名度，成为海外电竞迷们最为熟悉的大型赛事之一。为了在全球范围内提高传播影响力与效果，2022 年腾讯向全球用户推出了《王者荣耀》新国际版 *Honor of Kings*（以下简称 *HOK*），为了将 *HOK* 推向世界，王者荣耀世界冠军杯在 2022 年底正式启动，赛事覆盖全球多个国家和地区，通过高额的奖金来推动游戏赛事走向国际，这可以看出腾讯借《王者荣耀》来进一步探索国际市场的决心。

《王者荣耀》国际版在海外取得一定的成绩，与其跨文化交流与融合的尝试密不可分。首先是根据不同地区的玩家的语言习惯来设置游戏的语言体

---

① 《2022 年 12 月全球热门移动游戏收入 TOP10》，Sensortower 网站，2023 年 1 月 15 日，https：//sensortower - china. com/zh - CN/blog/top - grossing - mobile - games - worldwide - for - december-2022-CN。

系，体现了对该区域玩家的尊重，既能够减少玩家与游戏的交互隔阂、玩家与玩家之间的交流障碍，也可以使玩家更容易贴近游戏中所包含的文化因素，使他们方便理解游戏的内涵、运行机制、玩法设定等。其次，充分考虑海外玩家的审美乐趣，加入了西方文化元素，比如在游戏中加入了蝙蝠侠、超人、神奇女侠等角色，同时为了符合欧美的主流审美观，对原有的游戏角色做了一定的改动，人物形象参照这一审美原则进行了细化，使女英雄突出一种健康的美感，男英雄则变得更加高大①。最后，游戏本身对中国文化做了保留，包括在人物的设定上，使用了知名度较高的历史人物孙悟空、赵云等，这给向往东方神秘文化的外国玩家带去了探索欲，使他们想通过游戏来探索遥远的东方文明。

当然，《王者荣耀》在"出海"的征程中也面临诸多困境。面对激烈的市场竞争，作为后起之秀的 *AoV* 在欧美老牌游戏 IP 前稍显乏力，*DOTA*、《魔兽争霸》、《英雄联盟》都是挡在新兴电竞 IP 面前的大山，想要从中分一杯羹必须要不断提升自身的产品。同时，在欧美等地的电竞文化中，玩家更喜欢大型多人在线角色扮演游戏和射击类游戏，而这两类游戏也一直是欧美的传统强势项目，这无疑成为 *AoV* 在欧美市场推广中的阻碍。此外，电竞 IP 蕴含的文化差异也不容忽视。基于《王者荣耀》打造的 *AoV* 是在中国本土文化中培育出来的电竞 IP，不论是开发人员、开发环境还是社会环境都深受本土文化浸染，这无疑影响着电竞产品内容的生成。中国电竞 IP 进入海外市场的过程，是中国文化"走出去"的过程，中国文化作为外来者与当地文化发生碰撞，使海外玩家感受到文化差异，也会带来陌生感②。消除这种文化隔阂，使得两种文化之间的差异趋于平衡，是中国电竞产品"出海"无法绕过的问题。

---

① 林书羽：《跨文化传播语境下中国手游进军海外路径研究——以"王者荣耀"为例》，《视听》2019 年第 12 期，第 194~195 页。

② 曹燕玲、匡霞：《跨文化传播语境下〈王者荣耀〉国际版角色改编研究》，《新媒体研究》2021 年第 22 期，第 88~91 页。

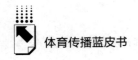

（二）沐瞳："为全世界更多用户带来游戏快乐"

上海沐瞳科技有限公司成立于 2014 年，2021 年被字节跳动收购，保持独立运营。自成立之初，沐瞳便将自己的发展目标定位于"全球化游戏开发和市场运营"，并把中国文化元素融合到游戏中。旗下 MOBA 手游产品《无尽对决》（Mobile Legends：Bang Bang，MLBB）面向 200 多个国家和地区发行，全球下载量超过 10 亿，月活跃用户峰值突破 1 亿，在东南亚地区中该游戏已成为一款现象级游戏，是国产游戏中全球化最为成功的产品之一。沐瞳也先后入选 2019~2020 年度和 2021~2022 年度国家文化出口重点企业、2021 年度 App Annie Level Up 中国厂商出海 30 强和 2021 年度游戏十强"走出去"优秀游戏企业。2022 年，MLBB 继续保持东南亚头部 MOBA 游戏的地位，并成功实现收入同比增长，排名上升至第一位，成为国内最具有全球吸引力的同类手机游戏[①]。

在赛事方面，沐瞳自 2017 年起在全球打造专业化、国际化、生态丰富的电竞赛事体系，是率先建立海外职业电竞赛事体系的中国游戏厂商。2021年，相关赛事以 3.86 亿个小时总观看时长排在全球移动电竞第一位，与 2020 年相比增长 250%[②]；2022 年 MLBB 再次入选东南亚运动会正式比赛项目；2023 年 1 月举办的第四届 MLBB 世界赛中，主办方以 12 国语言直播流向全球电竞观众进行直转播，总观看时长超过 7968 万个小时，峰值观看用户突破 426 万人次，较上一届增加 33.5%，刷新了 MLBB 电竞赛事的峰值观看用户纪录，该 MLBB 世界赛跻身移动电竞赛事历史第二位，同时进入全球电竞赛事前三位。

目前海外市场中 MOBA 游戏竞争非常激烈，MLBB 之所以能保持良好的市场份额并不断增长，除了因为先发优势积累了大批核心用户外，还在于沐

---

① 《2022 全球移动游戏买量分析：国内与海外 10 市场大盘及重点游戏品类题材解析》，游资网，2023 年 1 月 11 日，https：//www.gameres.com/898540.html。

② 《中国电竞走向世界，沐瞳 MLBB 再次入选东南亚运动会正式项目》，光明网，2022 年 5 月 18 日，https：//m.gmw.cn/baijia/2022-05-18/35745387.html。

瞳一开始就确立的全球化战略布局，以及针对目标市场的本土化设计与运营。尽管与《王者荣耀》玩法相似，但作为一开始就瞄准海外市场的游戏产品，*MLBB* 在设计上更偏向于海外文化和审美特征，如在印度尼西亚与当地漫画家合作，依据印度尼西亚神话故事共同创造了英雄人物金刚神。此外，为了适应海外尤其是东南亚市场，游戏针对设备和网络进行了细致优化，将安装包尽可能压缩，减小游戏软件内存占比，支持在使用中实时加载，并且和当地网络运营商进行密切合作以降低流量成本和网络延迟，进而提高玩家的游戏体验。

（三）网易：打造国产 PC 端电竞产品新势力

网易在电竞领域耕耘多年，其打造的电竞赛事生态也趋于成熟。目前，网易在国内举办了《决战！平安京》职业联赛、《大话西游》手游巅峰赛、《实况足球》战队联赛、《第五人格》IVC 精英赛、《阴阳师：百闻牌》大师赛和《率土之滨》周年邀请赛等覆盖不同品类、玩家的电竞赛事；同时海外地区的电竞种子在生根发芽，《第五人格》日本 IVC 精英赛、《荒野行动》日本 Champion 等多个赛事都在当地有不小的影响力。有别于腾讯等公司的手游"出海"策略，目前网易在海外市场中表现最为突出的电竞游戏是买断制 PC 端游戏《永劫无间》，成为国产电竞"出海"的一支新势力。

《永劫无间》是由网易旗下"24 Entertainment 工作室"开发的一款中国风背景多人动作竞技游戏，在玩法上融合了近身格斗竞技与大逃杀生存模式，2021 年上线后迅速风靡全球，2022 年 6 月全球销量突破 1000 万份，成为首个全球销量破千万的国产买断制游戏。上线以来，《永劫无间》先后联动金沙遗址博物馆还原金乌文化；与敦煌阳关博物馆联手打造"明光铠"；为游戏玩家送上清中期玛瑙马首短刀；联动洛阳龙门石窟，将千年前龙门佛像还原到了游戏中，与中国文化完美融合。

市场的积极反馈给了《永劫无间》信心和底气，在这款新作爆红之后，《永劫无间》开始从轻度的电竞化活跃玩家社群向大型赛事布局，逐渐被打造成一个成功的电竞项目。自 2021 年 4 月开启内测，《永劫无间》同步推出"锦鲤杯"赛事。在第一届"锦鲤杯"中，超过 240 名选手与 80 支三排队伍参赛，比赛总奖金超过百万元，尽管是初步尝试，但收获了不俗的成绩，打响电竞征程的第一枪。2022 年 4 月 21 日，《永劫无间》宣告其官方赛事"《永劫无间》职业联赛（NBPL）"将正式启动。NBPL 的参赛队伍除了 JDG、FPX、WBG 等知名电竞俱乐部外，还吸纳了法甲联赛球队里昂旗下的电竞品牌 LDLC OL、瑞典的 Alliance 战队等知名俱乐部参赛。众多国内外电竞俱乐部的参与，体现了电竞市场对《永劫无间》的认可，如果说《王者荣耀》《和平精英》等游戏是制作双版本来兼顾本土和海外市场的话，那么《永劫无间》则找到了解题新思路，从"走出去"到"引进来"，打通国内和海外电竞联赛之间的壁垒，在向全球传播《永劫无间》中国联赛的同时，使之更加国际化、全球化，从而形成《永劫无间》海外电竞生态。

作为国产电竞新势力，《永劫无间》为国内 PC 端电竞产品注入了新鲜血液。长久以来，PC 端电竞产品几乎都被国外游戏垄断，国产原创电竞产品一直处在被压制状态。《永劫无间》优秀的市场表现，提振了国内电竞市场的士气，让更多投身国产原创电竞的开发者信心大增，推动更多原创电竞产品走出国门。《永劫无间》在具备娱乐功能的同时，充分发挥了文化新载体的功能，其本身极富有感染力、传播力，满足全球各类青年群体对于游戏的工具取向、价值取向、情感取向和休闲取向等多种需求，使其能够更有效地传播中华民族优秀文化。游戏作为中国文化"出海"的新载体，在向全球传播中国优秀文化的同时，对提高中国传统文化自信和提升文化软实力作出了贡献，不但能够助力提升中国青年的文化自信与民族自豪感，也向世界展示了中国理念、中国精神和中国道路，在推进电竞"出海"的同时推动了文化"出海"。

四　结语

2017 年以来，国内电竞行业已进入快车道。但从整体来看，电竞产业仍呈现引进多、原创少，贴牌多、自营少，产品更新快，IP 维护相对较弱等特点。这些不仅是电竞产业的短板，也说明国内电竞产业尚有较大发展空间。与此同时，相较于电影、电视剧等传统媒体与文化样态，电竞在海外市场拓展和文化传播方面具有明显优势。推动国内电竞 IP "走出去"，以此推动电竞企业积极参与国际国内创意、技术、管理、人才等方面的合作，开发适合海外青年的电竞产品，通过与青年群体形成审美共情来扩大价值观传播范围和力度，进而参与国际电竞产业发展的议程设置，是国内电竞 IP 成功 "出海" 的重要维度。

游戏产业属于高度市场化产业，国产电竞产品在国内和国际推广过程中，都要面对激烈的同业竞争。目前，腾讯、网易等厂商在国内游戏产品的研发领域领先一个身位。在国际产业竞争中主动参与议程设置，平衡文化差异，引领内容生产与价值核心，以高品质的内容驱动吸引用户，从而为中国游戏参与国际竞争赢得更多话语权，将是中国电竞产业的重要着力点。

目前电竞赛事产业在全球已经成为价值数十亿级美元的产业，但作为新生事物，无论是产业链的布局还是行业标准的制定仍处在探索阶段。通过电竞品牌合作、文创赋能、IP 打造及产业投资的生态链布局，中国电竞 IP 的影响力将在世界范围内进一步扩大，而从全球市场的角度来说，越来越多的全球用户也将通过电竞、游戏等多种媒介体会到中国文化独特的魅力。

B.14

智能技术在大型体育赛事
传播中的呈现与思考

——以 2022 年北京冬奥会与卡塔尔世界杯为例

李 丁　陈海玲　白亚峰*

摘　要： 智能技术已经以无与伦比的姿态绽放在令世界瞩目的顶级赛场，将这些盛事推向了人类媒体科技进步的又一个高峰。从平昌到北京历时三届奥运会的阿里云部署，将奥运首次全面带上赛事传播的"云端"，云媒体服务器为卡塔尔世界杯的工作人员远程制作和信号传输提供了新的实践途径。基于智能技术的其他技术攻坚，无一不在提升受众的观赛体验。随着新闻生产的革命性变革，在线包装赛事、虚拟演播厅、云上生产以及新闻工作者的具身性技术身体与数字化身应运而生，北京冬奥会与卡塔尔世界杯为智能传播勾画了浓墨重彩的一笔。

关键词： 智能技术　云端办赛　观赛体验　新闻生产

北京冬奥会与卡塔尔世界杯已经完美落幕。云计算的发力极大提高了赛事运行与协作效率、降低了运营成本；而 8K 超高清、VR 自由视角、云转播技术等多项创新，以及数字孪生技术、全息虚拟影像技术的应用，更成就

---

* 李丁，上海体育大学副教授、硕士生导师，主要研究方向为新媒体传播、社会媒体挖掘、社会网络分析，主持国家体育总局体育文化研究基地科研项目、上海市大文科学术新人培育项目等多项课题，在《上海体育学院学报》《天津体育学院学报》等学术期刊发表论文多篇，出版专著 1 本；陈海玲、白亚峰，上海体育大学硕士研究生。

了北京冬奥会与卡塔尔世界杯的独特风采与魅力。智能技术以无与伦比的姿态绽放在 2022 年世界顶级体育赛事的赛场，将这些盛事推向了人类媒体科技进步的又一个高峰。智能技术是如何在 2022 年北京冬奥会与卡塔尔世界杯中得以运用，对赛事运作与呈现、观赛体验、新闻生产等产生了怎样的影响？本文将从云端办赛、观赛体验以及新闻生产三个方面，逐一解读北京冬奥会与卡塔尔世界杯中智能技术的呈现，以及由此引发的思考。

一　北京冬奥会上的智能技术呈现

（一）全面"上云"——阿里云的奥运部署

2018 年 2 月平昌冬奥会开幕，阿里巴巴平昌冬奥科技展馆"云上奥运"开幕，阿里云"ET 体育大脑"正式亮相。2018 年 9 月，阿里云智能与奥林匹克广播公司（OBS）合作推出的"奥林匹克转播云"（OBS Cloud），在 2020 东京奥运会上首次投入使用，为全球转播机构提供"云"上转播支持，是奥运历史上首次采用云计算支撑全球转播。全球观众将首次以"云"观看奥运，2022 年北京冬奥会是百年奥运史上第一届全面"上云"的奥运会。赛事成绩、组织管理、比赛转播等核心系统 100% 跑在阿里云上，成为真正的"云上奥运"①。奥运核心系统实现了"上云"，就能更加高效整合资源，支持赛事运行，显著提高播放速度与质量。OBS Cloud 在 2022 年北京冬奥会上进行了重大升级，实现了高清电视直播和网络渠道直播同时"云上转播"。阿里巴巴推出了以云技术驱动远距离全息社交互动的"Cloud ME"。此项技术跨越距离，让人们通过实物尺寸的全息投影进行会面和对话，体验极具真实感。OBS 还与阿里巴巴合作推出多镜头回放（multi‑camera replay），在数秒内提供冰壶和速度滑冰比赛的精彩片段回放，RHB（持权

---

① 《百年奥运史上首次全面"上云"，北京冬奥会科技范儿足》，搜狐网，2022 年 2 月 28 日，https：//www.sohu.com/a/526149552_ 115239。

转播机构）可借助云技术为全球观众带来引人入胜的观赛体验①。除此之外，支持实时字幕、翻译的云导播，呈现酷炫的虚拟演播厅等"阿里云"技术产品在冬奥会赛事传播中均得到了应用。国际奥委会主席巴赫就公开"点赞"阿里云，称感谢中国技术"为奥运施下的魔法"。

（二）科技突破带来的观赛体验变化

1.8K 超高清直播，重塑观赛感官体验

"每一秒都是中国式浪漫"的北京冬奥会开幕式惊艳全球。2022 年北京冬奥会开幕式直播将国内第一家面向终端用户的 8K 超高清电视频道——北京广播电视台冬奥纪实 8K 试验频道作为信号源，运用我国拥有自主知识产权的 AVS3 编码技术，打通北京广播电视台到国家大剧院的传输路径，通过25000流明 8K 激光投影机和 8K 音频解嵌设备，实现高质量 8K 电视节目的传输与展示②。8K 技术成为 2022 年北京冬奥会报道的标志性技术，将实现包括开闭幕式及重点赛事直播在内的 8K 全覆盖。北京冬奥会成为全球首个规模化应用 8K 技术进行开闭幕式直播和重点赛事报道的体育赛事。

2.子弹时间：高端科技实现"时空静止"

冬奥子弹时间（见图 14-1），是一个由数十台相机组成的圆，可以对拍摄主体进行 180°的全景拍摄，再利用 5G 高速率、低时延的特点上传到云端进行图像处理，然后将视频回传至拍摄地，以此体现 5G 低时延、大连接特点③。就像《黑客帝国》里面，主人公在精彩的特效下做出来的闪躲子弹的状态。2022 年北京冬奥会中，咪咕技术团队运用 360°环拍技术，引入了内容分析、人物识别跟踪、3D 数字重建、剪辑合成渲染等技术，借助"云"

① 《冬奥委会首次将核心系统部署于阿里云上》，阿里巴巴官网，2022 年 2 月 22 日，https：//www.alibabagroup.com/cn/news/article？news=p220222。

② 《北京冬奥会开幕式在国家大剧院进行 8K 超高清直播》，新浪网，2022 年 2 月 5 日，http：//k.sina.com.cn/article_1571743761_m5daee811033013q0s.html？sudaref=www.baidu.com&display=0&retcode=0。

③ 《冬奥子弹时间》，中国国际服务贸易交易会官网，2020 年 8 月 5 日，https：//www.ciftis.org/cn/xmfb/flt46/txfw/rmzt/20200805161247746427/index.html。

高并发、低延时特性，还原了高光时刻，将"时空静止"变为可能，并展示给广大观众。

图14-1　苏翊鸣2月6日单板滑雪男子坡面障碍技巧资格赛中子弹时间

图片来源：咪咕视频。

3. 特种摄像设备极速跟拍、全视点覆盖

在2022年北京冬奥会的速滑比赛转播中，中央广播电视总台自主研发的超高速4K轨道摄像机系统——"猎豹"让人眼前一亮。它拥有猎豹般的速度。在速滑比赛中，顶尖运动员的速度可达70公里/时，而"猎豹"可达90公里/时，不仅能实时跟踪运动员的位置，还可以根据转播需求实现加速、减速、超越等动作，灵活捕捉比赛画面[1]（见图14-2）。"猎豹"可以全部捕捉到运动员比赛过程中竭尽全力的姿态与冲线的兴奋表情，具有低延迟、高质量等特点，弥补了短道速滑比赛中直播摄影机无法快速跟踪拍摄的不足。

短道速滑决赛场馆——首都体育馆使用的摄影系统"飞猫"，由40台4K超高清摄影机加上3台8K VR摄像头组成，可以做到全视角覆盖（见图14-3）。除了转播画面，"飞猫"也起到了辅助判罚的作用[2]。在短

---

① 《2022冬奥报道：主流媒体竟动用这么多"黑科技"！》，"广电业内"微信公众号，2022年2月22日，https://mp.weixin.qq.com/s/AOiuvmk5zIyO2MD4-T7ZfQ。

② 《2022冬奥报道：主流媒体竟动用这么多"黑科技"！》，"广电业内"微信公众号，2022年2月22日，https://mp.weixin.qq.com/s/AOiuvmk5zIyO2MD4-T7ZfQ。

图 14-2　"猎豹"摄像机摄制实况二维码

道速滑决赛中，运动员的隐蔽犯规之所以能无所遁形，靠的正是这套高清摄像头的"火眼金睛"。

图 14-3　"飞猫"摄影机摄制实况二维码

4. 冰雪项目交互式多维度观赛体验技术与系统

通过使用北京大学的"冰雪项目交互式多维度观赛体验技术与系统"，观众能自主选择观赛视角，体验冰雪比赛的速度与激情。只需要手持一部5G手机点开应用软件，就可以获得前所未有的观赛视角（见图14-4）。

该项目针对 2022 年北京冬奥会冰雪运动的特点，突破 VR 视频和自由视角视频节目拍摄、内容生成、高效编解码、自适应传输和交互式呈现等关键技术，研制 VR 和自由视角视频节目采集系统、内容生成系统、实时编解码器、自适应传输系统和交互式终端，进行端到端系统集成，建立一套交互式多维度观赛体验系统，并在有线电视网、电信网、5G 网和互联网等平台实现示范应用①。系统应用 8K、VR 和自由视角技术创新冰雪运动赛事转播，为观众提供交互式、多维度的强临场感及"沉浸式"观赛体验。

"自由视角"技术下建立的交互式多维度观赛体验系统，能够帮助观众获得全新的观赛体验，在观看比赛的过程中，观众可以连续地改变观看点位，选择自己喜欢的角度去看同一场赛事活动。

现场图像拍摄后被送往"云"端，场馆与比赛信息被三维重建，再通过编码与解码向观众提供"自由视点"观看体验。由于场馆内部限制，42台摄像机被稀疏地分布在 210 米的轨道上，每台摄像机间距 5 米，这就需要以更加智能的算法来补充中间视点画面，从而实现全场域具有无缝自由视点。

项目组配置了一个"聪明大脑"，通过三维重建让新视点的合成变成可能；再自适应编码与传输技术，根据用户视点改变的意图来预测下一步趋势，进行有针对性的计算与数据传送。

图 14-4 　"冰雪项目交互式多维度观赛体验技术与系统"摄制实况二维码

5.5G 云 XR 打造虚实结合三维观赛空间

依托 5G 云 XR，咪咕运用 Inside-Out 定位技术、多实例播放技术、多路独立视频同时播放功能，通过 Nreal AR 眼镜提供三维空间观赛体验（见

① 《"沉浸式"看冬奥！北大"黑科技"带你体验》，"北京大学"微信公众号，2022 年 2 月 10 日，https://mp.weixin.qq.com/s/RIkwg8iHdGeWopbwEzGB4w。

图 14-5），打造六度自由空间的冬奥赛事体验场景①。这也是首次将 5G+XR
观赛技术应用到冬奥赛场上，虚实结合的多赛同看三维直播空间同时支持三
场比赛直播、赛事结果、奖牌榜、赛程、相关推荐、热卖商品等的虚拟屏幕
观看比赛。用户拖动虚拟屏幕即可随意切换比赛，屏幕还可以进行缩放和远
近调节，并采用柔性射线控制，有效减弱传统僵硬拖拽造成的不适和眩晕
感，使 XR 终端及场景实现了新突破。

图 14-5　XR 终端虚实结合三维观赛空间

图片来源：咪咕视频。

6. 智能字幕："为了听不到的你"

北京冬奥会期间，咪咕视频上线的冬奥赛事"智能字幕"功能——
"为了听不到的你"（见图 14-6），被网友称为冬奥观赛最暖心的功能之一。
智能字幕依托语音识别技术，结合神经网络算法，利用体育垂直场景的实时
纠错自然语义能力，在国内首次实现大型国际赛事超高清直播的实时双语字
幕创新规模化商用，满足多国家及地区用户观看直播的需求，让解说"听
得见"更"看得清"②。智能字幕功能覆盖花样滑冰、短道速滑、单板滑雪、
自由式滑雪等数百个场次，针对各类细分比赛场景全面提升直播字幕转写效
果，极大地提高了"云"上观赛用户的观赛体验。

---

①　《十大"黑科技"揭秘！冰雪盛会还能这么看！》，澎湃，2022 年 2 月 10 日，https：//m.
thepaper. cn/baijiahao_ 16646666。
②　《"为了听不到的你"智能字幕暖心上线 让冰雪盛会的声音被"看见"》，澎湃，2022 年 2
月 20 日，https：//m. thepaper. cn/baijiahao_ 16776677。

图 14-6　智能字幕视角

图片来源：咪咕视频。

（三）智媒技术下的冬奥会新闻生产变革

1. 在线包装首次实现奥运会体育赛事全4K 制播

北京冬奥会期间，奥林匹克演播室采用 4K 超高清在线制作和播出系统，并在赛事期间承担部分热门赛事的直播和赛后访谈节目、冬奥快讯等新闻节目转播，在线包装技术应用上实现中央广播电视总台首次奥运会赛事全程 4K 制播[①]。

在线包装团队面对 4K 制播条件下软件使用、色域匹配、场景负载等各种临场问题，顺利完成制作和维护任务。面向五个演播室在线包装工作，在线包装团队在全新在线包装系统及 IP 化演播室的软硬件基础上，优化在线包装系统，从制作到推送再到演播室模板维护的全流程，安全

---

① 《多种图文系统、专属 AR 挑战……2022 北京冬奥会赛事转播技术盘点》，"影视制作" 微信公众号，2022 年 2 月 21 日，https：//mp. weixin. qq. com/s/So_ Sv9hDEeMNoONkKIl38Q。

又高效地完成了演播室数据部署及模板维护工作，保障了节目内容安全有序播出。

2. 虚拟演播厅火力全开，打造沉浸式直播场景

虚拟演播厅通过实时背景抠图把主播与更丰富的视频、图片等虚拟背景融合成直播流（见图 14-7、14-8），支持多种设备、多机位、异地开播，展现双屏幕、分屏、画中画等开播能力，不仅降低了直播间的装修成本，更进一步提升了直播内容的丰富度和沉浸感①。虚拟演播厅在东京奥运会期间进驻奥运村，北京冬奥会期间，虚拟演播厅相关技术方案得到了全面升级，在达到广电级导播效果的同时，接入门槛极大降低，大大扩展了该技术的应用场景。同时在链路上打通 RTC 和 GRTN 网络，将多机位、多视角实时同步技术能力，与 RTC 实时连麦、异地开播能力相结合，可实现主播、嘉宾的多层虚拟背景等叠加，提升沉浸式直播体验，把互动效果提升到新境界，助力实现北京冬奥赛事的沉浸式报道。

图 14-7　AR 虚拟植入比赛场馆效果展示

图片来源：央视频。

---

① VideoMachine：《"互动虚拟演播厅"突破业界三大能力，打造冬奥沉浸式播报》，网易，2022 年 2 月 25 日，https://www.163.com/dy/article/H12LD6U60552A8V0.html。

图 14-8 AR 虚拟植入赛道效果展示

图片来源：央视频。

　　该项技术在北京冬奥会期间全程助力 CGTN 进行了赛事异地采访、实景抠像合成虚拟直播，实现了异地互动的新形态播报，实现全链路制播"上云"，为传统新闻节目制作提供了全新场景。同时，通过在音视频互动 App 上实时连线，实现了导播人员和记者异地实时通信，第一时间将新闻报道传递给观众。通过云导播与 RTC 的全面打通，虚拟演播厅可自动获取连线直播间流，实现新闻采访与直播观看同步进行。

　　此外，云端实景抠像算法技术帮助达到了极致精细的抠像合成效果。这是奥运首次使用"互动虚拟演播厅"进行沉浸式赛事报道（见图 14-9），改变了传统电视台记者的采访形式，记者再也无须携摄像团队，载着沉重设备到处奔波，更无须采用以往的一定要将记者与受访者设于同一现场的固封模式。只要通过阿里云视频云互动虚拟演播产品，以及"两部手机+一台电脑"，记者即可随时随地展开采访直播与转播，从而革新了媒体生产与传播

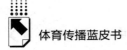

的技术链路，在实现全链路制播"上云"的同时，让赛事观众体验到更为沉浸的播报视感。

图14-9 "互动虚拟演播厅"沉浸式赛事报道

图片来源：阿里云《百年奥运的沉浸其境：冰雪之外，与你同在——阿里云视频云「互动虚拟演播」》。

3. 云上智能生产："AI云智剪"第一次登陆奥运会，创造美学生产

为了使冬奥赛事短视频内容兼具实效、精彩、人文、美学，央视体育新媒体和总台技术团队联合阿里云视频云、阿里巴巴达摩院，引入AI编辑部的智能生产工具"AI云智剪"，可以实时完成多赛事的智能内容理解，在极短时间内智能化自动生成大量精彩视频素材，覆盖赛场动作、赛事内容、各类镜头等多个描述维度，生成美学主题的集锦素材①（见图14-10）。依靠阿里云视频云强大的流媒体处理能力和AI综合能力，"AI云智剪"在每场比赛结束后的第一时间内就对视频内容进行多维解析，并基于跨视频集锦生产能力，在2至3分钟产生大量主题集锦视频并实时传播，北京冬奥会期间共生产39878段素材，覆盖超200场比赛。

4. AI虚拟主播

（1）AI手语主播：温暖听障人士。央视新闻联合百度智能云打造的总台首个AI手语主播，央视频和腾讯团队共同打造的3D手语翻译官"聆

---

① videoengine：《AI编辑部「云智剪」助力冬奥，捕捉百年奥运瞬间美学》，百度百家号，2022年2月21日，https://baijiahao.baidu.com/s？id=1725367188288696148&wfr=spider&for=pc。

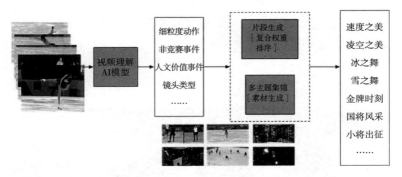

图 14-10 "AI 云智剪"流程图

图片来源：阿里云。

语"，以及由北京市科委、北京市残联发起，智谱 AI、凌云光与北京广播电视台联合打造的"冬奥手语播报数字人"系统等多个 AI 手语数字人的应用，让听障人士能有更多机会感受冬奥赛事的精彩[①]（见图 14-11）。

图 14-11 AI 手语主播实况播报二维码

（2）AI 气象服务虚拟人：助力冬奥播报。为了精准把握北京冬奥会赛场的天气，冬奥历史上首次应用百米级气象预报技术，大数据、人工智能等最新科技手段的运用，帮助实现了对赛区气象的精准预报。另外，中国气象局华风气象传媒集团与小冰公司共同创造了 AI 虚拟气象主播"冯

---

① 《2022 冬奥报道：主流媒体竟动用这么多"黑科技"！》，"广电业内"微信公众号，2022 年 2 月 22 日，https：//mp.weixin.qq.com/s/AOiuvmk5zIyO2MD4-T7ZfQ。

小殊"（见图14-12），其诞生与"科技冬奥"理念及《"十四五"体育发展规划》原则契合。"冯小殊"以《中国天气》主持人冯殊为训练目标，依托小冰框架数字孪生虚拟人技术构建而成，任务是在此次冬奥会上播报冬奥气象[①]。

图14-12 AI气象服务虚拟人"冯小殊"

图片来源：中国天气。

（3）MSC数智人：谷爱凌"孪生姐妹"走进演播室。冬奥赛场上，谷爱凌斩获自由式滑雪女子大跳台金牌，实现了中国运动员在该项目中历史性的突破。赛场外，谷爱凌的"孪生姐妹"超写实数智达人Meet GU加盟了中国移动咪咕冬奥嘉宾天团（见图14-13），并在谷爱凌比赛前，现身咪咕冬奥演播室与主持人进行互动，为谷爱凌加油助威[②]。据悉，这也是全球奥运会直播历史上，首次有数智达人作为嘉宾现身的盛会。

[①] 《2022冬奥报道：主流媒体竟动用这么多"黑科技"！》，"广电业内"微信公众号，2022年2月22日，https://mp.weixin.qq.com/s/AOiuvmk5zIyO2MD4-T7ZfQ。

[②] 运营商的秘密：《揭秘北京冬奥会"智慧观赛"背后的十大黑科技》，百度百家号，2022年2月9日，https://baijiahao.baidu.com/s?id=17242530521619267 86&wfr=spider&for=pc。

图 14-13　谷爱凌"孪生姐妹"超写实数智达人 Meet GU 加盟中国移动咪咕冬奥嘉宾天团

图片来源：咪咕视频。

二　卡塔尔世界杯上的智能技术呈现

（一）广泛运用的云服务

2022 年卡塔尔世界杯中负责赛事信号制作和分发的主转播商为盈方体育传媒集团的子公司 HBS。HBS 为持权转播商提供的一项重要服务是提供基于云存储的媒体服务器（FIFA MAX），持权转播商通过该媒体服务器可以方便查找和下载世界杯赛事的各种素材和内容，即使在千里之外也可以访问该媒体服务器，制作人员可以足不出户对世界杯内容进行远程制作和信号传输①。

视频云服务在效率提升和价值创造方面的显著作用经由数次顶级体育赛事的呈现已经得到了全世界的称赞，对此阿里云、腾讯云都功不可没。在

---

① 《国际足联 2022 卡塔尔世界杯转播制作方案的四项核心技术特点》，"体育与转播"微信公众号，2022 年 12 月 1 日，https：//mp.weixin.qq.com/s/OWNUrJt6gEIZjtmt8RFrbw。

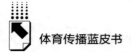
2022 年卡塔尔世界杯国内直播中，作为抖音世界杯直播服务商之一的阿里云，通过视频云及网络分发加速技术，为抖音平台的全程稳定、流畅的赛事直播提供了有力保障，阿里云同时参与支持咪咕、央视网等平台直播，为全网 30% 的世界杯直播保驾护航①。

（二）科技突破带来的观赛体验变化

1. 视听技术升级带来观赛新景象

中国移动咪咕通过具有国家自主知识产权的 AVS3、Audio Vivid 编解码标准向用户呈现世界杯精彩画面，打造"睛彩和菁彩"的视觉+听觉的实况盛宴，实现"HDR+Audio"双 Vivid，让足球赛场上的每帧画面都清晰可见，为亿万观众带来"声画双超高清"的视听体验②。

借鉴 2021 年欧洲杯及北京冬奥会的成功经验，中国移动咪咕联合多家视频组织及企业完成多项高动态范围 HDR 视频技术标准，在卡塔尔世界杯期间为观众带来色彩丰富、还原度高的沉浸式观赛体验③。HDR Vivid（高动态范围视频技术标准）使影像画面亮度提升 40 倍，色彩提升 72%。HDR Vivid 在咪咕视频 App 端到端的规模化应用，提升了 HDR Vivid 的影响力，对全球超高清视频产业的未来发展具有实践意义。

Audio Vivid 是我国自主研发的全球首个基于 AI 技术的音频编解码标准。中国移动咪咕在优化 Audio Vivid 现有解码器的矩阵运算、内存分配等后，处理性能提高 70% 以上，并在双耳声渲染阶段，针对不同位置的声道进行调整，使现场欢呼声、足球破空声能够尽收耳底（见图 14-14）。

中国移动咪咕携手 AVS 产业联盟等行业伙伴，实现 AVS3 视频标准首次

---

① 央广网：《阿里云技术支持 2022 世界杯直播，将直播端到端延时缩短至 1 秒》，百度百家号，2022 年 12 月 20 日，https：//baijiahao.baidu.com/s？id = 1752706393277572905&wfr = spider&for = pc。

② 《先锋观察｜卡塔尔世界杯"AVS3 睛彩视界"节目上线》，陕西广电融媒体集团官网，2022 年 12 月 9 日，http：//www.sxtvs.com/sxtvs_ gdgc/a/2022/12/09/21116399.html。

③ 《【关注】从虚拟人到 AI 裁判，2022 卡塔尔世界杯新型黑科技盘点!》，"广电猎酷"微信公众号，2022 年 12 月 16 日，https：//mp.weixin.qq.com/s/L41ln5h6kWWvEwvFSN0v9A。

规模化商用。我国数字音视频编解码技术标准（AVS）经过 20 年的发展，实现了技术的创新突破。当前，AVS 标准已更新至三代，是我国超高清广播电视频道采用的核心技术标准。2022 年，AVS3 在咪咕视频移动端直播场景中首次得到应用，在未来，AVS3+体育、AVS3+移动端将创造出更多可能。

图 14-14　咪咕视频"睛彩视界"与"菁彩视听"技术应用画面

图片来源：咪咕视频。

2. 多视角选择：打造足球比赛新"看"法

为进一步提高观众观赛时的沉浸度，央视频在此次世界杯转播中选取近 30 路并发信号回传，挑选出最适合竖屏制作的信号源进行"横转竖"处理（将裁切比例定为 3∶4 视频，最终输出为 9∶16 的竖屏赛事画面）①　（见图 14-15）。世界杯的竖屏转播，看似是呈现画幅的变化，但其挑战性并非简单的"横转竖"的视频裁切，而是涉及整个转播理念的创新与制播方式的全方位更新，要求有极高的技术掌控力和转播专业度。先是"智能科技+剪辑技术"的思维升级。竖屏赛事转播从画幅、方式和观感上都超出了受众的接受习惯与心理期待。为确保效果的可视性，央视频采用"人工智能+视音频技术"进行竖屏世界杯赛事的制作。之后在裁剪视频播出信号的同时，体育导演在构图语言和叙事方式上都切换竖屏的思维进行重新包装，以专业度升级

---

① 《竖屏+智能化：看央视频如何打造世界杯沉浸观赛新体验》，光明网，2022 年 11 月 25 日，https：//sports. gmw. cn/2022-11/25/content_ 36188157. htm。

应对技术挑战。除了直播的技术升级，央视频在客户端上也针对本次世界杯AI生产力平台智能剪辑内容运营进行了界面适配，包括竖版横滑泳道的承载展示升级、底层播放页面的改造升级等，力图使内容变化与呈现模式相协调，满足用户更多的个性化需求。竖屏观赛的方式尤其提升了移动端用户的视觉体验，使视觉更聚焦于球员动作，一个个精彩的进球瞬间，球员的技战术表现以及神态变化，都能在竖屏中展现得淋漓尽致，满足了专业球迷的观赛需求。

图 14-15　央视频竖屏直播画面

图片来源：央视频。

赛事镜头复杂多变，中国移动咪咕通过 MFX 沉浸环拍技术为观众提供多样的视角选择（见图 14-16）。MFX 沉浸环拍技术基于直播画面，通过算法后期捕捉到镜头运动跟踪及相关反求数据信息，复刻 1∶1 赛场三维模型环境，搭建 2D 图像快速复刻 3D 图像的生产线①。MFX 沉浸环拍技术作为

---

① 《MFX 沉浸环拍技术——打造足球比赛新"看"法》，未来移动通信论坛，2022 年 12 月 16 日，https：//cloud. tencent. com/developer/news/970672。

中国移动咪咕公司自主研发的技术，在实际应用中大幅降低了观众获取信息的难度，能够对争议较大的判罚进行处理分析，并以视觉化的方式呈现给观众，在观感上使观众获得立体、及时、真实的视觉享受。央视频新媒体平台在此次世界杯转播中，还推出了多视角+四屏同看的新功能。除了经典的双方球员、替补席等角度，还有俯瞰、航拍、战术镜头（左侧、右侧）、越位线（左侧、右侧）等，从而满足不同用户群体的个性化需求。

图 14-16　咪咕视频 MFX 沉浸环拍技术展示二维码

3. 视频云赛道助力观赛新玩法

作为 2022 年卡塔尔世界杯持权转播商，抖音平台为观众提供的超高清、低延迟的赛事直播体验，"边看边聊"的互动玩法成为亮点。观众不仅可以体验到无广告的免费超高清直播，还能邀请好友加入专属聊天频道，实现"云侃球"。火山引擎作为抖音平台世界杯直播背后的主要技术服务商，在视频云赛道方面开启了更多的可能。为保证用户在外放场景下无回声，火山引擎提供自适应人声音量均衡，在让用户享受直播赛事最佳音质的同时，实现了直播画面的端到端延迟最低降至 1 秒，支撑"边看边聊"玩法，让远隔重洋的球迷也能获得真切的观赛体验①。

根据抖音平台发布的《2022 世界杯观赛报告》，卡塔尔世界杯赛时阶段，1753 万人次参与"边看边聊"玩法，有 2608 万名观众在直播间分享看点，决赛直播观看人数达 2.3 亿。火山引擎凭借超高清、低延迟、流畅交互

---

① 《抖音重塑世界杯观赛体验，火山引擎迈向视频云千亿风口》，"电科技网"微博，2022 年 12 月 21 日，https://weibo.com/ttarticle/p/show? id=2309404848491343371995809。

等特点，让卡塔尔世界杯距离"全民世界杯"更近了一步。

4. 孪生技术打开体验新图景

获得此次世界杯转播权的两家新媒体平台——中国移动旗下的咪咕和字节跳动旗下的抖音，都不约而同的在赛事传播中加入了元宇宙元素，运用数字孪生技术开发用户使用和参与的新形式。数字孪生技术可以记录和还原现实世界，在卡塔尔世界杯中 VAR（视频助理裁判）等技术的应用，正是基于数字孪生技术所构建的虚拟世界。

中国移动咪咕通过全方位分析赛场机位视频，运用先进的建模和信息处理技术，1∶1 复刻世界杯比赛场景。用户戴上 VR 设备，即可解锁全面的观看视角，如同真实地走在卡塔尔球场上，甚至可以代入球员本人视角，感受带球射门的沉浸式快感①。在搭建视觉场景的基础上，中国移动咪咕与快游平台打造 4D 级数字互动赛事云游戏《最佳球会》。通过机器视觉神经网络技术，云游戏《最佳球会》准确还原了球员的身体、运动信息，渲染输出为动态的数字赛事实况。用户只需要在 5G 网络的加持下，无须下载游戏软件，在观看比赛的间隙，即可"边看边玩，即点即玩"。游戏可以按需提供360 度"子弹时间"、鹰眼环绕等游戏视觉效果，打造出属于每一个用户的"元宇宙世界杯"（见图 14-17）。

图 14-17　云游戏《最佳球会》入口展示

图片来源：《最佳球会》。

---

① 品玩：《史上最高科技的世界杯，不止是 VAR 这么简单》，百度百家号，2022 年 12 月 20 日，https：//baijiahao.baidu.com/s? id=1752696515420457721&wfr=spider&for=pc。

云游戏拓展了咪咕的元宇宙看球社区。在咪咕打造的"星际广场"中，用户可以创建专属数智分身与万人同屏观看世界杯，建立"云包厢"与好友在线语言"侃"球，还能一键体验元宇宙音乐盛典咪咕汇，和乐坛大咖一起互动，解锁看球新玩法，实现赛场、影院无缝切换（见图14-18）。咪咕打造的元宇宙社区，依托体育观赛场景的搭建，打破了虚拟与现实，满足了用户的娱乐、社交、游戏等方面的多元需求。

图14-18　"星际广场"主舞台展示

图片来源：咪咕视频。

该届世界杯是首个可以使用VR设备观赛的大型体育赛事。抖音于2021年收购的VR设备商PICO上线了"上PICO看世界杯球近了"活动。用户可以通过超清巨幕观看世界杯赛事直播（见图14-19），还能邀请好友进入互动场进行实时语音畅聊，享受更为沉浸的观赛体验。除了赛事直播，PICO视频也陆续上线各类足球和体育内容，多位足球宝贝主播、虚拟主播在直播中与球迷见面，畅聊足球趣事。PICO此次的全面入局，大大提升了体育赛事转播和球迷观赛的临场感和交互性。

5. 科技融合人文带来新观感

为了让更多球迷拥有优质的观赛体验，赛事主办方对数字科技的引入同样重视人文关怀，增加了多渠道观赛的可能性。盲文娱乐平台Bonocle为视障人士提供访问数字内容的辅助技术，将平台上的各种信息转换为盲文，并通

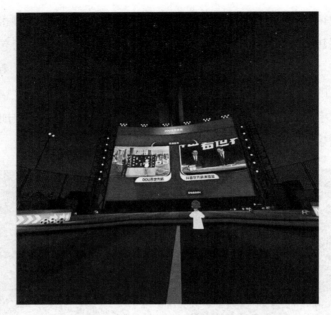

图 14-19　PICO 世界杯主会场高清巨幕展示

图片来源：速途元宇宙研究院。

过专业的电子穿戴设备，使他们能够和其他人一样尽享卡塔尔赛事①。另一项科技 Feelix Palm（见图 14-20）则是利用电脉冲通过手掌通信器传递类似盲文的触觉信息，视障人士可随身携带手掌通信器，随时随地获得感官体验。智能科技让卡塔尔世界杯惠及人群相较往届更加广泛，充分彰显世界杯作为世界级赛事的包容性和无障碍性。

（三）智媒技术下的世界杯新闻生产变革

1. AI 剪辑高效准确，剪出精彩瞬间

"竖屏直播"是央视频此次卡塔尔世界杯直播的最大亮点。央视频 AI

---

① 《【科普】世界杯有什么"科技感十足"的先进技术?》，"中国机械工程学会"微信公众号，2022 年 11 月 28 日，https：//mp. weixin. qq. com/s？＿＿biz＝MzA4MTQxOTQzMw＝＝&mid＝2650291433&idx＝2&sn＝0af6aa2898cfeba0d57495dd982c3c42&chksm＝8799d12fb0ee 583920e0 612b2e781f87e2f7e544898099aed9a40fa8008dc70d96ec373390ff&scene＝27。

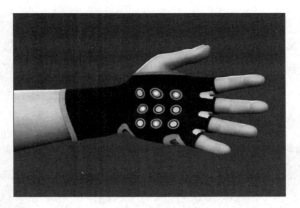

图 14-20　Feelix Palm 展示图

图片来源：Feelix。

剪辑系统以赛事直播流为基础，高效利用 AI（人工智能）技术，其展现的工作特点主要表现在三个方面：第一，在跟踪主体上，央视频引入人工智能技术，通过神经网络模型和算法的优化平衡，有效解决竖屏直播中目标相互遮挡、物体运动复杂多变等问题；第二，在画面处理上，横转竖系统可以将多路延时稳定在统一的延时范围，且仅有毫秒级的误差，实现准确输送；第三，在剪辑生产上，AI 剪辑系统经过长时间学习 ASR、NLP 等技术，可以对赛场上的各种主体信息进行自动识别、追焦，并能够将庞杂的直播流信号切分成有效的视频素材或成品[①]。

2.虚拟演播厅营造观赛奇幻景观

中国移动咪咕打造的卡塔尔世界杯虚拟直播间，采用 XR 虚拟演播系统，在 XR 与 AR 技术的加持下，直播间主场景呈现沙漠与海洋共处的奇特景观，整个演播厅像一艘科技感满满的太空飞船，飞行在"沙海之城"的卡塔尔主城区，呈现裸眼 3D 的视觉效果。还能根据直播内容变换场景、天

---

① 《竖屏+智能化：看央视频如何打造世界杯沉浸观赛新体验》，光明网，2022 年 11 月 25 日，https：//sports. gmw. cn/2022-11/25/content_ 36188157. htm。

气，凸显卡塔尔世界杯的异域风情①（见图 14-21）。同时，直播进程的各环节也进行了虚拟场景包装，广电影视级别的软硬件配置为此次卡塔尔世界杯直播保驾护航，包括球场全览、首发阵容、广告植入等环节，配合解说员的精彩解说，一幅极具科技美感的画卷徐徐展开，留存泛球迷的注意力，打造出一个个让人仿佛置身赛场的观赛空间。

图 14-21　不同天气场景中的虚拟直播间展示

图片来源：世优科技《中国移动咪咕视频卡塔尔世界杯 XR 虚拟直播，由世优科技提供虚拟技术支持》。

3. 无障碍字幕实现更好的观赛解读

抖音平台在卡塔尔世界杯期间上线了无障碍直播间功能，用户可以选择"无障碍字幕"，通过文字了解赛事解说，这为许多听力障碍人士提供了优质的观赛体验。传统字幕常以单行实时逐词出现，长时间阅读会导致观众视觉不适。抖音平台的"无障碍字幕"在"火山同传"（火山翻译旗下的 AI 同传产品）的加工下完成。字幕通过 AI 识别，即使在有背景音的情况下也能准确识别人声。在延时的 30 秒内，人工辅助校对 AI 处理过的字幕，最终

---

① 《从虚拟数字人到 XR 虚拟演播室，世优科技虚拟技术频繁亮相卡塔尔世界杯》，网易，2022 年 12 月 5 日，https://www.163.com/news/article/HNQVO09J00019UD6.html。

通过推流生成"低延时"的字幕画面，给观众带来更流畅的视觉体验①（见图 14-22）。

双行字幕显示（见图 14-23），可以让观众获取更加完整的对话信息；足球术语等专项优化，进一步提高了识别准确率，提高字幕生成效率；精心设计的双行字幕样式能更好同步赛事画面，提供稳定的播放体验。

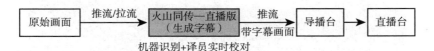

图 14-22　"火山同传"字幕生成流程图

图片来源：《抖音上线世界杯"无障碍直播间"，火山同传提供技术支持》。

图 14-23　"火山同传"双行字幕显示图

图片来源：《抖音上线世界杯"无障碍直播间"，火山同传提供技术支持》。

4. AI 虚拟主播

（1）AI 手语主播助力无障碍观赛

中国移动咪咕 AI 手语主播"弋瑭"以"为了听不到的你"的主题温暖亮相卡塔尔世界杯（见图 14-24），让许多"听不清、听不真"的观众也能完整地享受到体育赛事的实况。AI 手语主播"弋瑭"的出现，建立起听障认识与世界沟通的桥梁，为科技力量注入了人文情怀，是无障碍观赛视角的一次暖心升级。

---

① 中新经纬：《抖音上线世界杯"无障碍直播间"火山同传提供技术支持》，新浪网，2022 年 11 月 22 日，https://t.cj.sina.com.cn/articles/view/5993531560/1653e08a8020019168?fin pagefr=p_104_js。

图14-24　AI手语主播"弋瑭"

图片来源：央视频。

（2）数智人嘉宾天团坐镇世界杯盛会

中国移动咪咕推出定位多样的数智人嘉宾天团，每位数智人在不同的节目和渠道中发挥着不同的作用：数智人"尤子希"（见图14-25）带来专业有趣的播报，旨在提供元气满满的观赛陪伴感；数智人Meet Lu亮相综艺节目，与嘉宾畅谈中国足球的未来；数智人"王小濛"通过"相声式"解说，传递赛事实况的热烈氛围；数智人"桃小桃""刘教练"坐镇"动感地带世界杯音乐盛典"，演绎体育与娱乐的创新结合；数智人"古逸飞""漫月""麟犀"分别在电商带货、文化科普、二次元等板块，带来与世界杯相关的趣味互动。数智人家族的每位成员角色定位不同，在"元宇宙"的世界里，能全方位地满足观众的多元需求，拉近与观众的心灵距离，共同呈现一场激情澎湃、科技感十足的世界杯盛宴。

而央视频则推出智能语音助手"央小云"（见图14-26），这是首个跨平台云渲染世界杯3D智能语音助手，在满足球迷多元化内容观赛需求中发挥重要作用。在观赛的同时，"央小云"可以基于语音或文字为球迷提供"在线"的赛事引导服务，并全天候在线为广大球迷提供球队信息介绍、赛程查询、赛事直播等服务。

图 14-25　数智人"尤子希"

图片来源：咪咕视频。

图 14-26　3D 智能语音助手"央小云"

图片来源：央视频。

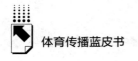
三　智能技术与人类传播关系的思考

纵观传播媒介的演进历史，人类从口语传播时代过渡到文字传播时代，再到以报纸、广播、电视为主的大众媒体传播时代，乃至进入社会化媒体兴盛与发展的 21 世纪，直到方兴未艾的智能媒体时代的出现和日趋成熟，可以说人类文明的发展一直与传播技术的变革息息相关，人类传播活动与科技发展一直相互依存并彼此成就。对于在令全球关注的奥运会与世界杯上大放异彩的智能传播，我们可以借助经典的传播学与社会学理论，从"媒介是人的延伸"和"身体在场"等视角对智能技术与人类传播关系进行简单的分析与思考。

（一）"媒介是人的延伸"视角下的智能技术

在对媒介与人的关系进行阐述时，学者麦克卢汉将人的延伸一分为二：电子媒介是中枢神经系统的延伸，其余一切媒介是人体个别器官的延伸[1]。文字延伸了人的视觉，电话延伸了人的听觉，电视、电脑等传播媒介调动起人的多种感官。随着智能技术的发展，关于人体延伸的进程如今逐渐接近最终阶段，即意识的技术模拟阶段。在北京冬奥会与卡塔尔世界杯中，智能媒体对人体的延伸真切地展现在大家面前。

1. 虚拟现实：打破时空关系

2022 年北京冬奥会期间，虚拟演播厅通过实时背景抠图把主播与更丰富的视频、图片等虚拟背景融合成直播流，可实现主播、嘉宾的多层虚拟背景等叠加，提升沉浸式直播体验[2]。该项技术在北京冬奥会期间全程助力 CGTN 进行了赛事异地采访、实景抠像合成虚拟直播，打造了异地互动的新形态播报。通过阿里云视频云互动虚拟演播产品，人类突破了时间和空间的

① 〔加〕马歇尔·麦克卢汉：《理解媒介：论人的延伸》，何道宽译，商务印书馆，2004。
② VideoMachine：《"互动虚拟演播厅"突破业界三大能力，打造冬奥沉浸式播报》，网易，2022 年 2 月 25 日，https://www.163.com/dy/article/H12LD6U60552A8V0.html。

局限，两个身处不同物理地点的人也能够实现感官的互动，从而实现沉浸式报道。

而中国移动咪咕打造的定制化卡塔尔世界杯虚拟直播间——沉浸式 XR 虚拟演播系统，构建了一个科技感十足的立体空间，整个演播台置于水上，沙漠与海洋共处的奇景，配合细节满满的天色变化，使得坐在屏幕前的观众，仿佛已经置身于极具未来感的"沙海之城"卡塔尔[①]。在创新虚拟技术的加持下，观众体验到了更直观、更沉浸、更有趣的赛事盛况。这是人类历史上对于时间与空间关系的重大突破，更是人类对于自身界限的不断探索。

2. 增强现实：延伸身体感官

依托 5G 云 XR，在北京冬奥会虚实结合的多赛同看三维直播空间内，用户可以同时观看三场比赛的直播、赛事结果和相关推荐等，还可以通过拖动虚拟屏幕随意切换比赛，屏幕可以进行缩放和远近调节。Nreal 公司的 AR 眼镜就像是人的一个器官，帮助人类突破了眼睛的局限性，在生理上延伸了观众的视觉能力，为观众提供了三维空间观赛体验，由以往的一次只能看一样东西转变为如今的多赛同看。

卡塔尔世界杯 FIFA+ 应用程序内的 VR 功能可以帮助现场球迷观赛，现场球迷只要将手机镜头面向球场，就能获得对战双方的球队阵型、比赛文本旁述、实时统计数据、比赛概览等信息，即使身在现场观赛也能与在电视前观看一样，实时获得丰富的球队和球员数据[②]。与其说是人在使用媒介观看赛事，不如说是人通过媒介实现了自身身体需求与功能的延伸。

3. AI 虚拟主播：虚拟与现实的交织

智能媒体时代，媒体不仅延伸了人类的身体器官，更在肉体与技术的融合之中，达到思维与技术的融合，最终达到麦克卢汉所说的"意识的技术模拟阶段"。在过去，媒介世界和现实世界是泾渭分明的，人们很容易

---

① 《世优科技助力咪咕视频世界杯 XR 虚拟直播，XR 虚拟演播室大放异彩》，腾讯网，2022年11月24日，https://new.qq.com/rain/a/20221124A05U1I00，2022-11-24。

② 十轮网：《VR 技术提供更多世界杯数据 球迷可用 FIFA+ App 实时观看资料》，新浪微博，2022年12月6日，https://weibo.com/ttarticle/p/show?id=2310474843786713825567。

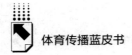

就能区分现实空间和虚拟空间。AI 虚拟主播以高度接近于人的形象带给人新的体验，即实现了虚拟与现实的交织，人们在观看这类虚拟主播时很难区分它到底是真实的还是虚拟的，这种体验方式就是人思维方式变化的表现。

而作为"数字时代的麦克卢汉"，保罗·莱文森提出了补偿性媒介的观点，他认为任何一种媒介都是对过去某一种媒介功能的补救和补偿。媒介发展是朝着人性化趋势不断演进的，这也可以看作媒介顺从人的需求不断进行技术与功用的延伸，令全世界瞩目的大型体育赛事尤为清晰地体现了这一点：从"看得到"到"看得清"的超高清，从二维空间到三维空间的多维度的赛事存储、摄制、播放与观看，无一不昭示着智能技术对于人体感官的突破。

（二）"身体在场"视角下的智能技术

1."身体在场"的实践

2022 年北京冬奥会与卡塔尔世界杯的成功举办，让人们看到技术变革对观赛习惯带来的翻天覆地的改变，全面"上云"、"子弹时间"、Cloud Me、虚拟直播间、VR 观赛、元宇宙体验等技术，让观众甚至是新闻生产者即使不在现场，也会获得一种"在场"感。这种"在场"并非传统意义上的"身体在场"，而是在现代传播科技的发展下，构建的去身体化的"在场"。因此我们可以理解为，技术发展后的远程在场等是一种物质身体的永远离场而技术身体的时刻在场。

受疫情等多方面因素的影响，2022 年北京冬奥会举办的所有比赛并未公开售票，但是对于冬奥会的观众而言，技术的进步与发展实现了观赛体验的"时刻在场"。在阿里云的技术支持下，通过北京大学的"冰雪项目交互式多维度观赛体验技术与系统"，观众能自主选择观赛视角，切身地体验冰雪比赛的速度与激情，通过佩戴 VR 设备或者使用手机，在家就可以获得在场般的观赛体验。

2022 年卡塔尔世界杯期间，增强现实科技公司 Nreal 携手卡塔尔旅游局，于 Nreal Air 眼镜 AR 空间的"Teleport 穿梭门"应用中搭建了卡塔尔足球主题房间，3D 化等比例复现了卢塞尔体育场，用 AR 科技将卢塞尔体育场"搬"回中国，结构细节清晰可见，从而让观众直观感受到它的宏伟气势。通过 Nreal AR 眼镜进入 AR 穿梭门中的卡塔尔足球主题房间，球迷可以置身于虚拟球场中，远观卢塞尔体育场，通过照片墙了解卡塔尔文化，也可以通过 Nreal AR 眼镜观看球赛[①]。虽然我们的物质身体处于离场状态，身体与机器融合的电子人形态下的技术身体却是实实在在"在场"。

除了电子人形态的技术身体，我们还可以从技术的"具身性"存在和数字化身两个方面进行考察。前者可以理解为有实体的智能机器人，这在冬奥园区也有着广泛的体现，如智能防疫机器人、机器人餐厅等。而在卡塔尔世界杯中，AI 机器人除了预测世界杯总冠军、保障观众安全之外，还可以作为裁判，VAR 视频裁判更被称为史上最严越位判罚，协助裁判员纠正明显的错判与漏判。

数字化身即在技术作用下，由信息构成并可以脱离人的肉身而独立存在的身体形象，包括建立在相对成熟的数字动画基础上的"虚拟主播形象"以及基于人工智能技术的 AI 虚拟主播[②]。北京冬奥会期间的阿里巴巴冬奥宣推官"冬冬"、中国移动为谷爱凌量身打造的数智分身 MEET GU、中国移动"为了听不到的你"数智手语主播"弋瑭"、采用 AI 技术复刻王濛语音"相声式解说"的数智人"王小濛"、央视频开发的首个跨平台云渲染世界杯 3D 智能语音助手"央小云"等无一不体现了数字化身在顶级赛事中的存在，满足了受众多元化的观赛需求。这些虚拟形象在赛事的宣传推广中发挥了不可或缺的作用，而它们 7×24 小时不间断工作的能力也成为人类所无法比拟的优势。

---

① 《XR 玩转世界杯，PICO、Nreal 开战》，腾讯网，2022 年 11 月 30 日，https：//new.qq.com/rain/a/20221130A02LOA00。

② 高慧敏、殷乐：《智媒时代新闻场域身体"在场"与"离场"问题考——基于智能化新闻实践的考察》，《西安交通大学学报》（社会科学版）2020 年第 2 期，第 131~138 页。

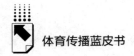

"真人即在眼前"的视觉盛宴,"呼吸即在耳边"的实时交互是虚拟现实技术不断发展的终极目标,在北京冬奥会与卡塔尔世界杯中我们领略了数字技术的发展与突破,看到了智能传播的强大。

2. 新闻场域中的"在场"

沉浸式体验所带来的改变,不仅在于观赛,也让新闻生产方式有了极大的突破,新闻工作者的数字化身和运动员的数字化身突破异地限制,同时解决了传统异地直播的延迟、环境复杂等问题,使双方异地但同时在场的直播采访成为可能。

技术的发展总伴随对技术的担忧,正如上文所述,虚拟现实所带来的"身体在场"是一种技术形态的身体在场,物质身体在未来发展中长期缺席是一部分学者所担忧的问题,而目前来看,这种缺席对于新闻传播从业者的影响更为明显。智能化技术以迅雷不及掩耳之势进入新闻场域,各种技术具身的出现倒逼媒体工作者身体的感知体验脱离新闻生产过程①。从北京冬奥会与卡塔尔世界杯的各项技术突破中我们也可以发现,虚拟现实已经是一个不可逆的发展趋势,在经历了"离线""在线"这两个阶段的人类传播活动的典型状态之后,我们正在快速进入"在场"阶段,人类与场景之间的关系正在走向回归,但是这种回归并非传统意义上物质身体与环境的交互,而是一种技术身体的无时不在、无处不在。

智能技术与人类之间相互交织的关系,造成了人类媒介活动技术化、技术发展人性化,正如现在的智能手机于人类而言,不再只是一种工具,而已经成了生活的一部分和人类身体的一部分。以上的媒介理论为我们进一步地理解智能技术在大型体育赛事传播中的应用与作用提供了全新、全面以及深刻的视角,也为媒体从业人员更好地进行智能传播提供了理论基础。

---

① 高慧敏、殷乐:《智媒时代新闻场域身体"在场"与"离场"问题考——基于智能化新闻实践的考察》,《西安交通大学学报》(社会科学版)2020年第2期,第131~138页。

四 结语

　　智能科技加持的冬奥会与世界杯赛场不仅带给了我们美的享受、激情的释放，更使智能传播离我们更近了，促使我们正视新闻生产的变革、观赛体验的升级，思考智能科技对于大型体育赛事传播的影响。记者在场、虚拟在场、观赛场景从二维到三维，既是对人的感官的延伸，也是现有技术对以往技术的补偿，更是围绕身体这一传播中心的界限的突破。

国际借鉴篇
International Sports Communication

B.15
国际体育传媒新格局及其理论阐释*

魏 伟　陈新进**

摘　要： 2022年北京冬奥会的成功举办让中国体育传媒在国际新格局中获得了一定的国际话语权，并且占据重要位置。国际体育流媒体的竞争日趋激烈，体育内容生产与传播向纵深发展。体育媒介技术的革新显著，一些社会议题对国际体育传媒格局具有可见的影响。女性体育运动与女性体育参与者地位的提升、体育与政治媾和的滥觞以及种族议题在体育领域的发酵都是国际体育传媒新格局的组成因素。在对国际体育传媒新格局的探讨中，数字和社交媒体所带来的社会关系的深刻变革是不可或缺的部分。

* 本文系国家社科基金重大项目"新时代媒体融合推进北京冬奥精神的传播研究"（22&ZD314）、"新时代体育全媒体传播格局构建研究"（21&ZD346）子课题"全媒体时代体育国际传播的理论与实践"，以及国家社科基金项目"中国体育文化符号的全球化传播研究"（21BTY016）的阶段性成果。

** 魏伟，北京外国语大学国际新闻与传播学院教授、博士研究生导师，国际体育传播与外交研究中心主任。国家社科基金重大项目首席专家。SSCI期刊《广播电视与电子媒介学刊》和ESCI期刊《国际体育传播研究》编委会委员，在国内外重要学术期刊发表论文近80篇，主持和参与国家社科基金项目7项。陈新进，北京外国语大学国际新闻与传播学院博士研究生。

关键词： 国际体育传媒　生态流变　技术革新

　　体育与传媒的关系在全球化时代被寄予了很高的期望，用澳大利亚学者洛弗（David Rowe）的观点来说，就是"通过媒介实现体育全球化，通过体育实现媒介全球化"①。虽然曾被寄予厚望的全球化 4.0 时代受到了新冠疫情的严重影响，但学者韦斯特比克（Hans Westerbeek）提出的体育全球化 4.0 时代②仍在延续。虽然去全球化甚至反全球化的呼声此起彼伏，但从体育全球化 1.0 到 3.0 时期，由体育用品生产商、赞助商、职业体育俱乐部主体、博彩公司以及体育媒体建构出的"泛体育产业共同体"，即美国学者安德鲁斯（David Andrews）近几年一再提出的"超级体育"（Uber-sport）③ 概念至今依然牢不可破。"超级体育"诞生于全球经济新自由主义语境中，成长于德国学者韩炳哲提出的"超文化性"而非"跨文化性"④ 环境中，发展于笔者等提出的"深度体育媒介化"⑤ 的特殊历史时期，被打上了深刻的职业体育美国中心主义的烙印，它与具有欧洲中心主义传统的国际奥委会、国际足联等当今最有影响力的几大体育组织现行的运营和管理模式并行不悖。土耳其学者萨乌索戈鲁（Selçuk Bora Çavuşoğlu）等指出，新冠疫情对于全球体育传播的破坏是全方位、结

① Rowe, D., "Global sport television: Seamless flows and sticking points," in Shimpach, S., ed., *The Routledge Companion to Global Television* (New York: Routledge, 2020), pp. 203-213.

② Westerbeek, H., "Globalisation and the economics of sport business," in Joseph M., Liston K. and Falcous M., eds., *The Palgrave Handbook of Globalization and Sport* (London: Palgrave Macmillan, 2021), pp. 249-270.

③ Andrews, L. D., "Uber-sport," in Butterworth M., ed., *Communication and Sport* (Berlin: De Gruyter Mouton, 2021), pp. 275-291.

④ 〔德〕韩炳哲：《超文化：文化与全球化》，关玉红译，中信出版集团，2023，第 65~69 页。

⑤ 魏伟、尚希萌：《体育媒介化：从媒介体育到体育重大事件》，《上海体育学院学报》2021 年第 7 期，第 44~57 页。

构性的，让不可预期性和不可控性都大幅提升①。笔者等也提出，新冠疫情让全球体育传播呈现了去全球化、去商品化和半媒介化的新趋势②。这些新现象和新趋势让全球体育媒体格局也随之发生变化。

随着新冠疫情在全球范围内逐渐减缓，全球体育传播乃至体育产业正在全面复苏。2022 年恰逢体育大年，冬奥会、世界杯等体育重大事件分别在中国和卡塔尔等国家举行。俄乌冲突让全球体育政治格局进一步发生变化。在经济领域，2022 年的全球体育受众消费已经愈发向 YouTube、Twitter、Instagram 和 TikTok 等新媒体平台倾斜，并且与社会政治事件紧密联系在一起③。这一系列复杂的国际新形势和新格局使得从疫情中逐渐复苏的 2022年成为国际体育媒体格局从量变逐渐转入质变的重要年份。本文以 2022年度国际体育重大事件、典型案例及行业动态为观察对象，以期洞见国际体育传媒的崭新格局。

一　2022年北京冬奥会与中国体育传媒的崛起

正如美国人类学家包苏珊（Susan Brownell）所指出的，体育一直是中国走向全球化的核心，它提供了一个镜头，让人们目睹中国为了融入全球社会所经历的挣扎和创伤，以及全球化所带来的财富和快速的社会变革④。北京作为奥运史上首个"双奥之城"，2022 年北京冬奥会的成功举办毫无疑问

---

① Çavuşoğlu, S. B., & Üsküplü, M., "Sports communication in the COVID-19 period," in Ersöz G. and Yenilmez M. I., eds., *Sport Management*, *Innovation and the COVID-19 Crisis* (London: Routledge, 2023), pp. 41-50.

② Wei W., & Li S. Y., "De-globalization, de-commercialization, and semi-mediatization: The influence of COVID-19 on global sport communication," in Pederson P., ed., *Research Handbook on Sport and COVID-19* (Cheltenham, UK: Edward Elgar, 2022), pp. 88-98.

③ Ludvigsen, J. A. L., & Pedersen-Wagner, R., *The UEFA European Football Championships: Politics, Media Spectacle and Social Change* (London: Routledge, 2023), p. 2.

④ Brownell, S., "China, sport, and globalization," in Maguire, J., Katie, L. and Falcous, M., eds., *The Palgrave Handbook of Globalization and Sport* (London: Palgrave Macmillan, 2021), pp. 157-180.

被列为 2022 年国际传媒重大事件之一。按照瑞士学者马丁·穆勒的观点，冬奥会是仅次于巨型事件（giga-event）夏季奥运会，与国际足联男足世界杯、世博会、亚运会等并列于第二层级的重大事件（mega-event）①。根据国际奥委会援引中央广播电视总台公布的数据，仅总台一家媒体的全媒体触达受众就达 628.14 亿人次，超过了 2020 东京奥运会公布的全球总量。由于冬奥会长期被认为是夏奥会的"表亲"，因此这一数据在某种程度上甚至可能改写夏奥会与冬奥会之间传统的媒体受众对比。由于在传播影响力和转播技术上的非凡贡献，国际奥委会主席巴赫在北京冬奥会尚未结束的 2 月 15 日，就将"国际奥委会主席奖"授予中央广播电视总台台长慎海雄，这是全球媒体人第一次获此殊荣②。国际奥委会的官方报告显示，2022 年北京冬奥会的全球电视观众总数超过 20 亿人次，观众累计观看 7130 亿分钟的奥运报道，北京冬奥会的全球电视观众总数和观众累计观看时长比 2018 年平昌冬奥会分别增长了 4.7% 和 17.6%③。2022 年底，美国 ABC 及 ESPN 等媒体都将 2022 年北京冬奥会评选为年度体育新闻事件之一，可见它受到了国际体育传媒业的重视。

值得一提的是，北京冬奥会期间，以中央广播电视总台领衔的中国体育媒体进一步提高了自身的国际传播影响力，逐渐改变着国际体育传媒的格局。中央广播电视总台整合央广网、国际电视台、数字广播电台、央视频等全媒体资源，实现了北京冬奥会的纵深传播，采用了"5G+4K/8K+AI"组合技术，实现了多项传播创新。

与此同时，通过对北京冬奥会的宣传报道，中国体育媒体的国际话语权和国际形象也得到了提升。新华社、中央广播电视总台、《中国日报》等媒

---

① Müller, M., "What makes an event a mega-event? Definitions and sizes," *Leisure Studies*, 2015（34），pp. 627-642.

② 魏伟：《中央广播电视总台北京冬奥会国际传播影响力研究》，《中国广播电视学刊》2022年第 4 期，第 27~30 页。

③ IOC, "IOC Marketing Report Beijing 2022," IOC website, ［2022-10-21］，（2023-03-01），https://stillmed.olympics.com/media/Documents/Olympic-Movement/Partners/IOC-Marketing-Report-Beijing-2022.pdf：29.

体在报道北京冬奥会时能够传递中国声音、回应外界关切。在报道谷爱凌、苏翊鸣等冠军运动员的同时，媒体也关注 1 个人参加 6 项冬奥比赛的孔凡影、首次参加冬奥会的"00 后"运动员赵嘉文等，将中国体育的整体群像展示给全球观众。面对外交抵制和部分媒体的污名化，中国体育媒体采用兼具温度和深度的话语方式回应误解，让世界看到中美两国运动员在冰壶赛后互赠礼物等体现人类命运共同体精神内涵的赛场时刻。总而言之，2022 年北京冬奥会中国体育媒体兼顾了国内传播和国际传播两个场域，其中体育国际传播能力的提升体现为体育国际传播影响力、中华体育文化感召力、中国体育形象亲和力、中国体育话语说服力和中国体育国际舆论引导力"五力"的全面飞跃[①]。

通过在北京冬奥会上的历练，除了国家级媒体在国际体育传媒业异军突起之外，以抖音、快手、微博、TikTok 等为代表的移动数字媒体也成了中国体育传媒崛起的重要部分。它们以不同方式介入北京冬奥会的国内和国际传播。北京冬奥会期间，TikTok 设置了北京冬奥会专属内容中心，发起 Olympic Spirit 等多个冬奥主题标签挑战，用数字互动的方式将冬奥运动员与观众联结在一起。快手作为北京冬奥会的持权转播商，对赛事进行了全场次点播，充分利用平台短平快的传播优势，在提高北京冬奥会传播声量的同时积累了丰富的大型体育赛事传播经验。除了讲述冬奥会赛场内的故事外，快手还推出了系列短片《二十》讲述平凡人物的冬奥故事。其中，因北京冬奥会而成为崇礼民宿酒店老板娘的小乐的真实故事，让人们感受到了北京冬奥会"一起向未来"的精神。这些媒体与主流媒体戮力同心，使北京冬奥会得以尽数呈现精彩，也让中国体育传媒成为 2022 年国际体育传媒业不可或缺的一部分。

加拿大学者希克斯（Heather Sykes）认为，现代体育的历史记录了西方帝国主义、殖民主义、军国主义和资本主义是如何成为当代奥运会的核心支

---

① 魏伟：《提升中国体育国际传播"五力"的路径》，《成都体育学院学报》2022 年第 1 期，第 21~25 页。

柱的。国际奥委会等体育组织带有明显的欧洲中心主义和美国中心主义色彩。西欧殖民国家的理论家们创造现代"奥林匹克神话"实质上是在使其殖民化获得"文明化"的合法性①。非西方国家和地区在参加奥运会等各项活动和比赛时，不仅要与"对手"竞争，还要同"隐性"的制度和体系较量，这对于在经济和社会发展中处于后发位置的非西方国家和地区是不利的。

体育传媒业也是如此。奥运会最大的持权转播商（最近 20 多年是美国 NBC）不仅拥有所有项目和场地独立的转播和报道团队，还以使美国受众在本国收视的"黄金时间"观赏重要比赛项目为由，享有赛事日程安排的优先选择权，为美国体育代表团的一些优势项目争取足够多的话语权。2000 年悉尼奥运会之后，国际奥委会成立的奥林匹克转播服务公司 OBS，以西方体育媒体人为核心，通过"套餐"模式大致确定了每届夏季奥运会和冬季奥运会各个项目的转播机构。20 多年来，以中央广播电视总台为代表的非西方国家体育媒体通过自身的不断努力，在奥运会的转播中不断获得新的项目和份额，并且在转播技术上不断开拓创新，从而赢得更多的体育媒介话语权。央视的奥运转播史从 1984 年洛杉矶奥运会时以较低的价格从亚广联购买转播权，在香港制作节目信号，到 1992 年巴塞罗那奥运会的现场制作，再到 2008 年北京奥运会开始直接从国际奥委会购买电视转播权，再到今天单独购买转播权和报道权，享有部分项目和场馆独家机位拍摄和采访的权利，也通过由此获得的媒介话语权让中国体育代表团的部分优势项目得以在国内黄金时间播出②。2022 年北京冬奥会期间，中央广播电视总台承担了开闭幕式及速度滑冰、单板滑雪等多项赛事的 8K 公共信号制作，参与了冬季两项等赛事的技术支持保障工作，出色地完成了各项任务。奥林匹克转播服

---

① Sykes, H., "Globalization or coloniality? Delinking from the roving colonialism of sport mega-events," in Maguire, J., Listion, K. and Falcous, M., eds., *The Palgrave Handbook of Globalization and Sport* (London: Palgrave Macmillan, 2021), pp. 133-155.

② 魏伟：《中央广播电视总台北京冬奥会国际传播影响力研究》，《中国广播电视学刊》2022 年第 4 期，第 27~30 页。

务公司时任首席执行官埃克萨科斯（Yiannis Exarchos）指出："中央广播电视总台是全世界最优秀的持权转播商。总台已经是全球最具有前瞻性和能力最强的转播商，无论是技术创新、数字科技，还是4K/8K的转播技术应用，我认为总台目前在全球范围内都处于领先地位。"① 这无疑是对中国体育媒体影响力的直接认可。可以说，2022年北京冬奥会标志着中国体育媒体已经正式步入体育重大事件传播矩阵中的先进行列。

二 体育媒介生态流变和技术革新对体育传媒格局的影响

2022年，体育媒介生态的变化与体育媒介技术的革新对国际体育传媒格局产生了重大影响，甚至对国际体育传媒格局的重新划定都会产生不可估量的影响。

（一）体育流媒体竞争的日趋激烈

流媒体平台参与体育内容生产并不新鲜，脸书、苹果、亚马逊、谷歌等早已开始布局体育流媒体，但2022年是流媒体平台大踏步进入体育领域的一年。2022年3月，苹果公司以8500万美元的价格买下美国职业棒球大联盟MLB周五棒球夜的转播权，在美国、加拿大、日本、英国等9个国家的Apple TV+上直播MLB的赛事。同年6月，苹果公司宣布与美国职业足球大联盟MLS达成为期10年价值25亿美元的合作，获得了MLS的独家流媒体转播权。同年9月，苹果公司旗下音乐流媒体服务Apple Music与美国职业橄榄球大联盟NFL达成多年合作关系，取代百事公司成为NFL"超级碗"

---

① 王小节、翟壮、陈宝善等：《奥运会主转播商点赞"猎豹"、4K/8K转播技术 期待与总台"一起向未来"》，央视新闻客户端，2022年2月17日，http://content-static.cctvnews.cctv.com/snow-book/index.html? toc_style_id = feeds_default&share_to = wechat&item_id = 15880834642511950172&track_id = 3EEBEF0E - EF5A - 4FC6 - B6AA - A95161C490AD_666785968994。

中场秀冠名赞助商。随之而来的是苹果公司对体育传媒人才的招聘，苹果公司自 2022 年以来发布了体育制作设计师、高级体育记者、体育节目编选策略师等多个招聘岗位。作为世界一流的科技公司，苹果公司在体育领域一系列的流媒体布局无疑将对全球体育传媒生态产生影响，尽管这种影响从长期来看不可预知。互联网技术和流媒体技术，是既有传媒生态的搅局者和破坏者，又是未来传媒生态的引领者和建立者①。在苹果公司与 MLB 的合作中，苹果公司除了提供比赛直播外，还推出了赛后复盘栏目《本周 MLB》、青年人物与文化节目《玩球》以及各类联赛纪录片等丰富的体育赛事内容。类似的流媒体内容或将引发国际体育传媒领域的资源重置、技术更新及生态变革，使体育内容生产与传播方式发生肉眼可见的流变。对国际体育传媒业来说，苹果公司斥巨资进军体育领域无疑是值得持续关注的。

相比于苹果公司，亚马逊是较早布局体育流媒体内容的巨头公司之一。早在 2017 年，亚马逊旗下流媒体平台 Prime Video 便开始转播 NFL 周四夜赛。2021 年，亚马逊与 NFL 续签了为期 11 年价值约 130 亿美元的转播合同，这是 NFL 首次将完整"转播包"独家授权给流媒体平台。亚马逊也曾为英超联赛、ATP 巡回赛、WTA 巡回赛、美国职业女子篮球联赛（WNBA）及法甲联赛等赛事提供包括赛事直播、纪录片制作及互动游戏制作等流媒体服务。可以说，亚马逊无论是在体育赛事转播，还是在原创体育内容生产、数字化参与互动方面都已颇具规模。2022 年 9 月，亚马逊的体育流媒体实践获得了突破，在 Prime Video 上独家播出的 NFL 赛季第一场周四夜赛大获成功，亚马逊高管之一马林（Jay Marine）表示，"这场比赛在 3 个小时内吸引的 Prime 注册用户的数量创下纪录，甚至超过了黄金日或其他大型购物日（如黑色星期五和网络星期一）"②。尼尔森电视收视率数据显示，2022 年

---

① 徐清泉：《流媒体时代：新闻传播学应当研究的几个重要问题》，《新闻与传播研究》2018 年第 S1 期，第 103~104 页。

② Palmer, A., "Amazon memo says 'Thursday Night Football' drew record number of prime signups for a 3-hour period," CNBC, [2022-09-20], (2023-03-01), https://www.cnbc.com/2022/09/20/amazon-thursday-night-football-nfl-stream-draws-record-prime-signups.html.

亚马逊 Prime Video 上的前三场周四夜赛所吸引的观众人数（分别为1300万人、1100万人和1170万人）明显多于2021年仅在 NFL 电视网上播出的7场周四夜赛①。这些不仅是亚马逊长时间深度介入体育流媒体的成绩，更是体育流媒体观赛不断普及和球迷内容消费方式改变的证明。同年10月，NFL 宣布将于2023年黑色星期五在 Prime Video 上新增一场节日比赛，这意味着 NFL 的赛程有可能因为流媒体转播而做出改变。此外，亚马逊先后与MLB 的纽约洋基队和 WNBA 的西雅图风暴队达成合作，将为这些球队提供流媒体服务。这种细分到个别球队的媒体合作将对体育球队的传播影响力和体育传媒的未来方向带来何种影响，有待进一步观察。

2022年大举进入体育传媒业的非传统体育平台并非只有苹果和亚马逊，谷歌旗下的 YouTube 获得了《NFL 周日门票》（*NFL Sunday Ticket*）赛事的流媒体转播权。

与此同时，传统体育传媒也不甘于原地踏步，在稳固传统优势地位的同时尝试媒体融合，力争在融媒体2.0时代与时俱进。康卡斯特公司旗下的NBC 集团流媒体 Peacock 与 MLB 签订了一份为期两年的价值6000万美元的版权协议，获得了18场 MLB 周日夜赛的转播权。哥伦比亚广播公司 CBS 旗下的流媒体平台 Paramount+获得了欧洲冠军联赛自2024—2025赛季起为期6年的转播权和报道权。迪士尼公司旗下 ESPN 的流媒体平台 ESPN+，多年来已经持有德甲联赛、NHL、美国大学生篮球联赛（NCAA）等多项赛事的转播权，在2022年也续签了英格兰联赛杯、世界一级方程式锦标赛（F1）等赛事的转播权。

从国内来考量，抖音、快手及咪咕等流媒体平台给传统体育平台带来的竞争也不容小觑，几大流媒体平台在2022年北京冬奥会和2022年卡塔尔世界杯等赛事期间不仅斥重金购买赛事直播权或点播权，推出了丰富的周边内容，还"试图建构新的国内体育传媒生态圈"。抖音和快手发布的2022年

---

① 尼尔森 NPOWER：《体育直播正向流媒体服务发展，观众已做好准备》，Nielsen，2022年10月15日，https://www.nielsen.com/zh/insights/2022/live-sports-are-headed-to-streaming-services-and-audiences-are-ready/。

北京冬奥会的视频总播放量分别达到 1645 亿次和 1544.8 亿次①，这些数据都是空前的。

围绕体育流媒体的传统媒体与新媒体之间的竞争愈发激烈，这种竞争带来的体育传媒生态格局的流变还将持续。2022 年 5 月底，ESPN＋融合增强现实、全息投影、发球机器人及 Epic Games 开发的游戏引擎等技术，转播了一场传奇网球运动员约翰·麦肯罗（John McEnroe）与年轻的虚拟自己对决的赛事，技术造就了一个在性格、打球动作及说话都与青年麦肯罗相似的虚拟人物。流媒体平台的技术创新创造新的转播可能性，类似的变化今后对体育传播的参与主体、内容呈现及生产等产生的影响，都是国际体育传媒业无法忽视的。

（二）体育内容生产与传播向纵深发展

2022 年国际体育传媒业的内容生产和传播呈现进一步纵深发展的趋势，这主要体现在两个方面：技术驱动的智能化新闻生产与传播，多元并进的体育内容形式。

作为新兴传播技术的早期实践者，体育传媒业一直没有停止对技术赋能体育新闻生产与传播的探索。喻国明指出，体育新闻生产与传播智能化是技术赋能后的一个漫长过程，体育新闻智能化发展呈现从网络化、数字化到智能化的路径②。从全球体育媒体现有的实践来看，体育新闻生产与传播的智能化已经更加明晰。2022 年，德国第二大私有电视公司 ProSieben 旗下的在线体育媒体 Ran.de 与人工智能公司 Hour One 合作推出的虚拟主持人，参与了德甲联赛和 2022 年卡塔尔世界杯的转播报道。这种新闻生产是让由 AI 技术与真人肖像相结合而推出的形象逼真的虚拟主播依照制作人编写的文本进行视频播报。中央广播电视总台融合 3D 数字人建模、语音识别及多模态交

---

① 孙冰：《从大屏到小屏再到无屏……这届世界杯，"看"起来不一样》，百度百家号，2022 年 11 月 21 日，https：//baijiahao.baidu.com/s？id＝1750077634719984935&wfr＝spider&for＝pc。

② 喻国明：《人工智能的发展与传媒格局变化的逻辑》，《新闻与写作》2016 年第 2 期，第 1 页。

互等技术打造了仿真 AI 手语翻译官"聆语",它在 2022 年北京冬奥会期间提供了优质的手语翻译服务。这些尝试不仅用机器生产改变了传统内容生产方式,也为人机共生的体育新闻智能化发展提供了新的想象空间。利用智能设备辅助体育内容生产的尝试也在高尔夫球场上出现,2022 年 2 月,美国职业高尔夫球巡回赛利用时速 160 公里的无人机拍摄了高尔夫球运动员麦克罗伊(Rory Mcllroy)的挥杆练习,结合后期音视频技术以 4K 画面呈现了高尔夫球从起到落的整个弧线和过程。在 TikTok 平台上,这个时长 31 秒的视频获得了 750 万次播放量[①]。利用无人机进行体育转播的方式在 MLB、NHL以及卡塔尔世界杯等场景中都已经开始进行实践,新型设备的引入弥补了传统内容生产视角的不足,为体育内容的采集和生产提供了新素材。NBC 与可穿戴设备公司 Head Vantage 达成合作,尝试使用搭载眼动追踪等技术的头盔,以运动员第一视角记录并传播体育画面。这种以人本身为媒介的体育内容生产方式在 2022 年已经越来越多出现,虽然技术在体育内容生产中的运用有其现实局限性,但这些新变化本身是值得关注的。

2022 年,国际体育传媒内容以更加多元的方式呈现给观众。短视频在其中依旧是值得重点关注的内容形式,轻量化的视听内容被普遍运用在体育新闻的报道之中。快手点播 2022 年北京冬奥会,抖音直播 2022 年卡塔尔世界杯,各大体育联盟和球队纷纷在 TikTok、抖音、快手等短视频平台上进行内容发布和传播……这些事实证明了短视频在国际体育传媒业界的重要性不容小觑。

国际足联在 2022 年 4 月正式推出 FIFA+流媒体平台,为球迷提供足球赛事直播、比赛回放和各类纪录片等内容。卡塔尔世界杯期间,FIFA+首次在巴西直播了世界杯赛事,并与巴西足球运动员罗纳尔多联合推出了包括独家访谈在内的原创内容。同时,FIFA+通过虚拟现实技术为现场球迷提供了智能观赛体验,用户在手机屏幕上点击任意球员时,就能看到球员的个人资

---

① Pgatour, "Drone ＊shots＊ with Rory at Riv," TIKTOK, [2022-02-17], (2023-03-01), https://www.tiktok.com/@pgatour/video/7065744170090237231.

料、比赛数据及跑动热点图等实时数据。体育赛事内容以流媒体形式实时转播,不仅丰富了国际体育传媒生态,也提高了观众数字化参与的程度。除了FIFA官方的流媒体平台以外,抖音也成为2022年卡塔尔世界杯持权转播商,是首个获得世界杯直播版权的短视频平台。世界杯期间,抖音提供了不同机位的超高清赛事直播,邀请孙继海、谢晖、范志毅、武磊、管泽元等解说赛事,围绕世界杯推出"全抖音都在为梅西加油""世界杯半决赛现场响起孤勇者"等热榜话题,充分利用平台传播资源进行世界杯的内容生产和互动,为球迷提供了个性化的观赛体验。根据抖音提供的数据,2022年卡塔尔世界杯在抖音的累计观看人数达到106亿人次,决赛直播观看人数超过2.3亿人次,最高同时在线人数达到3706万人次[①]。相比于中央广播电视总台发布的数据,世界杯期间全媒体受众规模是9.19亿人次,全球每天受众总触达254.27亿人次[②]。虽然这组数字能够说明"奇点"尚未来临,但抖音等短视频平台直播世界杯的尝试为体育传媒的未来发展提供了新路径。

体育短视频打破了传统线性叙事方式,能够以"短平快"的方式对体育内容进行分类个性化展示,从而始终吸引受众的注意力。2022年卡塔尔世界杯期间,梅西终捧冠军奖杯的经历、姆巴佩力挽狂澜的赛场表现、卡塔尔小王子输球时的沮丧、内马尔世界杯舞步挑战等相关内容的热门短视频分别对应着经典回顾、精彩集锦、赛场花絮、线上互动等多个类别的体育内容,不同议题在短视频这一场景中都找到了自己的受众。可以说,体育短视频的发展代表着当前体育传播的视听转向,创造了平台用户参与制作和分享体育内容的新传播场景[③]。

在短视频大行其道的同时,具备深度叙事能力的长视频纪录片也在

---

① IT之家:《抖音:2022世界杯累计直播观看人次达106亿》,百度百家号,2022年12月21日,https://baijiahao.baidu.com/s? id=1752783778470242741&wfr=spider&for=pc。

② 《9亿用户! 59亿小时! 254亿人次! 卡塔尔世界杯总台传播效果盘点》,"中央广播电视总台总经理室"微信公众号,2022年12月20日,https://mp.weixin.qq.com/s/-RSu2D85lwbh5zC2ljHAyA。

③ 柳帆、李岳峰:《体育短视频:体育传播的视听转向与场景延伸》,《中国出版》2022年第13期,第63~67页。

ESPN、奈飞、腾讯视频、亚马逊等平台上播出。奈飞公司（Netflix）虽然目前没有试水体育赛事直播，但在2022年陆续推出了《美洲足球俱乐部：战胜自己》（*Club América vs Club América*）、《救赎之队：2008奥运男篮梦》（*The Redeem Team*）和《揭底国际足联》（*FIFA Uncovered*）等多部卖座的体育纪录片。2023年，奈飞公司宣布将与FIFA+合作推出有关2022年卡塔尔世界杯的纪录片，讲述32支参赛国球队的幕后故事与展示独家镜头资料。除此之外，《菲戈往事：改变足坛的世纪转会》（*The Figo Affair：The Transfer that Changed Football*）、《内马尔：完美乱局》（*Neymar：The Perfect Chaos*）和《孤注一掷：阿森纳》（*All for Nothing：Arsenal*）等体育纪录片不仅是对体育赛事和人物的展示，更揭示了体育纪录片与当代社会现实之间的复杂关系①。

体育播客的持续火爆也是2022年国际体育传媒行业的现象之一。以NBA金州勇士队球员格林开设的《追梦格林秀》（*The Draymond Green Show*）为代表的明星体育播客也丰富了2022年的体育传媒内容。虽然播客早已作为一种内容形式出现在体育传媒业，但格林从现役球员视角分享镜头之外的比赛状况、与NBA球星连线对话，这种内容呈现方式不仅是传统直播内容的补充，也将运动员本身置入了内容生产与传播流程之中。

另外，优质文字内容并没有因为体育传播的视听转向而消亡。2022年初，《纽约时报》（*New York Times*）以5.5亿美元的价格收购由众多一流体育媒体人供稿的体育新闻订阅网站The Athletic，并声明交易完成后The Athletic将继续作为一个独立网站进行运营②，这一事件证明了垂直体育文字内容的价值。

此外，互动式的体育内容生产与传播也在不断发展。一方面，前置用户意识是内容制作的重要前提，用户的关注与转发正在影响用户所能看见的内

---

① 贺幸辉：《多维学术视野下的体育纪录片研究》，《世界电影》2017年第5期，第156~161页。

② Hirsch, R., Draper, K., & Rosman, K., "New York Times Co. to Buy the Athletic for \$550 Million in Cash," *New York Times*, [2022 - 01 - 06], (2023 - 03 - 01), https://www.nytimes.com/2022/01/06/business/new-york-times-the-athletic.html.

容。ESPN 用推特来获取有关转播内容、技术应用等方面的实时反馈，并据此做出部分决策①。在转播 NFL 周一夜赛时，ESPN 转播团队往往会根据推特评论来决定第二屏幕体验的转播体验视角。另一方面，用户越来越多参与到体育内容生产与传播流程之中，与媒体合力构建体育传媒生态已成为事实。

（三）体育媒介技术的革新与随之而来的争议

迷恋技术、忽视对体育传媒技术的批判是近年来中国体育新闻传播学研究的一大顽疾②。飞速发展的传播技术自然是国际体育传媒格局发生变化的重要推动力，技术创新在体育传媒业界有着悠久的历史。广播电视、新媒体大量技术的"首发"仪式都被安排在奥运会、世界杯等重大体育事件上，这对于新兴技术在短时间内的推广是有利的。进入 21 世纪以后，媒介技术的迭代越来越快。首次运用于 2010 年南非世界杯和 2012 年伦敦奥运会的 3D 转播在下一届赛事转播中已经不再出现。VR 技术在 2018 年平昌冬奥会上首次亮相，但到了 2022 年北京冬奥会时就已经濒临淘汰了。

2022 年北京冬奥会上的媒介革新技术主要为奥林匹克转播服务公司在花样滑冰赛事转播中使用的超级慢动作摄像机和高山滑雪比赛中使用的运动传感器。此外，超高清（UHD）高动态范围（HDR）以及 5.1.4 沉浸式音频原生制作格式以及多种数字化观众参与的互动方式等在冬奥会传播史上都是首次启用。美国 NBC 在花样滑冰比赛转播中使用的运动员跟踪技术和单板滑雪比赛转播中使用的原始运动数据跟踪技术③也使转播更具有多样性和

① 李晨曦：《ESPN 收集转播反馈并优化观赛体验的第三屏幕——推特》，"THU 体育科技评论"微信公众号，2022 年 1 月 5 日，https：//mp. weixin. qq. com/s/kvd6LU2k6G9QFMsn4Bx＿ rg。

② 魏伟：《体育新闻传播学的学理探究与学科未来》，《上海体育学院学报》2023 年第 1 期，第 69~82 页。

③ 周玉龙：《北京 2022 冬奥会电视转播取得巨大成功的四个方面：科技应用、全球覆盖、虚拟互动和数字媒体》，"体育与转播"微信公众号，2022 年 2 月 24 日，https：//mp. weixin. qq. com/s/s7II1acb＿ M7CEgF60XBenA。

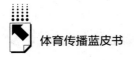

高科技特征。

2022 年卡塔尔世界杯是国际体育传媒业的又一重大事件。根据国际足联公布的数据，全球约有 50 亿人加入与卡塔尔世界杯的互动中。尼尔森的报告显示，社交媒体平台上有关卡塔尔世界杯的帖子高达 9360 万条，累计覆盖 2620 亿人次，互动量达到 59.5 亿次①。2022 年卡塔尔世界杯中出现了多个首次：世界杯首次在冬季且在中东地区举行；世界杯首次出现女性裁判员；世界杯首次启用半自动越位识别技术；首次有 3 支亚足联球队（日本、韩国、澳大利亚）闯入 16 强；全球及区域赞助项目首次全部售出。这些新的变化都是 2022 年国际体育传媒业所关注的内容，自然也是国际体育传媒业的组成部分。

在这些新变化中，技术在赛场上的运用与争议是最受体育传媒业关注的话题之一。2010 年南非世界杯上英格兰队球员兰帕德进球被主裁判判罚无效事件，促使国际足联理事会在 2014 年把门线技术（Goal-line technology）运用于判罚中。2018 年 3 月，国际足联将视频助理裁判技术（VAR）引入正式比赛中，希望该技术能够提升赛事公平性，但技术的运用反而引起更大的争议。丹麦学者弗兰德森（Kirsten Frandsen）等认为，VAR 技术不仅意味着足球制度自主性的进一步下降，还加剧了足球赛场上的不公平，并且使得裁判的权威从个体向集体移动而面临巨大挑战②。巴西学者安德雷亚（Carlos d'Andréa）等认为，社交媒体介入 VAR 判罚的讨论使得一些本来"清晰而明显"的判罚也会引起争议。体育的分层媒体化、党派性以及与技术的矛盾关系等，已经远远超出了公平裁判的问题③。此外，VAR 技术的使用对比赛流畅度的破坏以及对运动员状态的影响更是受

① FIFA, "One Month On: 5 billion engaged with the FIFA World Cup Qatar 2022," FIFA, [2023-01-19], (2023-03-01), https://www.fifa.com/tournaments/mens/worldcup/qatar2022/news/one-month-on-5-billion-engaged-with-the-fifa-world-cup-qatar-2022-tm.
② Frandsen, K., & Landgrebe, K., "Video assistant referee in a small-nation context: Intensified mediatization," *Communication & Sport*, 2020 (10), pp.811-829.
③ Andréa, C., & Stauff, M., "Mediatized Engagements with Technologies: 'Reviewing' the Video Assistant Referee at the 2018 World Cup," *Communication & Sport*, 2022 (10), pp.830-853.

到多方诟病。

时隔四年，VAR技术与首次在卡塔尔世界杯上启用的半自动越位识别技术SAOT一同陷入了技术是否真的能够带来公平的争议之中。SAOT技术由世界杯赛场顶部特制摄像机、比赛用球球内传感器以及人工智能分析系统三部分组成，能够依据准确的数据信息对比赛做出快速判罚。2022年卡塔尔世界杯首日揭幕战上，厄瓜多尔队在对阵东道主卡塔尔队的比赛第3分钟头球破门，但随即被SAOT判定无效。第三个比赛日，SAOT在阿根廷队对阵沙特阿拉伯队的上半场比赛中出场多达7次，3次"宣判"阿根廷队的进球无效。SAOT技术的运用遭遇了与VAR技术类似的诟病，甚至可能有过之而无不及：国际足联近年来一直鼓励进攻，但SAOT技术对于"毫米级"越位的锱铢必较与国际足联的这种"引导"南辕北辙，一些堪称"美妙"和"伟大"的进球被这一技术无情地取消，这使得裁判员不得不面临足球圈内人士和球迷情感上的"二次审判"。2022年卡塔尔世界杯期间，知名足球解说员黄健翔、段暄等人多次表达了对技术介入比赛的担忧，法国、德国及韩国等参赛国的部分媒体也都对VAR和SAOT技术的介入时机和判罚提出了质疑。VAR和SAOT等技术无法防止误判发生是其客观局限性之一，追求绝对公平的技术理性而破坏了比赛流畅性的事实也使得这些技术的运用受到了质疑。科学技术的使用基本上摧毁了传统足球在时间上的线性发展，使比赛被切割为各种情绪弥漫和节奏失控的碎片[1]。学者福切（Rayvon Fouché）直接指明，在体育与科学技术密不可分交织在一起之后，体育比赛就不再只是运动员之间的竞争，而是科学家和实验室技术人员之间的比赛[2]。同理，体育媒体之间的竞争已经演变为媒介新技术在体育赛事呈现和再现中的较量。当体育媒体技术已经"先进"和"公正"到可以反哺体育赛事本身的判罚时，安德鲁斯提出的由体育表演、超媒体状态和由之衍生的

---

① 魏伟：《后深度体育媒介化时代的符号现象学之思》，《符号与传媒》2022年第2期，第101~114页。

② Fouché, R., *Game Changer*, *The Technoscientific Revolution in Sports*（Baltimore: Johns Hopkins University Press, 2017）, p. 2.

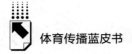

辅助元素所构成的根状茎结构的"超级体育集合体"（uber‐sport assemblage）① 概念就不难理解了。

当然，体育媒体技术的更新换代还是能够带来正面影响。2022 年卡塔尔世界杯主转播商 HBS 创新性地使用了背景虚化的"浅景深"拍摄效果来突出拍摄主体②。这在世界杯决赛转播中产生了良好的效果。2023 年初的澳大利亚网球公开赛和"超级碗"转播都继续使用这一技术。除此之外，HBS 在世界杯转播中将每场比赛的摄像机位标准定为了 42 个，较之前几届世界杯转播的机位有所增加，其中增加了正反向的超慢动作机位和无人机等多重视角。但是，辩证看，这一技术革新一方面能够提供丰富的赛事画面，另一方面，正向和反向机位呈现的画面可能相互矛盾的现实问题值得关注。西班牙学者贝尼特斯（Auto Benítez）明确提出，电视呈现的图像和 VAR 提供的图像"完全不是一回事"，二者提供的叙事经常是矛盾的③。西班牙学者希德（Manuel Sánchez Cid）等直指 VAR 系统重视频、轻音频证据的问题④，这些问题让这些新技术的实施遭到了民间、专家和足球界人士的否定。因此，寄希望于传播技术的更新换代能够给体育比赛带来"民主"和"公正"，是一种"乌托邦"式的幻想⑤。

在 2022 年底出现的 ChatGPT AI 产品不仅在短时间内创下了全球下载量

① Andrews, L. D., "Getting to the uber‐sport assemblage," in Maguire, J., Listion, K., and Falcous, M., eds., *The Palgrave Handbook of Globalization and Sport*（London：Palgrave Macmillan, 2021），pp. 59‐81.

② 周玉龙：《从卡塔尔世界杯公共信号制作的六个方面解析体育赛事转播未来发展趋势》，"体育与转播"微信公众号，2022 年 12 月 23 日，https：//mp. weixin. qq. com/s/tEbjze7We9F94oVKupJ6Eg。

③ Benítez, A., "Is it the same for the TV screen as for the VAR? Planning the use of cameras and replays to solve the controversy," in Armenteros, M., Benítez, A., and Betancor, eds., *The Use of Video Technologies in Refereeing Football and Other Sports*（New York：Routledge, 2020），pp. 39‐69.

④ Cid, M. S., & García, A. L. G., "The interaction between audio and the video assistant referee in football," in Armenteros, M., Benítez, A., and Betancor, eds., *The Use of Video Technologies in Refereeing Football and Other Sports*（New York：Routledge, 2020），pp. 70‐85.

⑤ 魏伟：《后深度体育媒介化时代的符号现象学之思》，《符号与传媒》2022 年第 2 期，第 101~114 页。

的高纪录，也让学界对红透半边天的"元宇宙"的讨论即刻降温，转而谈论这一爆款产品。AI 介入体育传媒界已有近十年，多家国内外传统媒体和新媒体早已开始使用 AI 制作体育新闻，2022 年卡塔尔世界杯期间，以色列体育科技公司 WSC 利用 AI 和机器学习技术，帮助南非 Super Sport、荷兰 NOS 等体育媒体制作赛事集锦。中央广播电视总台央视频也与 WSC 合作，在卡塔尔世界杯期间进行 AI 智能剪辑生产短视频[①]。AI 技术深度融入体育媒体产品生产，印证了学者科尔（Roslyn Kerr）使用行动者网络理论（ANT）考察体育与科技之间的关系[②]后提出的观点：在体育领域，人类与非人类的技术元素结合在一起可以创造大于纯粹人类元素的组合。这是当代体育与科技结合的又一个"反讽式"的例证[③]，而且，这种技术能够在多大程度上取代传统的体育新闻工作者，实际上取决于人类自己。

令不少学者担心的是，急速"蹿红"的 ChatGPT 目前不过是 AI 技术发展的阶段性成果，AI 的升级换代产品只会具备更强的深度学习和思维能力。学者吴冠军甚至悲观地指出，无论 AI 是否会有意识，都不影响"人类世"进入边缘的前景，即使拥有意识的"无机生命""硅基生命"不会成为现实，半人半机器的"赛博格"也会充分利用 AI 快速更新迭代，甚至成为一种全新的"碳基生命"[④]。量子计算机和脑型计算机等 AI 的研发更是使计算机超越全人类成为可能[⑤]。

日渐强大的 AI 不仅可能会在不久的将来取代体育记者编辑、体育经纪人甚至教练员、裁判员，而且会带来部分人机之间的伦理问题。正如学者布

---

① ECO 氪体：《短视频时代下的世界杯转播，AI 科技正在走向 C 位》，百度百家号，2022 年 12 月 30 日，https://baijiahao.baidu.com/sid=17540618022584768 76&wfr=spider&for=pc。

② Kerr, R., *Sport and Technology：An Actor-network Theory Perspective*（Manchester：Manchester University Press, 2016）, pp. 52-54.

③ Mcdonald, M. G., & Sterling, J. J., "Sport, science, and technology," in WENNER, A. L., ed., *The Oxford Handbook of Sport and Society*（New York：Oxford University Press, 2023）, pp. 438-457.

④ 吴冠军：《陷入奇点：人类世政治哲学研究》，商务印书馆，2021，第 567 页。

⑤ 〔日〕山中伸弥、羽生善治：《人类的未来，AI 的未来》，丁丁虫译，上海译文出版社，2022，第 63~64 页。

雷迪（Chris Brady）等提出的，诸如 ChatGPT 这样的人工智能产品还会不断升级迭代，它们不仅会对体育运动本身带来革命性的影响，还会对体育运动商业模式和支持这种模式的企业产生影响①。AI 技术研发的初衷是为人类带来更好的未来。学者赵汀阳担心，"要命的不是人工智能统治世界，而是人可能先亡于它创造的一切好事"②。如果人类被具备深度学习和思维功能的 AI 技术反控制，大局面反讽就在所难免。

三　社会议题对国际体育传媒格局的影响

有关性别、民族、国家认同等领域的社会议题也是当代国际体育传媒格局的重要影响因子。

（一）女性体育运动与女性体育参与者地位的提升

2022 年，女性体育运动和女性体育参与者的地位得到了显著提升。女性赢得了比以往更多的媒体关注。国际奥委会的报告显示，北京冬奥会是迄今为止性别比例最均衡的一届冬奥会，女性运动员的比例达到创纪录的 45%③。英格兰队对阵德国队的女足欧洲杯决赛的现场观众高达 87192 人，创造赛事观赛的历史纪录。巴塞罗那队对阵沃尔夫斯堡队的女足欧冠半决赛的现场观众达到 91648 人，打破女足赛事到场观众纪录④。这一系列纪录的诞生反映了女性体育运动正日益得到认可、受到追捧。

2022 年 1 月至 7 月，BBC 一台、BBC 二台、BBC 第四频道、ITV 和天

---

① Brady, C., Tuyls, K., & Omidshafiei, S., *AI for Sports*（Abingdon：CRC Press, 2022），pp. 137-140.

② 赵汀阳：《人工智能的神话或悲歌》，商务印书馆，2022，第 136 页。

③ IOC, "Women at the Olympic Winter Games Beijing 2022 - All you need to know," IOC, ［2022-02-07］,（2023-03-01），https：//olympics. com/ioc/news/women-at-the-olympic-winter-games-beijing-2022-all-you-need-to-know.

④ "Biggest Women's EURO crowds：2022 finals the best attended ever," UEFA, ［2022-07-31］,（2023-03-01）, https：//www. uefa. com/news/0276-15748cb0ba74-f342af5f57b8-1000--attendance-record-smashed/.

空体育主要赛事的报道时间有 16% 用于女子体育，而 2021 年仅为 9%①。2022 年，女性体育流媒体体育网（the Women's Sports Network）成立，提供 24 小时的女性原创节目、比赛、纪录片等服务。该网已经与 WNBA、女子足球联盟、女子职业高尔夫协会、世界冲浪联盟等建立合作关系，从 2023 年 1 月开始转播比赛②。早在 2019 年，英国《每日电讯报》就在第一位女性体育编辑凯塞尔（Anna Kessel）和副主编霍奇（Vicki Hodge）的努力下，在体育版和网站上推出了一个专门报道女性体育的栏目。BBC 体育也在这一年在其所有媒体网站上推广了"改变比赛"这一议题，专门报道女性体育运动③。这些具有典型女性专属特质的体育流媒体并不只吸引女性受众，它的发展前景被业界和学界普遍看好。

除此之外，性别平等的相关议题也日渐增多。2022 年卡塔尔世界杯期间，法国女裁判斯蒂芬妮·弗拉帕尔（Stephanie Frappart）成为首位执法男足世界杯的女性主裁判，成为这项赛事 92 年历史上首位女性主裁判。法新社、ESPN、CNN、新华社等国内外媒体均围绕这一事件进行了报道，报道内容包括弗拉帕尔本人的生涯履历、世界范围内女性裁判的整体数量与发展状况等。CNN 在报道中指出："女性裁判会受到严格审查，因为她们同时迈入了两个在传统上由男性主导的领域——足球与领导层。"④ 女性在体育世界中的困境正在成为体育传媒业的关注点。

---

① "Broadcast audiences grow significantly year‐on‐year for women's sport following Women's Euros success," Women 's Sport Trust，［2022－09－06］，（2023－03－01），https：//www. womenssporttrust. com/broadcast‐audiences‐grow‐significantly‐year‐on‐year‐for‐womens‐sport‐following‐womens‐euros‐success/.

② Balasaygun, K., "Women athletes now have their own sports network," CNBC，［2022－11－02］，（2023－03－01），https：//www. cnbc. com/2022/11/02/women‐athletes‐now‐have‐their‐own‐sports‐network. html.

③ Rowe, D., & boyle, R., "Sport, journalism, and social reproduction," in Wenner, A. L., ed., *The Oxford Handbook of Sport and Society*（New York：Oxford University Press, 2023），pp. 1025‐1043.

④ Ronald, I., "Stéphanie Frappart to make history as the first woman to referee a men's World Cup match," CNN，［2022－12－01］，（2023－03－01），https：//edition. cnn. com/2022/11/30/football/stephanie‐frappart‐female‐referees‐world‐cup‐2022‐spt‐intl/index. html.

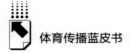
此外，相关研究显示，在 2020 东京奥运会的黄金时段赛事转播中 NBC 女性报道比例以 57.95% 历时性地超过男性[①]以后，NBC 在 2022 年北京冬奥会的黄金时段赛事转播中女性报道比例也超过男性，达到 60.05%[②]。这表明女性体育在大众媒体上的关注度实现了飞跃。除此之外，男女运动员薪酬平等、女性体育转播时间分配、女性体育运动的价值等一系列话题也在重构着传统体育媒体的话语场域。

（二）体育与种族议题的发酵

体育与种族议题是近年来国际体育传媒业界与国际体育传播研究的核心议题之一。随着"黑人的命也是命"（黑命贵）运动的不断升级，美国美式橄榄球运动员单膝跪地向受偏见的有色人种致敬已经深刻影响到了国际政治和文化[③]。2022 年 NFL "超级碗"中场表演中，美国说唱歌手埃米纳姆（Eminem）在台上做出了持续约 50 秒的单膝跪地动作。这一动作随即被 NBC、CNN 等全球多家媒体跟进报道，NBC 称"这一举动似乎与前 NFL 四分卫卡佩尼克（Colin Kaepernick）在奏国歌时单膝下跪，以抗议警察的暴行和种族主义的动作很像"[④]。不论埃米纳姆的举动是有意还是无意，体育媒体显然已经将这一充满种族与政治色彩的议题置于新闻报道议程中，这一场景在 2022 年的多项体育赛事中被反复上演。

正如比林斯（Andrew Billings）等指出的，诸如奥运会这样的当代体育

---

① Angelini, J. R., & Macarthur, P. J., "Women dominate NBC Tokyo Olympic primetime coverage by record margin," Five Ring TV, [2021-08-09], (2023-03-01), https://fiveringtv.com/2021/08/09/women-dominate-nbc-tokyo-olympic-primetime-coverage-by-record-margin/.

② Angelini, J. R., & Macarthur, P. J., "Women's sports dominate NBC's primetime Beijing Olympic brodcast in historic fashion," Five Ring TV, [2022-02-21], (2023-03-01), https://fiveringtv.com/2022/02/21/womens-sports-dominate-nbcs-primetime-beijing-olympic-broadcast-in-historic-fashion/.

③ 魏伟、马博文、张帅：《国际体育传播研究的趋势与展望——基于 SSCI 和 A&HCI 期刊的计量分析（2016—2020 年）》，《武汉体育学院学报》2022 年第 3 期，第 15~22 页。

④ Silva, C., "Eminem takes a knee during Super Bowl halftime performance," NBCNEWS, [2022-02-14], (2023-03-01), https://www.nbcnews.com/news/us-news/eminem-takes-knee-super-bowl-halftime-performance-rcna16094.

提供了一种超越性别、国家和种族的身份再现，但这种再现很大程度上是一把"双刃剑"，它可能会导致世界主义、爱国主义和民族主义等不同后果①。近年来西方体育媒体对黑人运动员的过度呈现，造成了亚裔人种、白人和其他人种的实际被边缘化，这几乎是一个无法解开的死结。

四　结语：数字和社交媒体宰制下
国际体育传媒的新格局

学者法尔克斯提出，媒介全球化近年来的变化是以广播电视为中心的媒介体育经济的地缘政治变化②。印度板球超级联赛的巨额转播权费用，Oryx卡塔尔体育投资公司控股巴黎圣日耳曼俱乐部、C罗加盟沙特利雅得胜利俱乐部，以及亚洲部分企业控股英超、意甲等豪门俱乐部都是去西方中心化的具体表现。希腊学者帕赞塔拉斯（Nikolaos Patsantaras）的"世界主义"观点更加直接：旧有的体育格局和奥运会有利于巩固西方帝国主义的霸权地位，但今天再把体育和奥运会作为文化帝国主义、西方化和某种程度上的美国化的途径已经不再具有主导意义③。2022年，国际体育传媒西退东进的崭新格局似乎是不可逆转的。但由于西方体育的"先发"优势，它们在国际体育界的地位目前仍无法被撼动，这从职业网球比赛和高尔夫球比赛的"四大满贯赛"所持续的时间就可见一斑。来自发展中国家的新兴体育力量给当代全球体育格局带来新变化，这不仅体现在它们已多次举办夏奥会、冬奥会和国际足联世界杯等重大体育事件，而且只要看一看F1大奖赛分站赛

①　Billings, A., & Zengaro, E., "The biggest double-edged sword in sport media: Olympic media and the rendering of identity," in Butterworth, M., ed., *Communication and Sport* (Berlin: de Gruyter Mouton, 2021), pp. 405-419.

②　Falcous, M., "Global mediasport: Contexts, texts, effects," in Maguaire, J., Liston, K., and Falcous, M., eds., *The Palgrave Handbook of Globalization and Sport* (London: Palgrave Macmillan, 2021), pp. 323-340.

③　Patsantaras, N., "Cosmopolitanism: An alternative way of thinking in the contemporary Olympics," *European Journal for Sport and Society*, 2015 (12): 215-238.

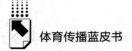

和极限运动会举办地的不断"东拓"就能清晰感知。国际体育赛事格局的变化是国际体育传媒变革的诱因之一。因此，体育传媒格局真正意义上的质变或许还在蓄势中。

美国学者比林斯和文内尔（Lawrence Wenner）在编纂《体育、媒介与重大事件》中提到了体育中介化叙事下的"历史性比较"。在对"欧文斯（Jesse Owens）和博尔特（Usain Bolt）哪个是史上最佳短跑运动员"这一比较性话题进行考察时，书中提出"媒介叙事通过将历史意义框定在特邀比较的文化想象中，将离散事件联系起来。因此，欧文斯和博尔特的故事就不仅仅是两个不同时代的运动员的故事。正因如此，体育重大事件的中介化为体育史与文化史的模糊划分提供了规范的界限"。[①] 那么，在 2023 年初收获 NBA 常规赛总得分榜首席的詹姆斯（Lebron James）和乔丹（Michael Jordan）相比哪一个是 goat（历史最佳）？如果只从两人收获的团队和个人荣誉，多如牛毛的运动数据，媒体、球迷和篮球圈内的评价来考察似乎各有短长，甚至部分学者也乐于做这样的"纵向"比较。但在比较的过程中，容易被忽略掉的恰恰是体育媒介环境的巨变。乔丹成长于全球化和商品化逐渐成熟的时期，那时不仅篮球迷无法掌控话语权，而且球员俱乐部甚至体育记者本人都没有公开发声的渠道。因此，"乔丹"神话是全球化、商品化和大众媒体"造神运动"合谋的结果。詹姆斯的时代几乎与数字媒体和社交媒体发展的历史相重叠。随着数字和社交媒体的普及，理论上人人都能掌控发声的渠道，也都具备了"呛声"的权利和被他人"呛声"的责任，数字和社交媒体的赋权让超级体育明星与其他球员、教练员、媒体和公众的关系被彻底解构，而且每一个主要的国际社交媒体几乎都有自己的逻辑

① Billings, A. C., & Wenner, L. A., "The curious case of the megasporting event: Media, mediatization and seminal sports events," in Wenner, L. A. and Billings, A. C., eds., *Sport, Media and Mega-events* (Abingdon: Routledge, 2017), pp. 3-18.

和算法①。部分"超级体育记者"甚至比球员本人还先获知球员的伤情和转会信息。在这种情况下，简单的荣誉和数据可能只是其中可以被比较的几项。但也恰恰是体育传媒环境的深刻变革，让这种"关公战秦琼"式的历史性比较显得更加有趣。

---

① Hull, K. , & Abeza, G. , "Introduction to social media in sport," in Abeza, A. , O' Reilly, N. , Sanderson, J. , eds. , *Social Media in Sport* （New Jersey：World Scientific, 2021）, pp. 1-28.

B.16
欧美体育传媒业发展观察

杨 珍[*]

摘　要： 将媒介深度融合发展与"乌卡"（VUCA）时代不确定性叠加作为主要情境，从宏观视角回顾 2022 年国外体育传媒业的发展，得出以下延续性态势：从"空场"到"在场"，体育赛事 IP 强势回归，体育传媒业界回暖；版权博弈，DTC 模式备受关注，转战流媒体进行差异化发展；技术加持 MCN 模式整合，体育传媒在变革中不断求变，推进内容生产结构性调整；伴随垂直应用、定向传播、边界拓展，沉浸式体验渗透日常生活，健康概念或将超越赛事报道。

关键词： 国外体育传媒业　赛事　流媒体　MCN　定向传播

我们生活在一个什么样的时代？这个问题对于媒体工作者而言常虑常新。在经历了 2020 年初全球体育赛事大规模休克与停滞之后，欧洲五大联赛、NBA、NFL 等商业化程度较高的赛事率先艰难重启，2021 年世界体坛逐渐从疫情危机的阴影中艰难突围。随着 2022 年北京冬奥会成功举办、卡塔尔世界杯球迷狂欢重现，全球体育在反复煎熬中迎来了强势复苏。回顾这些跌宕起伏，2022~2023 年似乎格外精彩。

---

* 杨珍，天津体育学院教授，国家体育总局体育文化发展中心体育文化研究基地暨天津体育学院体育文化研究中心负责人，主要研究方向为跨文化传播。2015~2016 年兼任天津电视台国际频道总监助理，2013 年和 2018 年两次作为公派学者，赴英国格拉斯哥大学文化政策研究中心访学。出版专著 2 本，译著 1 本，教材 1 本。

这几年经常听到"乌卡（VUCA）①时代"这个词，对于"全球体系的极端脆弱性"也感悟更深，不可否认，21世纪的第三个十年将比之前的半个世纪更加充满不确定性。就体育传媒领域而言，媒介深度融合发展的浪潮与乌卡时代的更大不确定性叠加，"为道也屡迁，变动不居，周流六虚"②。全球媒体都在经历深刻的结构性变化，体育传媒同样面临又一轮次的"技术革新——媒介市场转变——制度调试——生活方式变化"的挑战。

一 从"空场"到"在场"：体育赛事 IP 强势回归 体育传媒业界回暖

2022年最具典型意义的场景就是体育赛事从"空场"到"在场"的全面恢复，以 COVID-19 为关键词的几年过去，虽然新冠疫情对全球体育产业的影响依然存在，但是随着北京冬奥会、女足欧洲杯和卡塔尔世界杯这几项世界大赛的成功举办，以及各类体育赛事 IP 的回归，体育传媒终于走出了左支右绌、疲于奔命的阴霾。根据 Market Statsville Group（MSG）的数据，全球体育赞助市场规模预计将从2021年的648亿美元增长到2030年的1122亿美元，年复合增长率为7.5%③。

2020年初，在突如其来的 COVID-19 全球大流行之下，各类体育赛事被迫按下暂停键。在体育赛事经历了停赛休克的至暗时刻之后，德甲联赛率先重启，全部选择空场进行。随后美职联、欧冠、温网、F1等传统热门赛事也陆续重启，2020年欧洲杯、NBA 季后赛、美洲杯在电视转播领域大热，比赛慢慢回归常态化，但缺少球迷疯狂呐喊的空荡荡球场让人感到遗憾，东京奥运会也被迫延期至2021年夏天空场进行。

---

① VUCA 是波动性（Volatility）、不确定性（Uncertainty）、复杂性（Complexity）、模糊性（Ambiguity）的缩写。
② 语出《易经·系辞下》。
③ 禹唐盘点：《五大维度复盘2022体育营销市场》，百度百家号，2023年1月6日，https：//baijiahao.baidu.com/s？id=1754249382411900287&wfr=spider&for=pc。

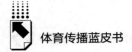

空场"寂寞的胜利"引发了一系列的思考：空场经济背后是体育消费与人类日常生活的相互依赖，是政治经济权力在体育产业运行中的交缠博弈，更是媒介技术对体育传播内容生产话语模式的重构。在德甲最初宣布空场比赛的决定时，外界对此并不看好，除了球迷反对的声音外，各国媒体的报道集中在健康危机，以及在俱乐部顶着巨大财政压力的情况下德甲赛事重启能持续多久等。而在各类赛事陆续空场运作一段时间尤其是 2020 东京奥运会之后，基于媒介技术建构的"在场"体验出乎意料地快速弥补了具身性体验的缺失，甚至开启了更多元、更自主的互动体验，观赛与消费市场多元化的需求，也驱动体育媒体绞尽脑汁地在国际大赛、参与类赛事、竞技赛事和运动代言等多个方向捕捉获利点，短视频、社交媒体、元宇宙等新元素则在思维上带来革新。

2022 年初和年末北京冬奥会和卡塔尔世界杯两大国际体育赛事如期举办。2022 年末卡塔尔世界杯，见证了新一代消费者在社交媒体和数字媒体中的狂欢，元宇宙、AR、4K 高清等新技术高歌猛进。可见，空场竞技是在极端情况下体育与危机的一种协商，短时间内它迫使各家媒体密集进行体育传播新产品的开发与调试，以应对无赛可播和空场表演的窘迫，但并没有破坏"体育+媒体+赞助"的三角模式，媒介技术的力量得到空前的加持，重塑共时体验，强化共情传播。如果说，电视转播技术弱化了观赏体育比赛的空间区隔，将体育赛事的观众群体由六位数的上限扩展到了十位数，那么媒介技术的"在场"赋能将深刻影响体育传播内容生产的话语模式。

ARTHUR D. LITTLE（ADL）合伙人兼全球媒体部门负责人沙希德·汗（Shahid Khan）认为，"截至 2022 年初，媒体市场显示出在新冠疫情后复苏的强劲迹象。传统媒体公司正在进一步拥抱数字化，并购活动没有减弱的迹象。Web 3.0 和 NFTS 的出现也为内容所有者、品牌、聚合商和中介机构创造了新的机会"。虽然在 2022 年底，全球范围内 COVID-19 大流行的风险显著降低，体育传媒业界能够借助大型国际赛事恢复并展开一波"牛市"，但是上游产业缓慢的恢复，加上赛事营销和媒介机构整合带来的人力资源流动，同样体现着乌卡时代的不确定性。

体育赛事市场在稳步升温的同时，发生着不同维度的新变化，这一切都源于体育迷的消费习惯演变。从 2020 年开始，在以"90 后""00 后"粉丝为代表的新一代消费者的生活习惯的驱使下，OTT 平台、非直播的赛事内容、以流媒体为重要载体的社交媒体互动等，成为更受年轻人青睐的运动消费形态，迫使运动赛事 IP 的运营商开始转型，寻求在数字领域的更多突破。赛事的商业端口已经体现出新的消费趋势和新技术的应用。以区块链行业为例，在过去几年中，全球各大体育联盟、一些顶级俱乐部、运动员和运动场所都与区块链企业签订了赞助合同，据 Sportheros 分析，预计 2026 年区块链行业的年平均体育赞助将达到 50 亿美元，较 2022 年增长 776%。既专注于体育顶级 IP 也关注赛事背后故事的庞大的新生代消费人群，有更强烈的消费欲和在虚拟世界中更多元的消费需求，多种数字媒介技术与体育资产的结合已经是常见的媒介融合实践。

2022 年 8 月西甲豪门巴塞罗那足球俱乐部以总价 2 亿欧元的价格将巴萨 Studios 股份的 49.5%出售给 Socios 公司和 Orpheus Media 公司，此前巴萨已经出售了球队未来 25 年电视转播权的 25%，获得了超过 5 亿欧元的融资。在一个日益去中心化的媒体环境里，体育运动依然是能够吸引广泛用户注意力的法宝。体育内容拥有不可替代性，在体育版权领域，优质赛事是稀缺的内容资源，也是媒介内容生产的竞争核心；用户只会跟着内容走，并不太在乎是哪一家平台，这是体育媒体平台的特殊性所在，也是体育传媒业的"黄金镣铐"。当体育产业逐渐回归正轨，IP 运营者围绕新的趋势创造价值，将会是在赛事市场形成竞争力和商业吸引力的关键。

二　版权博弈艰难取舍：DTC 模式备受关注
转战流媒体差异化发展

全球体育咨询和服务机构 SportBusiness 发布的一份报告显示，截止到 2022 年 12 月上旬，2022 年全球体育媒体版权价值达到 550 亿美元。与 2021 年的 544.5 亿美元相比，增长了 1.0%；与受疫情影响最严重的 2020 年相比，增速在 25% 左右。从市场来看，美国的体育媒体版权价值依然稳居首位，占比高达 45%，为 247.5 亿美元，而位居第二的英国仅为 47.5 亿美元。西班牙、德国、法国和意大利紧随其后，这在很大程度上得益于欧洲五大足球联赛的"老字号"。随着 2023 年 NFL 新合同和 2024 年巴黎奥运会潜在转播协议的全面生效，全球体育媒体版权价值预计将在 2024 年再次增长约 10.2%，达到史无前例的 609 亿美元。

对于老牌的体育媒介巨头而言，流媒体也是重要的创新增长点。美国全国广播公司（NBC）是 2022 年北京冬奥会的美国独家转播商，拥有包括奥运会、NFL、NASCAR、NHL、圣母大学橄榄球队、PGA 巡回赛、印第赛车系列赛、超级联赛和三冠王马术等赛事的转播权。NBC 派遣了 250 人的团队为北京冬奥会提供转播服务，大幅度降低了前方演播室和现场记者的配比。北京冬奥会的转播报道完全在康涅狄格州的斯坦福总部进行，没有设立大规模的前方报道团。2020 东京奥运会期间，NBC 也只组建了田径、游泳和体操三个前方转播团队，而其他的项目都是在美国国内集中转播。早在平昌奥运会之时，NBC 就加大了网络转播的力度，引入 VR 技术等为观众提供新体验。东京奥运会电视收视率下降和手机等移动端转播量的上升，都体现了技术对奥运会和体育赛事传播模式的改变，为期 17 天的赛事平均吸引了 1550 万人次黄金时段的电视观众，创下了 NBC 于 1988 年开始转播夏季奥运会以来最低水平，较 2016 年里约奥运会时下降 42%，但凭借流媒体 Peacock 免费提供的包括体操、田径运动等项目主要赛事的直播服务，以及 Peacock 自制的奥运纪录片、涵盖东京奥运会重要时刻的原创节目和赛事亮点，NBC 依旧获得了历史上最高的收入。2022 年北京冬季奥运会在 NBC、USA Network、CNBC 以及 Olympic Channel 上播出。NBC Sports 也是首次在冬奥会上以 4K 超高清、高动态范围（HDR）和 ATMOS 音效提供 NBC 广播网络的奥运会黄金时段节目的现场报道。索契冬奥会时，NBC 的转播收入为 8 亿美元，平昌奥运会时这个数字增长到了 9 亿美元，在算法提升的估算下，凭借流媒体的助攻北京冬奥会的转播收入突破 11 亿美元。

ADL 在 2022 年 6 月发布的《2022 年媒体市场情况报告》关注媒体、体育以及娱乐公司应对新冠疫情后世界的方式，提出须利用现有机会转变业务，以保持对消费者的吸引力。该报告确定了塑造新媒体时代的关键主题：开发直接面对消费者的线下线上营销（DTC）功能，连接电视广告这一目前增长最快的视频广告平台；依靠提供内容来换取付费用户的 Netflix 商业模式越来越不稳定，市场波动开始加剧；重视去中心化的互联网 Web 3.0 在为电视和视频行业提供新收入来源方面的作用和可行性。在观看线路减少和消费者行为不断变化的趋势下，人们愿意付费观看所支持球队的比赛。2021年在美国排名前 100 位的电视直播节目中，体育节目占了 95 个，数字服务以惊人的速度异军突起。Netflix 是开路先锋，"迪士尼+"也乘势而上，其他公司都在与时俱进。亚马逊已经开启了其独家直播 NFL 周四比赛夜的首个赛季，而从 2023 年开始，苹果公司将正式直播 MLS，这一协议为期 10年，每年的估值高达 2.5 亿美元。此外，谷歌旗下的 YouTube TV 也将成为 NFL"周日门票"新的持权转播商。

2022 年 11 月美国市场调查公司 Parks Associates 发布数据，83%的美国家庭至少拥有一项 OTT[①] 订阅，23%的家庭甚至有 9 项及以上的 OTT 订阅[②]。数字素养的提升、超高速宽带的推广和各大网络引入的主流 DTC 服务推动消费习惯发生重大转变。2022 年，美国的年度体育 OTT 订阅收入为 131 亿美元，这一数据预计在 2027 年将达到约 226 亿美元，未来几年或增长 73%[③]。全球流媒体市场竞争将趋于白热化。体育版权所有者希望将比赛呈现在尽可能多的人面前。在线和流媒体服务的受众范围是巨大的。为了与数字巨头竞争，拥有传统和在线服务的媒体集团正在转移资金和资源，从而推出、改进和开发针对体育迷的流媒体服务。

---

① OTT 是"Over The Top"的缩写，在通信行业是指互联网公司越过运营商，发展基于开放互联网的各种视频及数据服务业务。

② Anonymous，"Prime subs overtake Netflix in US，" Advanced - Television，2022 - 12 - 05，https：//advanced-television. com/2022/12/05/prime-video-named-top-us-ott-service/.

③ Colin Mann，"Forecast：US sports OTT revenues to double by 2027," Advanced-Television，2023-01-12，https：//advanced-television. com/2023/01/12/forecast-us-sports-ott-subs-revs-to-double-by-2027/.

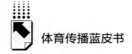

但是目前流媒体能否超越传统直播提供优质的观赛体验是一个关键问题，转播的"翻车"事故频发，以及技术层面的硬伤对保持用户黏度来说是极大的考验。从 2021～2022 赛季开始，英国的 DAZN 公司①就成了意甲联赛在意大利的主要转播商，它取代了天空体育，承包了意甲比赛每轮十场中的大部分比赛，这让付费电视业务遭受巨大冲击，但是在 2022 年 8 月 2022～2023 赛季意甲联赛首轮首个比赛日里，DAZN 公司的技术故障导致用户无法登陆观看该轮前四场比赛。

不断上涨的流媒体会员费用也引发争议。2022～2023 赛季开始前，DAZN 公布新赛季意大利的会员价格为 29.99 欧元，比此前的会员价格上涨了 10 欧元。从 2022 年 2 月 1 日起，德国的订阅费用从每月 14.99 欧元翻倍至 29.99 欧元，全年订阅价格从 149.99 欧元飙升至 274.99 欧元，同时设置了更严格的设备访问限制，增加了限制从不同地理位置同时观看的规则。

英国的体育迷已经习惯了接受高额的收视费用，目前英国每户家庭每年的电视费用是 159 英镑，约 1310 元，如果想观看全部的英超、欧洲杯和欧洲足球五大联赛等热门赛事，还需要额外购买节目包，即使加上优惠折扣，这一费用也不会低于 3000 元。流媒体订阅费的问题在英超比赛中也很突出，云视频提供商 Grabyo 进行的一项研究显示，通过在线流媒体平台观看体育比赛已经是 40% 英国球迷的选择，未来这一数据可能会上升到 80%。相比之下，自 2021 年以来，使用付费电视网络观看体育赛事的球迷数量下降了 27%。在英国体育支持者中，使用智能手机观看视频内容的人数也增加了 47%。英格兰足球超级联赛（EFL）的转播合同每年的价值约为 1.19 亿英镑，约为英超总价值的 5%。这笔交易有 80% 的钱给了冠军俱乐部，12% 给了甲级联赛，8% 给了乙级联赛。据报道，由于 COVID-19 造成的影响，天空体育同英超达成了 700 万英镑的折扣，也曾尝试在 2020～2021 赛季的比赛中引入按场次付费的观看方式（PPV）。这引起了粉丝们的强烈反对，他

---

① 英国数字体育传媒 Perform Group 旗下的 DAZN 公司近几年异军突起，成立于 2016 年的科技独角兽 DAZN 公司的业务已经覆盖了全球 200 多个国家和地区，涉及足球、篮球、橄榄球、格斗、赛车等热门赛事。

们认为每场比赛 14.95 英镑的价格太高了。英超 iFollow① 的 PPV 服务现已高达每场比赛 10 英镑，而在 2017~2018 赛季，海外的用户只需要向 iFollow 支付 110 英镑便可以享受每家俱乐部全部的 46 场比赛。球迷们认为英超俱乐部已经大量吸金，而且球迷已经向广播公司支付了高额的订阅费用，他们对额外收费有诸多不满。

三　技术加持 MCN 模式整合：在变革中不断求变内容生产结构性调整延续

新媒体技术正在从根本上改变体育传播内容生产的模式与各要素之间的关系，也许这种变革从现代媒介诞生开始就没有停止过。北京冬奥会是历史上首次使用"互动虚拟演播室"进行赛事报道的奥运会，记者再也无须携摄像团队，载着沉重设备到处奔波，更打破了以往将记者与受访者置于同一现场的传统模式，通过阿里云视频云互动虚拟演播产品，仅需"两部手机+一台电脑"，即可随时随地展开采访直播与转播。该项技术在北京冬奥会期间全程助力 CGTN 进行了赛事异地采访、实景抠像合成虚拟直播，打造了异地互动的新形态播报，实现全链路制播"上云"，再一次改变了体育新闻生产与传播的技术链路。

2016 年被称为"体育视频直播元年"，在不到 10 年的时间里，新媒体的快速发展尤其是在线直播技术的成熟，使联赛、球员，甚至是网红达人这样的典型个体球迷，都成为热门的内容提供方。新媒体用户不仅习惯于访问来自多个信源的体育内容，而且开始有意识地将无缝、一致、个性化的浏览体验融合起来，从多渠道了解体育赛事、与他人交流经验成为主流的媒介信

---

① EFL（英格兰足球联赛）在 2017 年 5 月 3 日正式发布了直播和内容平台 iFollow。iFollow 流媒体服务是由美国的 NeuLion 公司和英国的 Realise 公司联合开发的。NeuLion 总部位于美国纽约，致力于将传统电视与互联网技术相融合，也是数字视频信号传播、分发业务的佼佼者。客户包括 NFL、NBA 以及 UFC 等。其官方数据显示，2016 年通过它们转播的比赛就超过了 6 万多场。Realise 是一家英国的数字营销公司，负责各个俱乐部网站的搭建和管理。

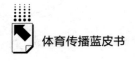
息接收方式。

当前最受关注的莫过于多频道网络 MCN（Multi-Channel Network）中介服务对体育传播内容资源的开发、重组与变现。西甲 2019~2020 赛季结束时，巴萨成为 YouTube 上第一家粉丝超过 1000 万人的足球俱乐部，在全球版权持有者中仅次于拥有 1530 万粉丝的 NBA。2022 年卡塔尔世界杯最后一场阿根廷和法国之间的决赛，BBC-1 有 1490 万的收视数据，在 BBC iPlayer 和 BBC Sport Online 上有 710 万次媒体播放量。BBC 网站体育世界杯专题有 5280 万个浏览量，2022 年世界杯节目在 BBC Radio 5 Live、BBC Sounds 和 BBC Sport Online 上播放量为 1040 万次。而 2022 年温网在 BBC iPlayer 和线上播放的总观看数超过了 5380 万次，也超过了 2021 年 3050 万次的纪录。

以前的球迷依靠体育记者，由电台主持人和电视评论员带领着谈论他们喜爱的球队；新一代的球迷，拥有强大的媒体设备和始终在线连接社会媒体的平台，有效组成结构松散却资源强大的媒介社群，每个球迷都有可能成为内容提供商。VR+体育的合作模式，就是让观众成为在赛事现场的数字化身，并以第一人称视角（或第三人称视角等）进入一个虚拟重现的体育赛事场景，观众由赛场外的"观望者"（viewer）转变为现场的"目击者"（witness）。这种复合式的竞赛体验本身就可以被打包并出售给渠道供应商。体育迷与独家网络评论员和体育记者一样能够进行赛事评论，他们将发布越来越多的视频信息，受众的注意力在丰富的传播场景与信息资源中进一步分散、分化。

2021 年 4 月，北美四大职业体育联盟之首的美国国家橄榄球联盟（NFL）宣布，与播客平台 iHeartMedia 建立独家合作伙伴关系。除了在 iHeartMedia 上线现有播客和某些俱乐部的播客外，NFL 还与 iHeartPodcast 联合制作了 6 档原创节目。目前，NFL 一共计划并推出了 12 档播客节目。随着时间的推移，球迷体育内容生产变得越来越有组织性，在短视频网站或平台上，观众上传的视频和图片的数量超过了官方广播机构生产的数量。啤酒巨头百威集团也大幅缩减了 2023 年"超级碗"赛事的广告营销活动，不再续签"超级碗"的独家赞助协议，逐渐摆脱依靠广告排他性建立的壁垒，转而把更多的精力放到数字体育内容制作和创新粉丝体验打造上。

除此以外，体育明星及其团队的自媒体运营也成为新兴的体育传播主力。数字媒介时代下，高交互性的社交媒体平台拥有的强号召力、高话题量和粉丝活跃度的体育明星已然成为品牌方能够触达目标消费人群的高效媒介。"强调创新和适应生存的例子。每一个例子都指向这样一个结论：社交媒体策略不需要明确与现场体育活动联系在一起。很明显，消费者对他们的体育偶像的日常生活很感兴趣，并能够通过社交媒体来识别和联系他们。……COVID-19 大流行提供了一个极好的机会来重新设置和试验吸引粉丝的新方法——其中许多策略已经成功，应该在未来加以利用。"[1] 2015 年曼联率先通过体育特许经营放开了自媒体的传播控制，越来越多的运动员加紧组建自己的媒体，建立自己的广播电台和在线频道。同样，明星运动员可以担任投资者，建立专属网站来扩大其影响力。MCN 模式将之前由个体明星或俱乐部社交账户勉强维护的松散 PGC（专业生产内容）联合起来，在资本的有力支持下，保障内容的持续输出，吸引并扩展用户群体，从而最终实现商业的稳定变现，培育出在线的 P2P 体育赞助市场。在此基础上，明星运动员及其团队将在很大程度上摆脱对机构媒体的依赖，掌控自己的内容生产与传播渠道，进而对体育事业的发展产生更大的影响。

据美国媒体 *Sports Business Journal* 统计，在 2022 年社交媒体浏览量最多的 10 位 NBA 球员中，库里以 48.5 亿次的浏览量稳居第一。2022 年 6 月北美票务系统研究机构 Ticketsource 评选出了全球影响力最高的 10 大体育明星，所参考的指标主要包括社交媒体人气、工资、商品代言销量和网站搜索指数。排名第一的 NBA 球星勒布朗·詹姆斯在个人社交媒体账户中拥有 1.22 亿粉丝，35.1 万的球衣预订，詹姆斯背后是全球最大的体育经纪公司 IMG（International Management Group），中国奥运冠军谷爱凌和苏翊鸣以及亚洲首位 MMA 世界冠军张伟丽的经纪公司巍美（Endeavor）则是娱乐经纪

---

① Stirling Sharpe, et al. , *Routledge Handbook of Sport and COVID*-19, Edited by Stephen Frawley and Nico Schulenkorf（Routledg, 2023）, p. 158.

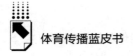
公司 WMA 收购 IMG 之后组建的全球体育营销和时尚娱乐集团。

在体育 MCN 模式快速发展膨胀的同时，传统意义上的体育内容生产机构也在进行调适。东京奥运会期间，奥林匹克广播服务公司（OBS）拓宽赛事体验的边界，产出的东京奥运会相关内容比 2016 年里约奥运会多出 30%。2021 年 7 月 23 日至 8 月 8 日，OBS 开放 56 场赛事直播以及近 9500 小时的奥运专题节目。这是有史以来第一届以超高清加高动态范围原声录制的奥运会。由于空场进行，东京奥运会更加重视奥运转播清晰度与音频质量。东京奥运会采取沉浸式技术提升观众体验，奥运会三大场馆内全面部署 5G 技术，引入包括增强现实技术在内的赛事观看形式，极大提高了远程观众的观赛体验。

2022 年北京冬奥会期间，《华盛顿邮报》组织了专门的"机器人记者"团队对北京冬奥会进行全方位报道。新数字项目的负责人杰雷米·吉尔伯特表示，"我们的目标不是让机器人来取代记者，而是让人类记者更专注于找到有趣的故事，把故事讲好"。简单来说，就是让机器讲数据，让人讲故事，通过人工智能来快速生成一些简单但有效的信息，比如奥运会的比分、金牌总数，以及其他的以数字为核心的报道，这类由计算机自动生成的新闻直接发布在《华盛顿邮报》的 Twitter 账号中，或通过 Alexa 等语言助手向即时通信软件播报实时赛事结果。

在体育媒介内容生产不断发展创新的同时，体育内容版权的合法性问题开始引发各界重视。"内容盗播"长期以来是流媒体平台面临的重要问题之一，即使平台不断通过技术或者法律手段打击盗播行为也仍然收效甚微。根据相关统计，2022 年卡塔尔世界杯期间，从 11 月 21 日到 12 月 18 日，共有 9 亿用户通过电视享受了这场四年一度的足球盛宴，其中，赛事相关内容的全媒体受众总触达 254.27 亿人次，收视总时长 59 亿个小时。这些数字透露出体育赛事节目潜藏的巨大流量价值，一些网络用户和运营者未经授权，直接转播体育赛事画面，或将体育赛事画面截取成若干短视频进行网络传播，或利用赛事直播画面制作点评节目，譬如 YouTube 上传的大多数超百万播放量的东京奥运会视频是由 NBC 制作的。赛事（短）视频在平台型媒介的传播，一方面给广大用户提供了丰富的观赛体验，另一方面则严重侵犯了支付高昂费用购买赛事转播权的机构媒体的权益，机构媒体有权对侵权方提起诉讼。

类似情况在全世界范围内都是难题，网络直播赛事从一出现就打破了传统媒体的垄断，可以视为人际传播对大众传播资源的分享。虽然机构媒体并不乐意看到以个人名义进行的网络直播对传统意义上特许转播权进行"窃取"，但这也从一个侧面体现了体育运动作为社会资本的公共价值。

四 垂直应用定向传播边界拓展：沉浸式传播体验渗透日常生活 体育健康媒介产品成为消费热点

5G 推动之下的移动互联网、AR、VR、人工智能等技术加速了身体与技术的融合，以"垂直应用、定向传播、边界拓展"为特点的虚拟沉浸式传播使现实的身体与数字的身体通过灵活变化的机器界面结合起来。

经过几年的缓慢铺垫，AR（增强现实）技术已经在职业体育领域得到了广泛的应用，大型体育赛事给它提供了绝佳的展示机会。在 2022 年卡塔尔世界杯中，现场观赛球迷可以免费安装国际足联推出的 App "FIFA＋"，用手机摄像头扫向球场时，"FIFA＋"的 AR 模块就可以调取出对战双方阵型、实时统计数据、比赛概览等诸多观赛数据。

AR 技术在比赛现场的使用，不仅弥补了以往观赛现场数据延迟获取的缺陷，而且将数字化身体引入了原本已有的在场身体，让身体的在场与缺席变得如同"薛定谔的猫"一般具备双重叠加的迷思，原本由于危机隔断的空场与在场似乎成为命中注定的催化剂，加速强化了体育传播中的沉浸式体验。

沉浸技术的迭代发展促进了"身体"在体育传播体验中的返场。"通过虚拟技术造就的数字化身体，兼具生物性和技术性的双重属性。在体育赛事沉浸式传播的实践中，可穿戴设备、全景直播等新技术统合了人的多重感官，人与机器的关系从工具理性走向了互嵌共通，人对客观世界的认知结构发生根本性变化，人机协同下的感觉运动系统在沉浸式传播体育赛事中越发重要。"① 由此，随着各大赛事不再单一依赖版权获利，而是利用科技赋能来提升用户体验、增加用户黏性和参与度来实现版权增值，一场新的版权增值大战就已经从赛事周边延展到用户的日常体验，从休闲娱乐的传统范畴渗透进日常生活的健康消费领域。

目前与 OpenAI 有着密切合作的人工智能聊天工具 GameOn 已与北美四大职业联赛以及英超等多支俱乐部展开合作，人工智能聊天机器人可以向球迷们提供聊天以及票务、球员数据、商品购买、官方活动、比赛日相关咨询服务，极大地节约了俱乐部媒体运营与网站维护所需的人力资源，增加了世界各地球迷与俱乐部之间的互动黏性，为俱乐部带来更多人气与收益。目前GameOn 已获得包括 NBA 球星加里·佩顿与 NFL 北美大联盟传奇乔·蒙塔纳等体育明星的投资，具有相当大的发展潜力。

体育传播的数字化转型改变了球迷体验赛事的方式，实现了个性化、智能化的体育赛事媒介服务供给。譬如，英超狼队（伍尔弗汉普顿流浪者足球俱乐部）与虚拟现实足球平台 Rezzil 展开合作，通过 VR 技术再现莫利纽克斯球场，球迷可以使用 Oculus Quest 头戴式设备，进行沉浸式的数字足球赛事体验。虽然 Rezzil 的技术目前主要应用于专业团队和运动员的训练平台，但它对热衷于电竞的年轻用户的吸引力毋庸置疑。

值得注意的是，沉浸式观赛体验不仅限于呈现体育赛事的特殊仪式化时刻，而且可以深入受众的日常媒介生活。全球新冠疫情期间，配合居家健身活动生产的运动健康媒介产品广受欢迎，为"体育+媒介"的整合形式带来了新的思路。运动健康媒介产品既是新的增长点，也显示出较强的抗风险能力与流量变现能力，用户对运动健身媒介内容的强烈需求为健康传播资本化运作及其模式创新提供了充足的动力。

在 TikTok 平台，体育相关账号创设与内容生产的增长尤其迅速。根据

---

① 张卓、王竞：《身体、场景与共情——体育赛事沉浸式传播》，《电视研究》2021 年第 8 期，第 24~29 页。

2022 年 6 月 Conviva 发布的《TikTok 基准和品牌策略指南》 （*TikTok Benchmarks & Stragety Guide for Brands*），2021 年 3 月至 2022 年 3 月 TikTok 体育赛事联盟账号的粉丝平均年增长最多（增量 97 万人），其次是体育媒体账号（增量 82.5 万人）和流媒体账号（增量 78.5 万人）。其中，英超托特纳姆热刺俱乐部、曼联俱乐部、欧洲冠军联赛等体育相关账号的粉丝增量在 2021 年突破 1000 万人。根据 2022 年 9 月哔哩哔哩发布的《2022bilibili 运动健身数据报告》，全球共计有 1.15 亿人在哔哩哔哩观看运动健身内容，视频播放量超 300 亿。其中，运动教学类视频播放量超 21 亿，同比增长 124%。

直播及短视频成为大众参与体育运动的"新工具"，这种健身习惯一旦形成，就会成为日常生活中的一种路径依赖，也蕴含着生活方式多元化的多种可能性。体育赛事传播已经远远超过场内外赛事报道和体育资讯的范畴，正在逐步与"大健康"概念进行深度整合，形成新的体育健康媒介产品市场化模式。

在技术赋能、资本涌入与政策利好的基础上，多元融合已是体育传播长远发展的主流趋势，展现"新人群、新供给、新营销、新场景、新技术"的发展特征与活力。未来体育赛事将基于庞大的受众规模基础，逐步演变为跨行业跨平台的国际文化产业实体，形成以赛事为中心的产业链条。各类线上线下的体育赛事在理论上都可以被纳入资本运作的流水线，结合已有的数字技术和媒介平台，媒介消费与"互联网+""AI+""物联网"快速融合，可以快速整合教育、医疗、金融、旅游、文化等"体育+"资源，这些将为体育传播带来更多想象空间和涟漪效应。

B.17
奥林匹克大家庭官方社交
媒体运行策略分析

廖晶晶*

摘　要： 本文通过访谈专业媒体人，基于北京冬奥会社交媒体运行实践
从平台建设、内容策划与发展局限三个方面对奥林匹克大家庭
官方社交媒体平台表现和发展现状进行了梳理分析。作为奥林
匹克文化传播的重要阵地，国际奥委会和北京冬奥组委组建专
业运营团队主动搭建社交媒体平台，以运动员为中心，讲述有
创意有情怀的故事。与此同时，奥运会官方社交媒体的运营受
到素材拍摄、传播版权方面的局限。未来奥运会官方社交媒体
将继续借助技术赋能提升传播影响力，推动奥林匹克价值观的
全球认同。

关键词： 北京冬奥会　社交媒体　运行策略

随着移动互联网时代到来，社交媒体改变了信息传播范式。信息获取渠道
的多样化模糊了传者和受者的身份边界，媒介生态圈日益加剧的复杂度和离散
性对主流媒体提出了更高的要求。在奥运传播场域，这些变化正在深刻发生[1]。

---

* 廖晶晶，杭州亚组委转播经理，巴黎奥运会 OBS 场馆转播副经理，历任北京冬奥组委转播
经理、里约奥运会腾讯体育特约记者、南京青奥会国际奥委会青年记者，有多届奥运会媒
体运行经验，研究方向为奥林匹克信息传播，上海体育大学博士研究生。

[1] 张毓强、庞敏：《仪式化场域及其当代传播价值——关于奥运国际传播的讨论》，《对外传
播》2020 年第 2 期，第 57~60 页。

2012 年伦敦奥运会创造了"社交奥运"（Socialympic）这一新词语①。2016年里约奥运会因为手机用户激增和移动端新媒体的大量涌现，被称为"小屏奥运"②。2020 东京奥运会为了满足受众的期待，推出了首届虚拟奥林匹克运动会③。新冠疫情暴发后，国际奥委会为了弥补观众无法到达现场观赛的遗憾，推出了数字粉丝互动计划（Digital Fan Engagement），引导粉丝进行远程互动，引发了在社交媒体上的热烈讨论④。

在应对这一冲击的过程中，国际奥委会完成了从被动到主动拥抱社交媒体平台的转变⑤，2021 年发布的《奥林匹克 2020+5 议程》中强调"要加强与人们的数字化互动"⑥。社交媒体已经成为传递奥林匹克文化的主场域，其中奥林匹克大家庭的社交媒体账号扮演了重要角色。国际奥委会官方数据显示，2022 年北京冬奥会期间，奥运社交人次达 2.8 亿，粉丝增长量高于1000 万，YouTube 观众浏览量相较平昌冬奥会增长了 58%，抖音相关浏览量达 21 亿次⑦。

在奥林匹克大家庭的诸多成员中起支撑作用的是国际奥委会、国家和地区奥委会以及国际单项体育联合会，它们被称为"奥林匹克三大支

---

① 赵彤、何姗姗、张超宇：《北京冬奥会期间中国社交媒体价值试析》，《电视研究》2022 年第 8 期，第 91~93 页。

② 周继坚：《从奥运报道看"现场新闻"引领媒体业态变革》，《传媒》2016 年第 22 期，第20~23 页。

③ International Olympic Committee，"IOC makes landmark move into virtual sports by announcing first - ever Olympic Virtual Series，" 2023 - 05 - 10，https：//olympics. com/ioc/news/international-olympic-committee-makes-landmark-move-into-virtual-sports-by-announcing-first-ever-olympic-virtual-series.

④ Olympic Broadcasting Services Media Guide，"Olympic Games Tokyo 2020，" 2023 - 05 - 10，https：//library. olympics. com/Default/doc/SYRACUSE/735123/media-guide-olympic-games-tokyo-2020-olympic-broadcastingservices.

⑤ 刘红霞、周玲玲：《社交媒体时代奥运会受众危机研究》，《第十二届全国体育科学大会论文摘要汇编——专题报告（体育新闻传播分会）》，2022。

⑥ International Olympic Committee，"Olympic Agenda 2020+5 15 Recommendations，" 2023-05-10，https：//olympics. com/ioc/documents/international-olympic-committee/olympic-agenda-2020-plus-5.

⑦ International Olympic Committee，"Beijing 2022 Facts and Figures，" 2023 - 05 - 10，https：//olympics. com/ioc/beijing-2022-facts-and-figures.

柱"（Olympic Tripartite）①。本文选择国际奥委会和赛事组织委员会为代表进行研究。笔者通过访谈专业媒体人，从北京冬奥会社交媒体运行实践出发，对奥林匹克大家庭官方社交媒体平台表现和发展现状进行探究。

本文对两位专业媒体人进行了深度访谈。Ashlee Tulloch 在新西兰 MediaWorks 电视台担任体育记者，后参加国际奥委会青年记者项目，报道了 2014 年南京青奥会和 2016 年利勒哈默尔冬青奥会。2016 年，她加入国际奥委会下属的奥林匹克频道，担任记者与制片人，是新生代奥运媒体人的代表，在全球奥林匹克爱好者中积累了相当高的人气。进行此次访谈时，她刚刚结束在奥林匹克频道六年多的工作，回到了家乡新西兰奥克兰。蒋浙华曾在省级媒体担任记者和新媒体运营主管，于 2018 年进入北京冬奥组委新闻宣传部参与冬奥新闻宣传工作，主要负责冬奥官网和新媒体宣传。在整个冬奥周期内，他带领团队运营北京冬奥组委官方平台多达 16 个，成功策划包括冰墩墩顶流、网络火炬传递等多个互联网奥运营销项目。以下分别从国际奥委会及北京冬奥组委官方社交媒体平台建设、内容策划及发展局限三大议题呈现了访谈摘录。

议题一　国际奥委会及北京冬奥组委官方
社交媒体平台建设

廖晶晶（以下简称"L"）：您好，很感谢您接受今天的采访。我们主要想了解一下奥运官方媒体在社交媒体上的表现和规划。可以先介绍一下奥林匹克频道（Olympic Channel）② 和北京冬奥组委官方开设的社交媒体账号

---

① 《奥林匹克大家庭》，中国奥委会官方网站，2004 年 3 月 18 日，http：//www. olympic. cn/olympic/family/olympic_ family/2004/0318/25744. html。

② 奥林匹克频道（Olympic Channel）是国际奥委会开办的网络频道，于 2016 年 8 月 21 日正式开播。该频道旨在通过展示赛季以外的奥林匹克运动员和竞技项目，吸引观众对全年度的奥林匹克运动产生兴趣。

有哪些吗？

Ashlee Tulloch（以下简称"A"）：国际奥委会在 TikTok、YouTube、Facebook、Instagram、Twitter、Snapchat 等知名社交软件上都有账号，名称为"@ Olympics"。国际奥委会有多种官方语言，且在这些语言所在国家所流行的社交媒体上开设账号，比如在中国会有微博，在日本有 LINE。至于有多少个账号，要根据社交媒体自身的发展情况来看，新的社交媒体平台不断涌现，国际奥委会一般在热门的社交媒体上都会开设账号。

蒋浙华（以下简称"J"）：北京冬奥组委官方媒体矩阵以官网为主，共 21 个端口，基本覆盖了大家熟知的中英文社交媒体。中文平台账号为"北京 2022 年冬奥会"，英文平台为"Beijing 2022"。

L：奥林匹克频道的社交媒体平台什么时候上线的呢？

A：2016 年里约奥运会时，奥林匹克频道首次开播。2020 东京奥运会开幕前，IOC 决定把包括奥林匹克频道在内的所有相关官方账号整理在一起[1]。以巴黎奥运会为例，以往由巴黎奥组委搭建一个网站，而现在 IOC 会把网站都搭建在自己的平台上，以标签的形式分类，链接到不同的奥运会。你能在 IOC 的网站上找到所有跟奥运会相关的官方信息，社交媒体也做了类似的整合，制作的内容统一发布在@ Olympics 的账号上。

L：OIS（Olympic Information Service）[2] 的内容也会放在这个账号上吗？

A：OIS 是国际奥委会管理的奥运信息系统，只在赛时存在，主要是作为内部服务，为专业媒体提供新闻报道的背景信息。

J：@ Olympics 的账号日常由谁来管理，是 IOC 还是奥林匹克频道呢？

---

[1] 《奥林匹克 2020+5 议程》第八项建议指出要将奥运会网站和 App 融合为单一平台，并把奥林匹克频道作为内容、技术、数字产品和数据分析活动的中心，从而支持国际奥委会的数字战略。

[2] 奥林匹克信息服务（Olympic Information Service, OIS）前身为奥林匹克新闻服务（Olympic News Service, ONS）。发起于 1992 年巴塞罗那奥运会，2007 年由国际奥委会接管。OIS 不取代媒体，而是提供基础信息。OIS 发布平台为 Info 和 My Info，提供包括运动员简历、奖牌榜、项目历史介绍、赛事前瞻、赛后即时引语（混合区采访）、全天综合、赛事综述、新闻发布会摘要等信息。

L：是 IOC 和奥林匹克频道合作管理的。网站融合之后，相关的平台和团队也做了融合。此后，奥林匹克频道的工作性质更多是服务。奥林匹克频道变成了国际奥委会提供服务的工具，而非自主的媒体机构。在奥林匹克频道内部，我们设有专门的社交部门负责内容制作。

L：奥林匹克频道社交部门有多少人呢？

A：在马德里大概有一个 20 人的团队，这些人都会说法语、西班牙语、英语、葡萄牙语。在有本土社交媒体账号开设的国家，比如中国、日本、巴西、法国，我们也会设置团队，一般会雇用经验丰富的自由职业者，并非全职。总的来说大约 40 个人。团队的安排会动态调整，把更多的资源放在需要支持的平台和地区。

L：冬奥组委官媒管理团队大概有多少人呢？

J：以赛前一年来看，主要由腾讯公司一个将近 50 人的团队管理，负责网站搭建、技术运维和内容生产。组委会 3 名管理人员负责内容审核。

L：这与腾讯公司是一个外包的关系吗？为什么选择腾讯呢？

J：是的，选择腾讯是因为它开设专业的冰雪项目。比如"冰壶派"（国内最大的冰壶自媒体账号），它的负责人是我们的小编。

L：你提到了"专业"，可能我们提到这个词，更多想到的是传统媒体，而社交媒体的信息碎片化和娱乐化倾向较重，更新也比较快。说到社交媒体，我们往往第一个想到的是信息的真假。

J：是的，社交媒体有自己的媒介属性，它的信息呈现形式和传统媒体是不同的。但奥林匹克官方社交媒体的定位非常看重专业。冬奥会相较于夏奥会，很多项目是不为人所知的。如果我们的编辑不懂运动赛事，弄错了运动规则和人名，这些错误将会很致命，观众会说身为官方媒体怎么不专业呀。

L：官方社交媒体运营之初，会怎样提升粉丝量呢？

J：我 2019 年刚入职时，官方微博只有 40 万粉丝。当时我们采用的方法是选择 15 个顶流明星，来为 15 个运动大项代言。用官媒发出来，再用明星的账号转载，以达到吸引粉丝的目的。这个方法比较有效，微博涨粉到 200 万，抖音涨了 100 万，快手涨了 500 万。在哔哩哔哩，我们更多采用的是跟 UP 主联动的方式，比如与哔哩哔哩 AI 歌手洛天依、纪录片 UP 主竹内亮导演等联动。竹内亮在东京奥运会纪录片中说："关于奥运的答案，我在东京没有找到。"我们回复说："东京没有找到的，我们期待你在北京能够找到。"之后，我们邀请竹内亮在冬奥会赛前考察了一些代表性场馆，做了一些视频。

A：我们也会有类似的设计。2026 年达喀尔青年奥运会将是非洲大陆首次举办的奥林匹克系列运动会。我们在当地雇用了一些人，被称为"影响者"（Influencer）。他们来自塞内加尔，了解塞内加尔的情况，拥有一定规模的粉丝群，这些人可以用当地声音讲述特定的奥运故事，既让当地人更了解奥运会，也让当地文化得到更好传播。

J：北京冬奥会也做了这样的设计？

A：也有。但因为闭环运行的原因没有去到现场，更多是在社交媒体上进行远程互动。

L：你刚刚提到了顶流明星对吸引粉丝的作用很大，关于这个现象你怎么看呢？

J：社交媒体的受众很明显趋于年轻化。这些年轻受众很容易产生爱屋及乌的想法，因为喜欢这个明星，因而支持他推荐的东西。这可能是电子信息时代的消费习惯吧，也从另一个方面给了官媒启示。只要有了一定程度的用户黏性，发布的内容就会受到人们的关注，继而激发继续探索的兴趣。我记得有位粉丝给官媒留言说："我是看了你的微博，才了解了北京冬奥会的很多项目。"虽然我们做得还不够，但能借助我们搭建的平台让冰雪运动更普及、更受欢迎，还是很开心的。

L：北京冬奥组委的海外社交媒体一般是如何做推广的呢？

J：我们会通过跟其他赛事组委联动宣传来扩大影响力。我们通过国际奥委会、驻外大使馆邀请一些国际运动员来为北京冬奥会做宣传。印象深刻的是华春莹在 Twitter 帮我们转发宣传，有很好的反响。我们也会邀请海外社交媒体上的关键意见领袖（Key Opinion Leader，KOL）来感受北京冬奥会。

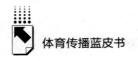

议题二　国际奥委会及北京冬奥组委官方
社交媒体内容策划

L：不同的社交媒体平台，选择发布的内容有什么区别呢？

A：这个问题取决于多种因素，比如社交媒体的特性、主体语言等。例如，在英语社交媒体上很流行的内容，放在巴西社交媒体上就不行。此外，平台本身也有差异。YouTube 上主要是播放赛事集锦（Highlights）。赛时因为版权保护，这些视频不能被发布。赛后，OBS 的所有集锦视频都会在这个平台被找到。新闻主要发布在 Twitter 和 Instagram 上，这些都是明星平台。运营团队需要对内容做本土化改造，去打破传播的壁垒。奥林匹克频道的社交团队每周会对不同平台的表现进行评估，分析在其中一个平台上爆火的内容是否可以复制和推广，基于数据分析策划后续内容。

J：我们的发布理念是根据媒介自身的属性，建立不同的人设。微博以短消息发布为主。抖音更多是俏皮视频。快手的内容更接地气，哔哩哔哩就比较傲娇。

L：用"傲娇"这个词形容媒体是一种很新鲜的说法，为什么有这样的构想呢？

J：哔哩哔哩平台的受众非常年轻，也是"二次元"文化的主要阵地。在这样的平台上做内容发布，也要入乡随俗。"傲娇"属性主要体现在跟网友的互动上。东京奥运会开幕式因为风格"阴间"引起了很多网友吐槽，当时我们在哔哩哔哩上线的 2008 年北京奥运会开幕式视频爆火，有 20 万人同时观看。有网友留言问："开幕式是你弄的吗？"我们回复："不然呢？"我们会把自己想象成一个有点傲娇的女孩子，以她的口气跟网友对话。对了，说到人设，我们官媒也会怼人的。

L：哈哈，怎么理解呢？

J：这其实来自一次舆情处置。根据国际奥委会的规则，吉祥物不能有性别的差异。而一旦说话就很容易分辨性别，因此，冰墩墩和雪容融出现在公开场合时，都不会发出声音，仅以肢体动作传达信息。但是在冬奥会开幕前，有一则视频让冰墩墩说话了，而且是以一种完全不可爱的形式，当时的舆论风向很不好，有很多网友来@官媒，我们想怎么以一种巧妙的方式化解误会。我们就以"这个冰墩墩不是我们的，我们从来不说话"给网友做了回复，然后借助平台推广形成二次发酵，做了相对柔性的处理。

L：赛时，官方社交媒体发布的内容有哪些固定栏目或者选题呢？

A：我认为在赛时使用社交媒体的目的是让观众更接近赛场，尤其是新冠疫情中，观众无法到现场观看东京奥运会和北京冬奥会。我做的主要是Vlog，以一个参与者的视角去了解天气、美食、交通等。这些细碎的事情能够带来真实感，展现一个真实的奥运会。此外，我们也会做每日汇报，挑选每日的高光时刻，介绍当天的运动员，给粉丝们讲故事，做一些幕后报道。

J：组委会官媒主要是配合官方做赛时情况的播报，如奖牌榜、赛历等，也会关注一些赛事之外的花絮，比如冬奥会的运行保障、高新科技等。我们有"冰墩墩"人偶团队，在场馆之间时不时闪现，以"冰墩墩"做引子来讲故事。

L：冬奥期间冰墩墩非常火，出现了"一墩难求"的情况。这种吉祥物的爆火是在预料之中的吗？

J：冬奥会倒计时半年时，我们围绕冰墩墩"萌"的特性，跟各社交媒体联动，包括在微博平台提前预埋话题词，制作微博表情包和动画。在抖音平台制作魔法表情，在哔哩哔哩设计"冰墩墩"弹幕等。提到"冰墩墩"走红，很多人会想到那个日本记者——"义墩墩"。"义墩墩"事件是一个很好的宣传点，我们当时也是用大流量去做推广。总的来说，"冰墩墩"的爆火更多是偶然之中有必然吧。

L：开闭幕式也是冬奥会非常重要的环节，在这方面内容的报道上，官方社交媒体做了哪些努力呢？

J：2021年11月的时候，开闭幕式运行团队邀请了5家媒体，分别是新华社、央视、人民日报社、北京日报社以及官网，跟拍开闭幕式团队，提前介入报道。我们围绕开幕式制作了15条片子，事先填进时间线，在仪式播

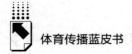

完 10 分钟内完成片段填充后发布。《揭秘火炬点燃的方式》这个片子，在全网拥有两亿话题阅读量。

L：在讲故事时，如何保证具有本土风情的故事能够被拥有不同文化背景的观众理解，如何更好地向全球观众呈现主办国文化？

J：一届奥运会不仅是比赛，也是一座城市、一个国家的介绍。我们讲的中国故事更多是关于文化传统和现代发展。比如有个片子是说北京的 24 个时辰，以时辰为故事线，介绍北京的厚重底蕴和高速发展。

A：这是一个非常好的问题。我记得当我和 Bob Martin① 那个摄影大师一起工作时，他在取景时有意放低了观众座席的位置，这样人们可以从画面上看到排球馆背后的宫殿，让人们知道这是在伦敦举办的奥运会。这个例子提醒我们在呈现奥运报道时，无论是文字、图片，还是视频，都应该带着文化的视角。奥运报道有一种教育属性，即不仅要让懂体育的人喜欢，也要让不懂体育的人熟悉项目，并且产生兴趣。这在对主办国文化的推广中同样适用。我们试图向人们传递这个国家的精髓和味道，包括习俗、语言、食物等。有时这很困难，因为语言非常不同，我们会花时间去研究具有创造性和教育性的方式来呈现内容。其实关于这个方面，我们之前也有一个很棒的合作。你还记得在利勒哈默尔冬青奥会上，那个关于吉祥物的视频吗？

J：是 2016 年我们作为国际奥委会青年记者合作的短片吗，*Where is Sjogg*？

A：是的，Sjogg 是利勒哈默尔冬青奥会的吉祥物，不同于南京青奥会吉祥物砳砳的热情，Sjogg 保持了猞猁的神秘。在赛场很少能看到它的身影。我们通过采访观众在赛场内外寻访 Sjogg 的踪迹。你记得吗？一位当地的老人还纠正了我们的挪威语发音。这样有趣的小故事就是在向人们展示主办国的风情，它又与奥运会紧密相连。东京奥运会时，我们制

---

① 鲍勃·马丁（Bob Martin）是全球顶尖体育摄影师，他的作品获得了 60 多个国家和国际奖项，三度获得英国年度体育摄影师奖，被国际奥委会聘为摄影顾问。

作了一系列关于日本文化的 Vlog，我们去参观当地的文化中心，了解不同的艺术作品、食物、乐器。我们希望通过镜头把人们带到现场，去感受那种滋味，从本质上说，是去理解它是什么样子的，去感悟每个城市都是如此独特。

L：北京冬奥会期间，社交媒体上有没有让你印象深刻的故事呢？

J：美国滑雪运动员科尔比·史蒂文森在北京冬奥会自由式滑雪大跳台项目中得到了银牌。在众多奖牌报道中，这则新闻可能算不上什么。但是 2006 年，史蒂文森遭遇了一场非常严重的车祸。他经历了死里逃生和极其困难的恢复训练才赢来如今的成功。经过史蒂文森的同意，我们在社交媒体上放了车祸照片和比赛照片做对比，立刻引起了轰动，史蒂文森也因为这段往事赢得了更多人的尊重和支持。我觉得这个故事是一个很好的例子，展示了专业记者的素养。关注运动员的备战之路并且敏锐把握线索，预测接下来的事并做好准备，当它发生的时候，就可以提供真实有厚度的信息。

L：北京冬奥会涌现了很多现象级的体育明星，比如谷爱凌。官方社交媒体在关于她们的宣传报道上，做了哪些努力呢？

A：在北京冬奥会之前，我们已经跟谷爱凌建立了联系，一直在关注她的备战情况，彼此也熟悉。所以当我在混采区看到她比赛结束正在吃馅饼的时候，我叫她，她立刻回应了我，给了我们很灿烂的微笑，自然而然，这样动人的画面在社交媒体上火了。我想作为记者，很重要的一点是利用我们的人际关系。我们需要离运动员更近。当运动员与你相熟和亲近时，就更容易捕捉到好故事。另外，我们需要帮助观众发问。克洛伊·金是顶尖的女滑雪运动员，在平昌冬奥会上她取得了非常好的成绩，那么在北京，围绕她的关注点便是"她能否再一次获得成功"。

J：说实话，赛时在与运动员的互动上，我们做得很有限。这跟国际奥委会对组委会官方媒体的版权和身份限定有关。社交媒体最容易传播的是短视频，可是组委会是不具有赛事转播版权的。另外，E 类证件是有限的，由国际奥委会和国家奥委会管理，我们前线采访人员的证件只能以 C 类人员进行注册，没有4区和5区权限①。这意味着他们无法进入媒体区域，不能去混采区采访，也不能拍摄赛事画面。此外腾讯本身不具备新闻资质，自采类稿件太多会不合规，所以多采用侧记类的，非正规的稿件较多。因为闭环的设定，媒体跟运动员接触的途径变少了，我们之前设计的演播室访谈，考虑到运行的困难，最后也被取消了。

L：对于一些敏感性话题，是怎么处理的呢？比如北京冬残奥会俄罗斯和白俄罗斯运动员禁止参赛这个问题。

A：有些问题的处理我们必须非常小心。正如我前面所说的，奥林匹克频道与国际奥委会的关联很紧密，代表着奥林匹克价值观。俄罗斯的问题涉及对于奥林匹克休战协议的诠释。我们的处理方法是关注运动员、奥运会和事实本身，尽量不参与政治讨论。类似于战争冲突或者兴奋剂禁赛等敏感性问题，国际奥委会会有官方声明。我们要做的就是与其保持一致，并且坚持只陈述事实。

L：我们主张以柔性的方式处理舆情，比如之前提到的"冰墩墩"说话事件。对于国内的舆情，我们有专业的舆情监测软件，会根据监测的结果做好备答口径。赛时的新闻发布会也是一个做事件澄清的平台。我们在前期做热点规划时，会选择不容易引发舆情的IP，比如"冰墩墩"。不知道你有没有注意到，谷爱凌虽然很火，但更多是非官方媒体去推。她身上的国籍问题容易引发争论，所以在对她的报道上，官媒更多采取适度报道的原则。严肃保守是官媒的特点，这在社交媒体运营上也是一样。

L：你的记忆中，有因为发布敏感内容，引发大量负面评论的事例吗？

A：人们总会有各种各样的意见。即使是日常的报道，也会有人因为自己喜欢的运动员获得的镜头不够多而不满。甚至有很多评论只是机器在刷屏，而非真人。敏感话题更容易引发争论。我们要做的是尽量避免政治讨

---

① 根据国际奥委会规定，E类证件为平面媒体注册证件，分为E（文字记者）、EP（摄影记者）、ENR（非持权转播商）三类证件。4区为平面媒体运行区，5区为转播媒体运行区。人们根据所持证件的种类，拥有相应区域的通行权限，未拥有权限的人员不得进入。C类证件为供应商，不享有媒体权益。

论，只关注体育和运动员本身，只陈述事实。我们尊重人们的言论自由，但如果评论中涉及歧视、仇恨等种族主义的内容，我们会删除评论，因为这是奥林匹克理念明确反对的。

L：北京冬奥会的社交媒体报道中，有没有推出一些跟数字新科技结合的媒介应用呢？

J：我们有很多数字技术应用。如"数字雪花"项目，受众可以留下自己的名字，领取专属的数字雪花形象。我们在官网小程序和 App 上建立了"数字场馆"，给人们提供 360° 全景游览体验。我们还创建了"网络火炬传递"，解决了疫情带来的公众参与度不高的问题。以官网为主，抖音、快手、微博、哔哩哔哩为辅，用主火炬+分火炬的形式，吸引人们与我们的不同社交平台进行互动，最终人们可以领取"我是网络火炬护跑手"证书，每个证书都是唯一编码。

议题三　国际奥委会及北京冬奥组委官方社交媒体发展局限

L：我们常说这是娱乐至死的时代，社交媒体的兴起导致信息过度碎片化、娱乐化，对于这种现象你怎么看呢？

A：如今人们似乎很难有长时间的注意力。人们希望信息直接呈现在自己面前，否则就会感到无聊。我们将内容分解成不同的碎片，同时尽可能保证它的新闻价值。人们需要什么，我们就及时送到，这是一种快速的信息呈现方式。同时，当人们有充足的时间如坐飞机或者火车想看一个长故事时，我们也要延续往常的慢节奏，以纪录片或者播客等形式，利用充分的背景信息建构一个完整的、情绪饱满的故事。

L：你觉得奥林匹克频道目前发展存在哪些问题呢？

A：就我个人而言，我感觉我已经摸到了天花板，这也是为什么我在六年半后选择离开。正如我前面提到的，IOC 更多把奥林匹克频道作为一项服务，而非自主的媒体。为了保护转播商的权益，我们有很多东西无法发布。

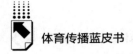

作为一名记者，我有强烈的好奇心，想探寻不同的故事，这种限制有时候会让我觉得惋惜。

L：你觉得北京冬奥组委官媒的运营存在哪些不足呢？

J：第一点是版权限制，转播收入是国际奥委会最重要的收入来源，对于转播权的保护非常严格。即使组委会属于奥林匹克大家庭阵营，也没有版权，赛事视频只能采用图片配音乐的形式①。央视是北京冬奥会的持权转播商之一，赛事内容也不在央视自建的社交媒体上发，而是都放在央视频上，这是为了保护央视频的独家权益。第二点是小编团队的专业素养还须提升，只有提供专业准确的信息，才符合官媒权威的定位。第三点是我们的合作机构腾讯本身不具备新闻资质，导致自采类稿件不足，这在一定程度上限制了官媒的原创性。

J：你觉得作为国际奥委会和赛事组委会的官方媒体在赛时没有赛事版权，是一个很大的限制吗？

A：是的，因为你多少会觉得手脚被绑住。但我不会把它看作一个障碍。这其实是一个事实，我完全尊重它，因为我知道世界各地的广播公司通过高昂的成本来获得独家权益，这更多是一个挑战。我们进入场馆不能拍视频，只能拍摄照片。这有一定的限制，需要有一些创意来解决问题。

L：怎么理解这种创意呢？

A：比如在场馆的混采区，奥林匹克频道有固定席位可以采访运动员，但是为了保护转播商的权益，这些视频不能由我们发布。社交媒体团队会把视频内容转为文字，挑选一些重点配图一并发布。

L：这样的限制会不会降低官方社交媒体的影响力呢？持权转播商购买了版权，他们可以在社交媒体平台上发布视频，信息也会更完整。

A：是的，奥林匹克频道隶属于国际奥委会。拥有永久版权，但赛时版

---

① 国际奥委会出台的《2022年北京冬奥会社交媒体与数字媒体使用准则》中规定运动员和注册个人只能在观众席、奥运村的指定区域使用非专业设备拍摄，画面内容不可用作商业宣传。国际奥委会明确规定禁止在视频点播平台上制作和传播奥运会比赛以及比赛相关内容，包括 GIF、GFY、WebM 格式的动图或短视频。

权属于持权转播商。转播权收益是国际奥委会最大的收入。我希望我们可以做更多，不必受限，但是持权转播商支付了大笔费用来获得独家版权。规则就是规则，我想我们应该尊重规则。为了保护转播权益，我们必须用不同的方式讲故事。这对我们提出了挑战，要求我们在内容制作上更加用心。

L：在我们的谈话中，你多次提到了创意，你觉得如何能保持这种创新性呢？

A：奥运会的美妙之处在于你会和一群具有不同文化背景的人共事。当这些人聚在一起时，很容易迸发出火花。我认为这是一个非常健康的工作环境，特别是为一个如此国际化的组织工作。这种差异会让我们一直思考如何让我们的内容被具有不同背景和有不同认知方式的人接受。就保持创造力而言，我还有一个答案，就是多度假。这虽然是个玩笑话，但是假期真的很好，因为奥运会的压力非常大，你需要防止自己太用力，过度劳累、睡眠不足就会犯错误。另外，保持热爱吧，当做真正喜欢的事情时，你就可以深入挖掘。

L：你认为国际奥委会为什么重视社交媒体平台的建设呢？

A：社交媒体已经成为我们社会的重要组成部分，国际奥委会明白如果想为人们所关注就需要与时俱进，成为对话的一部分。像 NBC 这样的知名媒体，拥有广泛的影响。国际奥委会积极寻求与他们的合作，也与体育联合会、国家奥委会、运动员、社区加强联系。社交媒体提供了一个互动的平台，帮助传达奥运信息、分享奥运的声音。

J：相较于 2008 年北京奥运会，社交媒体十几年来飞速发展，成为信息流通的主流平台。组委会想要自己发声，就要掌握宣传的主动性，自己塑造形象，与网友亲近。说到这儿，北京冬奥组委可能是最后一届由自己来运营官网以及其他官方媒体账号的组委会了。国际奥委会推出了粉丝（Fans）计划，要求将组委会的媒介架构迁移到国际奥委会平台上来，由国际奥委会建立和运营，这样可以积累粉丝，发展粉丝经济。北京冬奥组委与国际奥委会进行了长期谈判，考虑到内容主权安全，我们还是坚持由自己来负责宣传，从而掌握话语权。

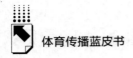

L：Ashlee，从国际奥委会的青年记者到奥林匹克频道的制片人，你一直在参与奥运报道，你觉得一名奥运媒体人担负的责任是什么？

A：作为记者，我们是故事的讲述者和内容的创造者。奥林匹克运动有着悠久的历史，充满着喜悦和遗憾，成功和失败，媒体的报道可以让奥运精神一直延续，让充满人情味的故事为人所知。我很珍惜这样的机会，去感受那些真切的情感，去记录这个时代正在发生的事。这是我们的责任，而我们应该认真对待。

L：你觉得奥运会给你带来了什么？你觉得它使你成为不一样的人了吗？

A：是的，它打开了我的视野，让我看到了世界。虽然我决定离开奥林匹克频道，但依然会与它保持合作，更多是以自由职业者的形式。我离职的时候，OBS 的执行总裁雅尼斯对我说："曾经是奥运人，永远会是奥运人。"确实如此，我想我永远不会离开奥运报道这个领域。

结　语

作为奥林匹克文化传播的重要阵地，国际奥委会和北京冬奥组委主动搭建社交媒体平台，以专业运营团队打造的优质内容来吸引受众。奥林匹克频道以运动员为中心，讲述有创意、有情绪的故事。北京冬奥组委主打"人设"社交，与年轻粉丝玩成一片，增强用户黏性。赛时由于转播版权保护，即使作为奥林匹克大家庭官方媒体代表之一，北京冬奥组委官方媒体在素材拍摄和传播方面也受到限制，导致它在与美国全国广播公司（National Broadcasting Company）、中央广播电视总台等持权转播商的传播影响力角逐中处于劣势，也对其从业者的专业素养、新闻眼光和灵活思维提出了更高的要求。娱乐化和碎片化的阅读趋势使得官方媒体在产出内容时，要在保证质量和迎合受众间保持平衡，发挥好教育功能和娱乐功能。

奥运故事本质是讲述"认同"、回答"身份"的故事。奥运会是一段持续时间内的事件集合，赛场内外发生的故事将通过重叙扩大事件本身的影响力，形成集体记忆，构建身份认同①。作为奥林匹克大家庭的官方媒体之一，让奥林匹克文化和主办国文化深入人心，这是身份归属带来的根本课题。社交媒体的崛起本质上是电子信息技术革新的产物，如何借助技术赋能来提升传播影响力，推动奥林匹克价值观的全球认同，需要奥运媒体人倾注努力和热爱来寻找答案。

---

① 漆亚林、李秋霖：《全球媒介事件视域下"讲好奥运故事"的逻辑理路》，《国际传播》2022年第2期，第1~9页。

Abstract

Against the background of global sports experiencing the impact of the COVID-19 epidemic of the century and the Beijing Winter Olympics and Winter Paralympics showing the world a brand-new image of a sportspowerhouse, China's sports all-media communication pattern is facing unprecedented changes, which not only changes the way sports are integrated into the social economic development and the physical and mental development of individuals, but also will have a far-reaching impact on the development of China's sports media industry and the building of international communication capacity. Against the backdrop of the rise of building a leading sporting nation as a national strategy and the systematic upgrading of media integration in China, it is of great significance to examine the overall situation of the development of sports all-media from the aspects of content, form, operation and guarantee.

This report systematically analyses the current developmentof sports all-media communication in China from 2021 to 2022. The large-scale international sports events such as the Tokyo Olympics, the Beijing Winter Olympics and the Qatar World Cup have greatly contributed to the practical innovation of sports all-media communication. Technologies like big data and artificial intelligence have accelerated the ecological evolution of sports all-media communication, promoted the construction of new mainstream media and the development of media convergence in tandem, and facilitated the rapid development of new industries such as e-sports. Intelligent media products such as virtual reality, robot broadcasting and meta-universe interactive communication have formally entered the practice of sports all-media communication. Technology iteration has helped update the sports all-media communication industry, and emerging content production modes such as UGC, AIGC and other commercial operation modes including MCN and "Sports +" have blossomed.

The new trends in the development of China's all-media sports communication include the followings. Firstly, The unique attributes of sports communication content should be highlighted. The mechanical innovation of sports content production from adaptive integration to purposeful aggregation will become the focus of development. Secondly, the high-quality development of the sports media industry should be emphasized, the dissemination of values from information content supply to sports branding will become the key point in the development. Finally, a new picture of international sports communication will be established, with mediated sports becoming an effective testing and the main track of China's international communication capacity.

Keywords: Sport Communication; Sport All-media; International Communications

Contents

I General Report

Abstract: The years 2021 and 2022 are the two years of great significance for global sport and Chinese sport. Under the VUCA era, which is of high uncertainty due to the global COVID-19 epidemic and the Russia-Ukraine conflict, the large-scale international sports events such as the Tokyo Olympics, the Beijing Winter Olympics and the Qatar World Cup have driven the innovation and development of sports communication practices. Therefore, the all-media communication of sports in China has taken on a brand-new look and development trend. With a global perspective, this report examines technological, socio-economic and cultural changes, and analyses the iconic shifts in China's sports all-media communication in terms of ecology, industry and pattern, as well as the general trends for future development.

Keywords: Sport All-media; Media Convergence; Communication Landscape

Ⅱ   Insight into Sports Media

B.2   Creating Excellent Works and Highlighting Professional
Advantages: An Overview and Reflections on Xinhua
News Agency Sports Department's 2022 Reports   *Xu Jiren* / 027

Abstract: Accelerating the construction of sports all-media is an important issue that needs to be explored in the field of sports media practices in the all-media era. As an international news agency accredited by the International Olympic Committee, Xinhua News Agency has been pioneering and actively exploring the development of a new type of international first-class all-media agency. It's noticeable that during the 2022 Beijing Winter Olympic Games, the Winter Paralympic Games and the Qatar World Cup, Xinhua Sports has stimulated its creativity and continuously promoted the high-quality development of the mainstream media industry through innovative communication practices. This study summarises the innovative practical experiences of Xinhua's sports department in the integrated reporting and the external reporting during the these major international sports events in 2022, and on this basis focuses on three strategic points to promote the construction of a new era of sports all-media communication pattern of talent training, international communication and win-win cooperation.

Keywords: Sport All-media; Media Convergence; the Xinhua News Agency; International Communications

B.3   the Convergence Development Practices of *People's Daily* Sports
Report: A Case Study of Beijing Winter Olympics
Xue Yuan, Wang Liang / 040

Abstract: Accelerating the construction of all-media transformation in the

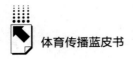

new media era has become a new picture of the development of the media industry. The traditional media, represented by the *People's Daily*, are constantly accelerating the pace of all-media transformation and media integration. *People's Daily* has taken the 2022 Beijing Winter Olympics as an opportunity to test the milestones of its own media integration development and further promote the integration development of sports communication to a deeper depth. This article takes technological innovation and large-scale events as clues to review the integrated development of *People's Daily*'s sports coverage. In addition, taking the *People's Daily*'s Beijing Winter Olympics coverage as a typical case, this article analyses the positive results achieved by the *People's Daily* in the convergence of communication, with a view to provide certain reference and inspiration for the convergence and development of traditional media's sports coverage.

Keywords: Sport All-media; Media Convergence; Beijing Winter Olympics; *People's Daily*

B.4 Research on Beijing Winter Olympics Coverage of

China Media Group   *Chen Guoqiang* / 054

Abstract: With the support of multiple research methods, such as documentary method, logical analysis method and interview method, this paper has sorted out the veins and outlined the characteristics of China Media Group's (CMG) coverage on the Beijing Winter Olympics and the Winter Paralympics. It is found that with the closed-loop management, CMG has made use of the host's advantages on the basis of the event copyrights on the TV platform, with the full development of the advantages of talents, equipments and technologies, and made a breakthrough in the production of communal signals; through the channel communication matrix, CMG has embodied the "presence" characteristics in the broadcasting of the events, news reporting and column production. In terms of new media platforms, CMG has made full use of all media copyrights to provide diversified video products, realising cross-circle and multi-level communication, highlighting its "online" characteristics. At the same time, CMG has actively made strategic adjustments and spatial deployment, so that to interoperate and integrate the TV platform and new media.

Keywords: CMG; Beijing Winter Olympics; News report

B.5   Current Situation and Propects on Chinese Platform Sports
　　　　Media Operation and Development   *Yang Baoda* / 069

Abstract: As a global sports power, the Chinese sports industry has achieved remarkable growth in the past two years, and the operation and development of a platform-based sports media business have attracted much attention. This report analyses the development environment, market landscape and industry challenges of China's platform sports media industry from the perspective of the platform sports media industry environment, industry structure, content operations, channel operations, user operations, marketing strategies, and technological innovation, and predicts the future development trends and strategic recommendations.

Keywords: Platform Sports Media; Event Copyright; Industrial Value Chain

Ⅲ   Insight into Sport Communication Research

B.6   Paradigm Shift in Sports Communication in the Post-Beijing
　　　　Winter Olympics Era: From Competitive Sport to
　　　　Participation by All   *Zhang Zhi'an, Tang Jiayi* / 090

Abstract: The communication practices of the Beijing Winter Olympics and Paralympic Games have provided important insights for researchers and policymakers to further their understanding of the communication modes and paradigms of sporting events. The paradigm shift from "competitive sport" to

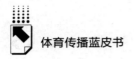
"participation by all" is evident during the Beijing 2022 Winter Olympics and the Paralympic Games. This paper takes the Beijing Winter Olympics as a case and analyses the paradigm shift of sports communication in the post-Beijing Winter Olympics era in terms of communication vehicles, communication forms, communication technologies, communication focus, communication subjects, and communication connotations, and summarises the innovative experiences and development inspirations of the Beijing Winter (Paralympic) Games for the future development of sports event communication.

Keywords: Beijing Winter Olympics; Sport Communication; Science and Technology in Winter Olympics; Communication Innovation

B.7 Chinese Mainstream Media's International Sports
Communication Discourse in the Context of Social Media:
A Case Study on the Issue of "Beijing Winter Olympics"
on Xinhua's Twitter Account

Wan Xiaohong, Fang Jun and Chen Jinru / 101

Abstract: The coverage of the Beijing Winter Olympics by Xinhua's Twitter account is a reflection of the ability of China's mainstream media to construct a discourse on international sports communication. Using a media framework and discourse analysis method, this study systematically analyzes the coverage of the Beijing Winter Olympic Games on Xinhua's Twitter account and examines the discourse practices and characteristics of China's mainstream media in the global social media arena in terms of discourse content, discourse concept, discourse behavior and discourse effect. It is suggested that in the future of international sports communication, three aspects should be considered. discourse matrix, discourse tone and discourse strategy. It's suggested to establish the international sports communication discourse system and improve the international sports communication discourse ability and effectiveness.

Keywords: International sport communication; Mainstream Media; Beijing Winter Olympics; International Social Media

B.8   The Media Presentation and Shaping Power

of Sports Commentary　　　　*Xue Wenting*, *Meng Xiaoqing* / 122

Abstract: The year 2022 is a "big year" for sports in China due to multiple influential global and national sports events Based on the two top international events, namely the Beijing Winter Olympics and the Qatar World Cup, the UEFA Champions League, the English Premier League, the Chinese Super League, the NBA, the CBA and other high-level professional leagues at home and abroad, China's sports commentary has witnessed a prosperous development, such as mainstream media adhering to the professional commentary paradigm and commercial platforms creating a diverse commentary lineup. Female commentary is becoming more "visible" and home team commentary has gradually taken its form. The media landscape of sports commentary is being influenced by both the mainstream media's adherence to the professional commentary paradigm and the commercial platforms' creation of a diverse commentary lineup. The media presentation of sports commentary is influenced by both macro-factors, such as national policies, and elements of the live event ecosystem on a micro-scale, such as media / platforms, event IPs, audience / users, and commentary talents.

Keywords: Sports Commentary; Media Presentation; Media Ecology

B.9   Report on New Digitized Sports Consumption

Jiang Shengyu, *Shi Lei* / 146

Abstract: With the digital transformation of sports consumption and the development of Internet technology, new sports consumption is developing

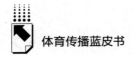
rapidly, forming a closed loop of " people (user demand) -goods (fitness content) - field (consumption scenario) ", with the characteristics of an online consumer groups, diversification of consumption channels, daily consumption behaviors and the preference of entertainment. However, it has also revealed the constraints of the digital divide, the crisis of data leakage and the single structure of consumption. In response to the above, three areas can be tackled: understanding consumer needs, optimizing data collection logic and strengthening data regulation and fully mobilizing fitness resources to improve the quality of consumer content.

Keywords: Sports Consumption; Media; Digital Technology

B. 10　The Approach, Questions and Countermeasures of Rural Sports Communication in China

Zhang Hua, Chen Yuening and Xiao Guoqing / 161

Abstract: The Chinese rural area has developed a rich sporting culture with its unique regional environment and historical heritage. With the support of the economic base and policies and other conditions, rural sports have seen unprecedented development in the new era. In the post-epidemic era, rural sports have taken on new characteristics, and a close promotional relationship has been formed between new media and rural sports and sports culture. In this process, rural sports are further disseminated to the outside world, while also playing an active role in the formation and dissemination of the local sports discourse system in the rural society.

Keywords: Rural Sports; New Media Communication; Rural Revitalization

Ⅳ   Media Technology in Sport Communication

Abstract: In recent years, the emerging digital technology represented by "cloud computing" has reshaped the media ecology and the practice logic of Olympic communication. This study uses the documentary method to reveal the discursive connotations of the "Cloud Olympics" in the three dimensions of technology, culture and politics. Based on the framework of analysing the industry, ecology and form of Olympic digital communication, this paper conducts a case study on the 2022 Beijing Winter Olympics, and proposes three major theoretical implications of Olympic digital communication in the 5G era. Firstly, "cloud communication" has reconstructed the multi-subject relationship of Olympic digital communication and the spatial and temporal forms of the event with the deeply mediated technology. Secondly, the digital media have expanded the value of space creation in the process of redefining the mode of communication, and breaking through the traditional scenarios of Olympic communication thus has become an important dimension of the innovative practice of "Cloud Olympics". Thirdly, cloud computing and other technologies have reshaped the communication mechanism, laws, modes and scenarios, and at the same time, they have reconstructed the internal logic of the Olympic Games as a media ceremony at a deep level, so that it has become a practical field for exploring new narrative mechanisms.

Keywords: Cloud communication; 5G; Beijing Winter Olympics; digital communication

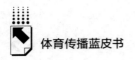
B.12   2022 Qatar World Cup Convergence Media
Communication Observation   *Tang Jianjun* / 192

Abstract: The communication history of the quadrennial football World Cup has sketched for us a magnificent picture of the development of the world's football movement, showing the succession of generations of powerful football stars from King Pelé to Maradona to today's Lionel Messi and Cristiano Ronaldo, and at the same time letting us clearly see the development of the sports media in different eras as well as the evolution of the World Cup's reporting style. This paper attempts to examine and describe the communication characteristics of the just-past 2022 World Cup event in Qatar from the perspective of the Chinese media.

Keywords: World Cup; Convergence Media Communication; Sport Communication

B.13   Development and Overseas Dissemination of Chinese
E-sports Game Products and Events   *Sun Xiaofei* / 204

Abstract: China's e-sports industry has completed its initial action and is entering a high-speed development stage. The favourable policies issued by the state and local governments have played an important role in promoting the layout and industry chain integration of the gaming industry, and many provinces and municipalities are playing their own advantages in actively "circling the wagons" and promoting the landing of relevant projects. As the core elements of the development of the e-sports industry, high-quality content development and tournament system construction are important factors to ensure the continuous expansion and sustainable development of the industry. At present, the quantity, quality and tournament operation of China's self-developed e-sports products have begun to take shape, but there is still much room for improvement. At the same time, major e-sports game manufacturers are also actively exploring new paths to expand overseas markets, and the use of e-sports to spread Chinese culture has also become a new issue for games going overseas.

Keywords: E-sports Industry; Game Event Development; E-sports going global

B.14 The presentation and reflection on intelligent technology in the communication of large-scale sports events: Case Studies on Beijing 2022 Olympics and Qatar World Cup

Li Ding, Chen Hailing and Bai Yafeng / 222

Abstract: As the first "Olympics on the Cloud" in the Olympic history to be hosted and operated by cloud computing, the "Winter Olympics of Science and Technology" is a major highlight of the Beijing Winter Olympics. Meanwhile, the Qatar World Cup also made a stunning debut riding on the east wind of smart technology. Intelligent technology has blossomed in the world's top competitions in an unrivalled manner, pushing these events to another peak in the progress of human media technology. Firstly, the deployment of Ali Cloud for the three Olympic Games from PyeongChang to Beijing has brought the Olympics to the "cloud" of event communication for the first time. The cloud media servers have also provided a new way of practicing for remote production and signal transmission in Qatar World Cup. Secondly, other technological innovations based on intelligent technology are all strengthening and upgrading the audience's viewing experience, breaking the audio-visual relationship between time and space, strengthening the body extension of the immersive interaction, virtual and real multi-dimensional intertwining of the game, as well as the integration of science and technology with the humanities for the audience to bring a new sense of viewing. Finally, this is a revolutionary change in news production, the first time the online packaging of the event, the immersive broadcast of the virtual studio,

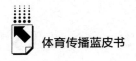
the intelligent aesthetics of the production on the cloud, as well as the embodiment of journalists' technological body and digital body. In the word, the Beijing Winter Olympics and the Qatar World Cup have established a colorful landscape in intelligent.

Keywords: Intelligent Communication; Cloud Based Competition; Spectator Experience; News Production

V   International Sports Communication

B.15   The New Landscape of International Sports Media and

Its Theoretical Interpretation   *Wei Wei*, *Chen Xinjin* / 254

Abstract: The success of the 2022 Beijing Winter Olympics has given Chinese sports media a certain international voice and an important position in the new international landscape. Competition in international sports streaming media has become increasingly fierce, and sports content production and dissemination have developed in depth. The technological innovations in sports media are remarkable. A number of social issues have had a visible impact on the international sports media landscape. The advancement of women's sports and women sports participants, the promiscuity of sport and politics, and the ferment of racial issues in sport are all components of the new international sports media landscape that will be established. Finally, the profound changes in social relations brought about by digital and social media are integral to the exploration of the new international sports media landscape.

Keywords: International Sports Media; Ecological Changes; Technological Innovations

B.16 Research Report on the Development of Sports Media Industry in Europe and America *Yang Zhen* / 278

Abstract: Taking the deep convergence of media development and the superposition of uncertainty in the era of "VUCA" as the main situation, it is necessary to review the development of foreign sports media industry in 2022 from a macro perspective. Therefore, the following continuity trend is concluded— from "empty field" to "presence": the strong return of sports IP, the rebound of the sports media industry, the popularity of copyright games and DTC mode, as well as the differentiated development of streaming media. Firstly, sports event IP returns strongly, and the sports media industry is warming up. Secondly, the copyright game and DTC model attracts much attention, promoting dlfferent streaming developments. Third, the technology-enabled MCN model integration, the media is also in the midst of changes, continuing the structural adjustment of content production. Fourth, vertical application, targeted dissemination, boundary expansion, immersive experience penetration of daily life and the concept of health may go beyond event coverages.

Keywords: Foreign sports media industry; events; streaming; MCN; targeted communication

B.17 Analysis of the Official Social Media Plaforms' Operational Strategies of the Olympic Family *Liao Jingjing* / 292

Abstract: This paper analyses the performance and development of the official social media platforms of the Olympic family Having played an important role in the dissemination of Olympic culture, the IOC and the Beijing Organising Committee for the 2022 Olympics and Paralympic Winter Games have set up professional operation teams and taken the Initiatives to build social media platforms

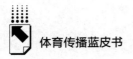
to tell creative and emotional stories with athletes at the centre. At the same time, the operation of the official social media platforms of the Olympic Games is still constrained to the limitations of material shooting and communication copyright. In the future, the official social media platforms of the Olympic Games will continue to be empowered by technology to enhance the influence of communication and promote the global recognition of Olympic values.

Keywords: Beijing Winter Olympics; Social Media; Operation Strategy

社会科学文献出版社

皮 书

智库成果出版与传播平台

❖ 皮书定义 ❖

皮书是对中国与世界发展状况和热点问题进行年度监测，以专业的角度、专家的视野和实证研究方法，针对某一领域或区域现状与发展态势展开分析和预测，具备前沿性、原创性、实证性、连续性、时效性等特点的公开出版物，由一系列权威研究报告组成。

❖ 皮书作者 ❖

皮书系列报告作者以国内外一流研究机构、知名高校等重点智库的研究人员为主，多为相关领域一流专家学者，他们的观点代表了当下学界对中国与世界的现实和未来最高水平的解读与分析。截至2022年底，皮书研创机构逾千家，报告作者累计超过10万人。

❖ 皮书荣誉 ❖

皮书作为中国社会科学院基础理论研究与应用对策研究融合发展的代表性成果，不仅是哲学社会科学工作者服务中国特色社会主义现代化建设的重要成果，更是助力中国特色新型智库建设、构建中国特色哲学社会科学"三大体系"的重要平台。皮书系列先后被列入"十二五""十三五""十四五"时期国家重点出版物出版专项规划项目；2013~2023年，重点皮书列入中国社会科学院国家哲学社会科学创新工程项目。

权威报告·连续出版·独家资源

皮书数据库
ANNUAL REPORT(YEARBOOK)
DATABASE

分析解读当下中国发展变迁的高端智库平台

所获荣誉

- 2020年，入选全国新闻出版深度融合发展创新案例
- 2019年，入选国家新闻出版署数字出版精品遴选推荐计划
- 2016年，入选"十三五"国家重点电子出版物出版规划骨干工程
- 2013年，荣获"中国出版政府奖·网络出版物奖"提名奖
- 连续多年荣获中国数字出版博览会"数字出版·优秀品牌"奖

皮书数据库

"社科数托邦"
微信公众号

成为用户

登录网址www.pishu.com.cn访问皮书数据库网站或下载皮书数据库APP，通过手机号码验证或邮箱验证即可成为皮书数据库用户。

用户福利

- 已注册用户购书后可免费获赠100元皮书数据库充值卡。刮开充值卡涂层获取充值密码，登录并进入"会员中心"—"在线充值"—"充值卡充值"，充值成功即可购买和查看数据库内容。
- 用户福利最终解释权归社会科学文献出版社所有。

社会科学文献出版社 皮书系列
SOCIAL SCIENCES ACADEMIC PRESS (CHINA)

卡号：962316324271
密码：

数据库服务热线：400-008-6695
数据库服务QQ：2475522410
数据库服务邮箱：database@ssap.cn
图书销售热线：010-59367070/7028
图书服务QQ：1265056568
图书服务邮箱：duzhe@ssap.cn

法律声明

"皮书系列"（含蓝皮书、绿皮书、黄皮书）之品牌由社会科学文献出版社最早使用并持续至今，现已被中国图书行业所熟知。"皮书系列"的相关商标已在国家商标管理部门商标局注册，包括但不限于LOGO（▧）、皮书、Pishu、经济蓝皮书、社会蓝皮书等。"皮书系列"图书的注册商标专用权及封面设计、版式设计的著作权均为社会科学文献出版社所有。未经社会科学文献出版社书面授权许可，任何使用与"皮书系列"图书注册商标、封面设计、版式设计相同或者近似的文字、图形或其组合的行为均系侵权行为。

经作者授权，本书的专有出版权及信息网络传播权等为社会科学文献出版社享有。未经社会科学文献出版社书面授权许可，任何就本书内容的复制、发行或以数字形式进行网络传播的行为均系侵权行为。

社会科学文献出版社将通过法律途径追究上述侵权行为的法律责任，维护自身合法权益。

欢迎社会各界人士对侵犯社会科学文献出版社上述权利的侵权行为进行举报。电话：010-59367121，电子邮箱：fawubu@ssap.cn。

社会科学文献出版社